国家社科基金
“我国‘省直管县’财政管理体制绩效研究（13C

国家社科重大招标项目
“建构基于生态文明建设的公共财政体制研究（15ZDB159）”阶段性成果

我国“省直管县”财政管理体制绩效研究

舒　成◎著

中国财经出版传媒集团
经济科学出版社
Economic Science Press

图书在版编目（CIP）数据

我国“省直管县”财政管理体制绩效研究/舒成著.
--北京：经济科学出版社，2020.4
ISBN 978-7-5218-1515-3

Ⅰ.①我… Ⅱ.①舒… Ⅲ.①县-地方财政-财政管理-研究-中国 Ⅳ.①F812.7

中国版本图书馆CIP数据核字（2020）第067652号

责任编辑：顾瑞兰
责任校对：隗立娜
责任印制：邱 天

我国“省直管县”财政管理体制绩效研究
舒 成 著
经济科学出版社出版、发行 新华书店经销
社址：北京市海淀区阜成路甲28号 邮编：100142
总编部电话：010-88191217 发行部电话：010-88191522
网址：www.esp.com.cn
电子邮箱：eps_bj@163.com
天猫网店：经济科学出版社旗舰店
网址：http://jjkxcbs.tmall.com
固安华明印业有限公司印装
880×1230 32开 8.125印张 200 000字
2020年4月第1版 2020年4月第1次印刷
ISBN 978-7-5218-1515-3 定价：46.00元

前　言

县级政府是国民经济的基本单元，既承担提供地方公共品的民生职责，又承担发展县域经济的发展任务。通过构建合理的地方财政管理体制，保障县级财政能力，鼓励县级政府发展县域经济，既是实现宏观经济稳定发展的内在要求，也是县级政府居民教育、医疗卫生、社会保障和就业等民生福利的基本保证。新中国成立以来，地方财政管理体制基本沿袭了中央与地方高度集权（1949～1979 年）、包干制（1980～1993 年）和分税制（1994 年至今）财政管理体制框架。“分税制”改革以来，鉴于浙江省“省直管县”财政管理体制（以下简称财政“省直管县”）在促进县域经济发展的巨大成就，福建、安徽、湖北和甘肃等省陆续开始试点财政“省直管县”，以理顺地方政府间财政关系，发展县域经济，形成了全面直管型、省市共管型、补助直管型等各具特色的地方财政管理体制。随着财政“省直管县”获得国家财税体制决策层鼓励和支持，财政“省直管县”实施范围逐步扩大，目前，财政“省管直县”在非民族自治地区已得到广泛推行。

本书以我国财政“省直管县”改革为研究对象，深入探讨其对经济发展、财政收支、居民福利的影响。本书结合前人的研究成果、相关理论、地方财政管理体制变迁以及财政“省直管县”在各省（自治区）改革情况等，基于“省直管县”财政管理体制绩效的数理分析，选择了“省直管县”财政管理体制激励、均等、福利效应等角度分别进行实证分析，尝试从多重视角分析中获得更为准确全面的“省直管县”财政管理体制改革绩效结论，并在此基础上，提出“省直管县”财政管理体制的完善途径。本书主要包括以下八个部分。

第1章，导论。介绍了本书的选题背景及研究意义，基于文献检索结果，进行了多重背景下的“省直管县”财政管理体制绩效等相关研究文献综述。介绍了本书的主要研究方法、主要内容和创新点。

第2章，财政管理体制绩效研究基础。对本书的核心概念进行了界定，介绍了本书的主要理论来源，剖析了财政分权理论、公共品级次理论和扁平化组织理论下的财政管理体制绩效分析模式和公共政策理论下的绩效评价标准、方法，并构建了财政“省直管县”绩效分析原则、体系和方法。

第3章，财政“省直管县”绩效数理分析。根据前面章节理论分析和财政管理体制绩效分析体系，构建了一个“两级地区、三个政府”的非对称博弈的Stackelberg模型，进行了财政“市管县”和财政“省直管县”绩效数理分析，并对两者的数理分析结果进行了比较，为后续实证研究奠定了数理基础。

第4章，财政“省直管县”变迁、框架与绩效一般分析。对地方财政管理体制变迁特征、动力和财政“省直管县”的目标维度、类型维度和时间维度演进进行了分析和总结。对实施财政“省直管县”改革的21个省（自治区）的改革文本进行了事权和支出责任划分、财政收入划分、地方转移支付安排等方面改革内容和基本情况进行了比较分析。选取了2007～2017年实行财政“省直管县”的县级政府数据进行财政“省直管县”

激励效应、均等效应和福利效应一般性分析，为后续研究奠定现实基础。

第5章，财政“省直管县”绩效存在性分析。介绍了双重差分模型基本原理、基尼系数基本原理，就财政“省直管县”的激励效应、均等效应和福利效应等进行存在性分析，针对激励效应、均等效应和福利效应的特点和本书获取到的样本数据，分别采用双重差分模型（DID）、基尼系数进行实证分析，并通过截尾处理和时间处理进行稳健性检验，通过实证分析探究财政“省直管县”改革前后的激励效应、均等效应和福利效应是否存在。

第6章，财政“省直管县”绩效影响因素分析。对财政“省直管县”改革效应多元回归分析模型进行了理论推导，针对激励效应、均等效应和福利效应的特点和本书获取到的数据，采用多元回归模型进行实证分析，并设置3类样本组进行稳健性检验，通过实证分析探究财政“省直管县”的激励效应、均等效应和福利效应的影响因素和影响程度。

第7章，财政“省直管县”绩效原因分析和政策建议。结合前面的财政“省直管县”绩效数理分析、一般分析以及激励效应、均等效应和福利效应的存在性分析和影响因素实证分析结果，分析了财政“省直管县”激励效应、均等效应和福利效应存在性和影响因素实证结果的原因，并根据现阶段财政“省直管县”的实际效应及其存在的问题提出有针对性的政策建议。

第8章，结论与展望。对全书内容进行总结，归纳目前研究的进展。针对本书研究中的不足之处进行解释，提出今后研究需要进一步完善的内容和研究展望。

舒成

2020年1月

目　录

第1章 导 论

1.1 选题背景与意义

古人云“县集而郡，郡集而天下；郡县治，天下无不治”。县、县级市和自治县政府（以下简称“县级政府”）是国民经济的基本单元，既承担向居民提供地方公共品供给的民生职责又承担发展县域经济任务。2016 年，全国县级行政区划为 2851 个，县域地区生产总值为 36.49 万亿元，约占全国的 49.04%，县域地区土地面积约占全国的 93%，县域地区人口约占全国的 63%。可见，通过构建合理的地方财政管理体制，保障县级政府财政能力，鼓励县级政府发展县域经济，既是实现宏观经济稳定、发展的内在要求，也是县级政府居民教育、医疗、社会保障等民生福利的基本保证。

新中国成立以来，我国不断探索如何扩大地方权力、提高地方积极性。[①] 我国中央与地方（省、自治区、直辖市）财政管

① 毛泽东. 论十大关系［J］. 文史哲，1976（4）：1-19.

理体制经历了“高度集权”（1949～1979年）、“包干制”（1980～1993年）和“分税制”（1994年至今）三个阶段，地方财政管理体制基本沿袭了中央与地方财政管理体制框架。1982年，中共中央“51号文件”决定实行地（市）直接管理县财政管理体制（以下简称财政“市管县”），发挥地区、地级市（以下简称“市级政府”）对区域经济的拉动作用，随后，江苏等省开始施行财政“市管县”，同时，北京、上海、天津等直辖市和海南省、宁夏回族自治区、浙江省等省（自治区、直辖市）由于行政区划、行政管理传统和自身实际等原因，实行省直接管理县财政管理体制（以下简称财政“省直管县”）。

1994年中央与地方“分税制”的实行促使部分省份开始实行地方“分税制”财政管理体制。鉴于浙江省财政“省直管县”在促进县域经济发展的巨大成就，福建、安徽、湖北和甘肃等省陆续开始试点财政“省直管县”，以理顺地方政府间财政关系、发展县域经济，形成了全面直管型、省市共管型、补助直管型等各具特色的地方财政管理体制。《关于完善省以下财政管理体制有关问题意见的通知》《关于推进省直接管理县财政改革的意见》等规范性文件的出台，鼓励和支持财政“省直管县”改革范围逐步扩大。随着2014年6月30日《深化财税体制改革总体方案》由中共中央政治局审议通过，各省（自治区、直辖市）纷纷出台地方深化财税体制改革方案，财政“省直管县”在非民族自治地区已得到广泛推行。

在财政“省直管县”已在全国广泛实施之际，分析我国财政“省直管县”在各省（自治区）的改革情况以及地方财政管理体制在不同阶段的基本情况，通过数理、实证等多重视角分析财政“省直管县”政策效应，并针对研究中发现的问题提出改进其局限性的政策建议，对促进我国财政“省直管县”制度完善，提高县域经济增长质量和地方公共品供给效率，保障县级政府居民民生福利，无疑具有重要意义。

1.2 国内外文献综述

财政分权（财政联邦主义）作为重要的政府间制度安排，在联邦制国家已广泛实施。财政分权框架下，中央与地方以及地方政府之间应该在何种程度上进行分权，既有的分权结构和分权结构改革对经济社会发展产生了哪些影响，财政分权制度改革如何实现帕累托改进，引起了国内外学者的高度关注。

1.2.1 国外文献综述

随着财政分权理论的发展，国外学者对地方政府存在的必要性及政府职能应如何在中央政府与地方政府间分工，如何通过设计合理的制度对地方政府形成长期激励机制，以实现经济增长、居民福利提升进行了诸多研究。

1.2.1.1 财政分权与财政分权程度决定因素

财政分权作为一种经济社会管理领域方面的分权，其分权结构和程度受到政治因素、经济因素、社会因素和国家规模、历史文化等多重因素的影响。首先，政治体制对财政分权的初始制度设计和分权程度具有决定性，单一制国家在财政分权体制设计之初往往采用相对集权的财政管理体制，联邦制国家则采取相对分权的财政体制（Letelier，2005）①。具体而言，财政

① S.，L. L. Explaining Fiscal Decentralization［J］. Public Finance Review，2005，33（2）：155－183.

分权程度与政治集权程度呈负相关关系，即联邦制国家财政分权程度要高于单一制国家（Wasylenko，1987；Yilmaz，1999）①②；财政分权程度与具有选举权的地方政府层级个数正相关（Bodman et al.，2010）③，州政府及州以下地方政府由选举产生，与财政分权程度为正向关系（Panizza，1999）④；地方政府人员相对中央政府人员规模越大，财政收入尺度的分权程度越高，但只有中低收入国家样本中，地方政府人员相对规模与财政支出尺度分权正相关（Bodman et al.，2010）。其次，经济因素是推动既定财政分权制度变迁的主要动力。具体而言，经济发展对财政分权的显著正向影响，既由于经济发展带来的公共品和公共服务多样化需求“拉动”（Panizza，1999），也由于地方政府筹资能力提升“推动”（Tanzi & Schuknecht，2000）⑤；经济发展模式带来的政府财政收入结构变化也会带来财政分权程度的变化，如外贸主导型经济发展模式国家的财政分权度会低于内向型发展模式国家（Kee，1977；Letelier，2005；Bodman et al.，2010）⑥；经济发展带来的城市化会使部分地方政府（尤其是基层政府）发生撤并而带来财政分权程度下降，实证结果（Bod-

---

① Wasylenko，Michael. Fiscal Decentralization and Economic Development [J]. Public Budgeting & Finance，2010，7（4）：57－71.

② Yilmaz S. The Impact of Fiscal Decentralization on Macroeconomic Performance [J]. Proceedings. Annual Conference on Taxation and Minutes of the Annual Meeting of the National Tax Association，1999，92：251－260.

③ Bodman P. and A. Hodge. What Drives Fiscal Decentralization? Further Assessing the Role of Income [J]. Fiscal Studies，2010，31（3）：373－404.

④ Panizza U. On the Determinants of Fiscal Centralization：Theory and Evidence [J]. Journal of Public Economics，1999，74（1）：97－139.

⑤ Tanzi V.，Schuknecht L. Public Spending in the 20th Century：The Experience of the Newly Industrialized Economies [J]. Cambridge Books，2000，70（279）：570－572.

⑥ Kee W. S. Fiscal Federalism and Economic Development [J]. Public Finance Quarterly，1977，5（1）：79－97.

man et al., 2010）尤其是低收入国家实证结果（Letelier，2005）验证了这一结论。再次，社会因素反映出的自下而上的社会需求表达是推动既定财政分权制度变迁的重要动力，群体特征异质性（种族、民族、语言等）和偏好异质性越大，往往会要求更高的财政分权程度（Arzaghi & Henderson，2005；Canavirebacarreza，Martinezvazquez & Yedgenov，2012）①②③，社会混乱程度则对财政分权程度是负向影响（Bahl & Nath，1986；Bodman et al.，2010）④。最后，国家规模、历史文化也在很大程度上影响了财政分权体制设计之初用的模式和程度，如疆域规模和人口规模大的国家提高分权程度可以降低地方公共品“需求—供给”信息传递上的成本（Tanzi，2000；Jametti & Joanis，2011）⑤，同时，殖民特征（Conyers，1990）⑥、历史传统（Panizza，1999）、宗教信仰（Arzaghi & Henderson，2005）也开始纳入研究者的视野。

---

① Campbell T., Peterson G., Brakarz J. Decentralization to Local Government in LAC: National Strategies and Local Response in Planning, Spending, and Management [R]. Report No, 5, Latin America and The Caribbean Technical Department, Regional Studies Program. Washington D. C.: World Bank, 1991.

② Arzaghi M., Henderson J. V. Why Countries are Fiscally Decentralizing [J]. Journal of Public Economics, 2005, 89 (7): 1157 – 1189.

③ Canavirebacarreza G., Martinezvazquez J., Yedgenov B. Reexamining the Determinants of Fiscal Decentralization: What is the Role of Geography? [J]. International Center for Public Policy Working Paper, 2012.

④ Bahl R. W., Nath S. Public Expenditure Decentralizationin Developing Economies [J]. Environment and Planning C: Government and Policy, 1986, 4: 405 – 418.

⑤ Mario Jametti, Marcelin Joanis. Determinants of Fiscal Decentralization: Political Economy Aspects [DB/OL]. http://www.researchgate.net/publication/46469104.

⑥ Conyers D. Decentralization and Development Planning: A Comparative Perspective. In Decentralizing for Participatory Planning: Comparing the Experiences of Zimbabwe and Other Anglophone Countries in Eastern and Southern Africa [M]. P. de Valk and K. H. Wekwete (eds.), Aldershot: Avebury Press, 1990: 15 – 36.

1.2.1.2 财政分权对经济发展的影响

财政分权对经济发展的影响无论从单一类型样本还是多类型样本均存在争议。单一类型样本方面，马骏（Ma，1997）以单一制国家单独样本数据（中国）的研究发现，财政分权对经济发展起到很大作用[①]，但以美国（联邦制国家）单独样本数据的研究结果发现，最优经济增长和地方财政支出分权度呈正相关关系（Xie，Zou & Davoodi，1999）[②]；张涛和邹恒甫（Zhang & Zou，1996）利用1978~1992年中国省级面板数据的研究结果显示，中国改革开放时期财政分权对于地方的经济增长有显著的负作用并且持续周期很长[③]；林毅夫和刘志强（Lin & Liu，2000）基于1970~1993年中国省级面板数据的研究结果发现，财政分权促进了省级人均经济增长率的提高[④]。多类型样本方面，伊尔马兹（Yilmaz，1999）通过单一制国家、联邦制国家的综合样本分析发现，单一制国家财政分权对经济发展起到很大作用，但联邦制国家未显示同样特征；菲利普斯和沃莱（Phillips & Woller，1997）基于1974~1991年40个发达及发展中国家数据发现，财政分权与经济增长在发达国家呈现显著负相关而在发展中国家未显示存在相关关系[⑤]；达乌迪和邹恒甫

---

① Ma. Inter-government Fiscal Relations and Economic Growth in China [M]. England: Macmillan Press, 1997: 133-156.

② Xie D., Zou H., Davoodi H. Fiscal Decentralization and Economic Growth in the United States [J]. Cema Working Papers, 1999, 45 (2): 228-239.

③ Zhang T., Zou H. Fiscal Decentralization, Public Spending, and Economic Growth in China [J]. Journal of Public Economics, 1996, (67): 221-240.

④ Lin J. Y., Liu Z. Fiscal Decentralization and Economic Growth in China [J]. Economic Development & Cultural Change, 2000, 49 (1): 1-21.

⑤ Woller G. M., Phillips K. Fiscal Decentralisation and IDC Economic Growth: An Empirical Investigation [J]. Journal of Development Studies, 1998, 34 (4): 139-148.

（Davoodi & Zou，1998）根据46个国家1970～1989年面板数据进行分析则表明，发展中国家的财政分权抑制了国家的经济增长①；希尔本（Thieben，2003）运用26个国家的1981～1995年面板数据发现，经济增长目标的达成需要一个最优分权度，高于或低于最优分权度都难以实现最优经济发展②。

1.2.1.3 财政分权对居民福利的影响

财政分权对居民福利等的影响由于样本、变量选择、实证方法等差异形成了不同的观点和结论。弗兰克和盖纳（Frank & Gaynor，1994）的实证结果显示，财政激励能提高俄亥俄、得克萨斯等州公共精神健康保险政策绩效③。基恩和马钱德（Keen & Marchand，1997）认为，财政分权体制下的地方政府政绩竞争可能会促使地方政府形成更有利于企业扩张的支出结构而对教育支出等人力资本投资投入不足④。普特瓦（Poutvaar，2000）提出，劳动力的流动会造成地方政府的地区税收大量流失，因而各地方政府为了税收竞争会积极地进行教育投资⑤。威顿（Wheaton，2000）通过构建非对称的州福利供给纳什均衡模型，由州政府负责提供社会福利，福利接受者通过迁移来进行最优

---

① Davoodi H.，Zou H. Fiscal Decentralization and Economic Growth：A Cross ZZ Country Study [J]. Journal of Urban Economics，1998，(43)：244－257.

② Thieben U. The Impact of Fiscal Policy and Deregulation on Shadow Economies in Transition Countries：The Case of Ukraine [J]. Public Choice，2003，114 (3/4)：295－318.

③ Frank R. G.，Gaynor M. Fiscal Decentralization of Public Mental Health Care and the Robert Wood Johnson Foundation Program on Chronic Mental Illness [J]. Milbank Quarterly，1994，72 (1)：81－104.

④ Keen M.，Marchand M. Fiscal Competition and the Pattern of Public Spending [J]. Journal of Public，1997，66 (1)：33－53.

⑤ Poutvaara P. Education，Mobility of Labour and Tax Competition [J]. International Tax & Public Finance，2000，7 (6)：699－719.

化选择，分析表明，州规模是一个重要的跨州需求转移因素，而州政府之间的策略互动会导致救助水平低于社会最优值①。盖尔斯（Guess，2007）以保加利亚和罗马尼亚为研究样本，发现政府间事权和支出责任、财权、行政能力三者相匹配，才能有效提高公共服务的供给水平②。苏和拉扎菲马海法（Sow & Razafimahefa，2015）提出，充足的政治和公共组织环境支持、支出分权程度、支出分权与收入分权相匹配是财政分权提高公共服务供给效率的三个必要条件③。卡瓦列里和费兰特（Cavalieri & Ferrante，2016）发现，地方政府财政收入分权度和财政自给率的提高对1996~2012年意大利20个地区新生儿死亡率降低有显著作用，进而提出财政分权能够提升区域医疗水平④。阿卜杜等（Abdur et al.，2017）分析巴基斯坦数据，证明了财政分权对小学入学率为代表的公共服务供给指标具有的正面效应⑤。

1.2.2 国内文献综述

随着我国中央与地方“分税制”的实施和浙江等省份财政“省直管县”在促进县域经济发展的巨大成就，国内学者开始关

---

① Wheaton. Decentralized Welfare: Will there be Underprovision?［J］. Journal of Ur an Economics, 2000, 48: 536-555.

② Guess G. M. Adjusting Fiscal Decentralization Programs to Improve Service Results in Bulgaria and Romania［J］. Public Administration Review, 2007, 67 (4): 731-744.

③ Sow, Moussé Ndoye, Razafimahefa I. F. Fiscal Decentralization and the Efficiency of Public Service Delivery［J］. Social Science Electronic Publishing, 2014, 15 (59).

④ Cavalieri M., Ferrante L. Does Fiscal Decentralization Improve Health Outcomes? Evidence from Infant Mortality in Italy［J］. Social Science & Medicine, 2016, 164: 74-88.

⑤ Abdur R., Akram K A., Sher A., et al. Fiscal Decentralization and Delivery of Public Services: Evidence from Education Sector in Pakistan［J］. Studies in Business and Economics, 2017, 12 (1).

注地方财政管理体制的运行效应以及财政“市管县”向财政“省直管县”改革带来的县域经济社会发展效应。

1.2.2.1 财政管理体制绩效分析相关研究

随着我国财政“省直管县”的实施，国内学者开始关注财政管理体制绩效。施本植、许树华（2014）以云南省镇雄、腾冲和宣威三个试点县为研究对象，从政府、市场和社会三个维度设定了包含地方财政状况、经济发展和人民生活水平三方面内容的财政“省直管县”改革绩效评价框架，发现财政“省直管县”改革总体上属于“帕累托改进”①。许树华（2015）构建了一个包括财权与事权匹配度考评、财政收支自由度考评、分权的经济效益考评、分权的社会效益考评等在内的财政分权改革效应评价指标体系，并对我国1993年“分级包干”财政分权体制和2013年的“分税制”财政分权体制进行了绩效评价，认为“分税制”改革效应显著高于“分级包干”改革效应②。胡德仁等（2015）从财政收入弹性等激励效应指标、纵向均等化和横向均等化效应指标对河北地方财政体制进行了绩效评估，认为河北省现行的分税制存在激励有余而均衡不足问题③。

1.2.2.2 财政“省直管县”试点选择依据相关研究

作为财政“省直管县”改革的起点，财政“省直管县”试点选择依据引起了国内诸多学者的关注。部分学者认为，经济基础差、人口规模大的县级政府成为财政“省直管县”试点的

① 施本植，许树华．云南“省直管县”财政体制改革绩效分析［J］．学术探索，2014（11）：40－45.

② 许树华．中国财政分权改革的经济学分析［D］．云南大学，2015：126－143.

③ 胡德仁，曹铂，刘亮．河北省分税制财政体制运行的绩效评估［J］．经济研究参考，2015（8）：79－86.

可能性高。才国伟、黄亮雄（2010）运用二值选择模型以全国500个县级政府作为研究对象发现，财政“省直管县”改革倾向于经济发展水平低、教育负担轻、金融发展水平高的县级政府，“扩权强县”等经济管理体制改革倾向于经济发展水平高、教育负担重、金融发展水平低的县级政府①。吴木銮、王闻（2011）使用固定效应和两阶段最小二乘法的估计方法，基于1995～2006年的省级面板数据研究省内财政分权的决定因素，发现中央对省级转移低、人口密度低、对外开放度低、财政依存度低的省份更容易开展财政“省直管县”且财政“省直管县”试点选择与经济发展水平没有显著的因果关系②。刘小兵、吕凯波（2014）采用 Logistic 回归模型，利用2007年全国县级面板数据作为研究对象发现，下辖县级政府个数多和电子政务水平高的省份更有动力推行财政“省直管县”改革，粮棉生产大县、县域经济发展水平低、财政自给能力差的县级政府更有动力成为财政“省直管县”改革试点③。

还有部分学者认为，财政“省直管县”试点应从经济基础好、财政基础好的县级政府中选择。吴金群（2010）以省（自治区）数据为研究对象进行聚类分析，认为管理幅度不大、经济基础好、技术保障强、前期试点较充分的省（自治区）应进一步探索省管县改革④。刘佳等（2011）采用基于自然实验的倍

---

① 才国伟，黄亮雄．政府层级改革的影响因素及其经济绩效研究［J］．管理世界，2010（8）：73－83.

② 吴木銮，王闻．如何解释省内财政分权：一项基于中国实证数据的研究［J］．经济社会体制比较，2011（6）：62－72.

③ 刘小兵，吕凯波．省直管县财政管理体制改革的影响因素分析［J］．南京审计学院学报，2014，11（1）：19－27.

④ 吴金群．省管县的条件及对我国26个省区的聚类研究［J］．浙江大学学报（人文社会科学版），2010，40（4）：119－127.

差法模型，以2004~2009年江苏、安徽、湖北、江西、甘肃、四川六个省的县级政府面板数据作为研究对象发现，选择经济发达、人口规模较大的县级进行财政“省直管县”改革试点，将可能更有利于改革效应的提升①。贾俊雪等（2013）采用处置效应模型和动态面板数据模型，以1997~2005年全国县级面板数据作为研究对象发现，经济发展水平较高、人口规模较大、乡镇数量较多而农业税费负担较重的县级政府更容易成为财政“省直管县”改革试点对象②。宁静等（2015）利用2002年和2007年全国县级面板数据，通过PSM-DID方法发现，县级政府城镇化水平、人均粮食产量、人口规模等越高，该县级政府被选择为财政“省直管县”改革试点的可能性越大③。赵建吉等（2017）利用1999~2013年河南县级面板数据，通过DEA和多元回归方法发现，“省直管县”财政改革应选择经济体量较大、第二产业比重较高的县级政府实施，这样既可以防止出现“小马拉大车”现象，还可以激励县级政府继续优化产业结构促进经济增长④。

1.2.2.3 财政“省直管县”对经济发展的影响

随着国外学者对财政分权与经济发展的关注，国内学者逐步由关注中央与地方“分税制”对省域经济发展的影响深入到地方财政管理体制对县域经济发展的影响。

---

① 刘佳，马亮，吴建南．省直管县改革与县级政府财政解困——基于6省面板数据的实证研究［J］．公共管理学报，2011，8（3）：33-43，124-125.

② 贾俊雪，张永杰，郭婧．省直管县财政体制改革、县域经济增长与财政解困［J］．中国软科学，2013（6）：22-29，52.

③ 宁静，赵国钦，贺俊程．省直管县财政体制改革能否改善民生性公共服务［J］．经济理论与经济管理，2015（5）：77-87.

④ 赵建吉，吕可文，田光辉，苗长虹．省直管能提升县域经济绩效吗？——基于河南省直管县改革的探索［J］．经济经纬，2017，34（3）：1-6.

部分学者得出财政“省直管县”的实施促进了县域经济发展的结论。肖文、周明海（2008）运用多元回归方法，以1985～2006年浙江县级政府面板数据作为研究对象发现，财政“省直管县”的实施促进县级政府用于更高效率的领域，进而推动区域经济增长，但在增加政府支出和促进私人投资方面效果不明显[①]。李夏影（2010）运用面板数据模型，以2002～2008年湖北县级政府面板数据作为研究对象发现，财政“省直管县”显著促进了县级政府地区生产总值增长[②]。才国伟、黄亮雄（2010）以全国（市）面板数据作为研究对象，运用二值选择模型和系统GMM估计方法发现，财政“省直管县”改革短期和长期对提高县域经济增长率都有显著正向效应[③]。郑新业等（2011）采用双重差分法，以2000～2008年河南县级面板数据作为研究对象发现，财政“省直管县”改革为代表的财政分权和“扩权强县”经济管理权限下放为代表的经济分权均促进了县域经济发展，而经济分权促进县域经济发展作用强于财政分权[④]。赖玥（2013）运用多元回归方法，以2002～2011年全国县级政府面板数据作为研究对象发现，提高县级财政分权度、加大县级财政自主性将对县域经济增长产生正向影响[⑤]。贾俊雪等（2013）利用处置效应模型和动态面板数据模型，以1997～

---

① 肖文，周明海．财政分权与区域经济增长——基于省级以下的实证分析［J］．浙江大学学报（人文社会科学版），2008（4）：73－83.

② 李夏影．“省直管县”财政体制对县域经济增长影响研究——以湖北省为例［J］．北方经贸，2010（10）：51－54.

③ 才国伟，黄亮雄．政府层级改革的影响因素及其经济绩效研究［J］．管理世界，2010（8）：73－83.

④ 郑新业，王晗，赵益卓．“省直管县”能促进经济增长吗？——双重差分方法［J］．管理世界，2011（8）：34－44，65.

⑤ 赖玥．财政激励对县域经济增长的影响——基于中国县级面板数据的实证分析［J］．广东商学院学报，2013，28（5）：75－81，90.

2005年全国县级政府面板数据作为研究对象发现，县级财政自给率与县域经济增长存在正相关关系，而财政“省直管县”改革、“撤乡并镇”行政精简改革则不利于县域经济增长①。李丹（2013）采用系统GMM模型，以2001～2010年全国县级面板数据为研究对象发现，财政“省直管县”改革（财政分权）、“强县扩权”（经济分权）对县域经济的发展和壮大都带来了正向促进作用②。刘冲等（2014）运用双重差分模型，以1997～2010年全国县级面板数据作为研究对象发现，财政“省直管县”改革主要通过增加财政收入来影响促进县域经济增长，但对周边县和所属市级存在负外部性③。王婧等（2016）采用县域经济活力指数和双重差分模型方法，利用2008～2012年山西县级面板数据作为研究对象发现，财政“省直管县”对试点县经济增长的直接促进作用仍不明显④。赵建吉等（2017）采用DEA和多元回归方法，利用1999～2013年河南县级面板数据作为研究对象发现，财政“省直管县”施行县级政府经济发展效率领先于财政“市管县”施行县级政府，但落后于“扩权强县”施行县级政府⑤。王立勇、高玉胭（2018）采用双重差分法，利用2002～2015年山西县级面板数据作为研究对象发现，财政“省直管县”改革提高了县级政府财政分权度，进而提高了市场化

---

① 贾俊雪，张永杰，郭婧．省直管县财政体制改革、县域经济增长与财政解困［J］．中国软科学，2013（6）：22－29，52.

② 李丹．“省直管县”改革对市、县经济利益格局分配的研究［J］．财经论丛，2013（5）：27－33.

③ 刘冲，乔坤元，周黎安．行政分权与财政分权的不同效应：来自中国县域的经验证据［J］．世界经济，2014，37（10）：123－144.

④ 王婧，乔陆印，李裕瑞．“省直管县”财政体制改革对县域经济影响的多维测度——以山西省为例［J］．经济经纬，2016，33（2）：1－6.

⑤ 赵建吉，吕可文，田光辉，苗长虹．省直管能提升县域经济绩效吗？——基于河南省直管县改革的探索［J］．经济经纬，2017，34（3）：1－6.

水平，改革带来的综合作用显著促进了县域产业结构升级，且随着时间推移越发显著，产业结构的升级有助于县域经济的长期稳定增长①。

还有部分学者得出，财政“省直管县”改革抑制了县域经济发展以及只在特定类型的县级政府促进了经济发展的结论。刘小勇（2008）运用多元回归方法，以1998～2005年中国25个省份面板数据作为研究对象发现，就全国层面而言，地方财政支出分权提高了地区生产总值增长率，地方财政收入分权和财政自给率分权降低了地区生产总值增长率；就区域层面而言，地方财政支出分权提高了地区生产总值增长率，地方财政收入分权与东部地区生产总值增长率正相关，与中部和西部地区负相关，地方财政自给率对中部地区生产总值增长率具有正向影响，对东部和西部地区生产总值增长率影响为负②。高军、王晓丹（2012）在广义AK生产函数基础上推导出五种效应并运用空间面板数据模型，以2004～2005年江苏县级政府数据作为研究对象发现，财政“省直管县”的实施促进了县域经济增长，但只是“政府竞争效应”的有限作用；财政“省直管县”的实施未产生“技术进步效应”“生产函数效应”“市场竞争效应”，因而并未具有经济长期增长作用③。史桂芬、王立荣（2012）运用双重差分方法，以2001～2010年吉林县级政府面板数据作为研究对象发现，财政“省直管县”改革对县级政府人均地区生

---

① 王立勇，高玉胭．财政分权与产业结构升级——来自“省直管县”准自然实验的经验证据［J］．财贸经济，2018，39（11）：145－159.

② 刘小勇．省及省以下财政分权与省际经济增长［J］．经济科学，2008（1）：41－54.

③ 高军，王晓丹．“省直管县”财政体制如何促进经济增长——基于江苏省2004—2009年数据的实证分析［J］．财经研究，2012，38（3）：4－14.

产总值的影响不显著，认为地方财政支出的增长主要流向了公共经费支出，因而对地方经济发展未起到有效拉动作用[①]。李猛（2012）构建宏观经济稳定理论模型并采用多元回归方法，以2000～2008全国县级面板数据作为研究对象发现，财政“省直管县”改革对县级政府地区生产总值增长率的影响依赖于县乡的财政困难程度，县乡财政困难程度低时改革对县级政府地区生产总值增长率的影响为正，而县乡财政困难程度高时改革对县级政府地区生产总值增长率的影响为负[②]。李一花、李齐云（2014）运用多元回归模型，以2007～2011年山东县级面板数据作为研究对象发现，财政“省直管县”改革带来的县级财政自主权加大使县级政府获取预算外收入的程度加大，带来的经济发展抑制效应超过了县级财政自主权加大对经济增长的促进作用[③]。肖建华、陈楠（2017）运用双重差分方法，以2010～2015年江西县级政府面板数据作为研究对象发现，财政“省直管县”改革与地区生产总值增长率之间呈负相关关系[④]。

1.2.2.4 财政“省直管县”对财政收支的影响

国内学者在关注财政“省直管县”宏观效应的同时也关注这一改革对地方财政收支本身的影响。部分学者认为，财政“省直管县”改革促进了县级财政收支增长。才国伟、黄亮雄（2010）以2000～2007年全国县级政府面板数据并运用二值选

---

① 史桂芬，王立荣．基于DID模型对中国省管县财政体制的评价——来自吉林省的数据［J］．东北师大学报（哲学社会科学版），2012（2）：32－37.

② 李猛．“省直管县”能否促进中国经济平稳较快增长？——理论模型和绩效评价［J］．金融研究，2012（1）：91－102.

③ 李一花，李齐云．县级财政分权指标构建与“省直管县”财政改革影响测度［J］．经济社会体制比较，2014（6）：148－159.

④ 肖建华，陈楠．基于双重差分法的“省直管县”政策的效应分析——以江西省为例［J］．财经理论与实践，2017，38（3）：97－103.

择模型和系统 GMM 估计方法发现，财政“省直管县”改革倾向于经济发展水平低、教育负担轻的县；财政“省直管县”改革短期和长期提高人均财政支出效果均显著①。刘佳等（2011）采用基于自然实验的倍差法模型，以 2004 ~ 2009 年江苏、安徽、湖北、江西、甘肃、四川六个省县级政府面板数据作为研究对象发现，财政“省直管县”改革在静态模型中提高试点县级财政自给能力效果显著；动态模型发现，政策效应主要表现在改革当年且存在逐步递减趋势；经济发达、人口规模较大的县级财政“省直管县”改革带来的财政自给率提高最为明显②。王婧等（2016）采用县域经济活力指数和双重差分模型方法，利用 2008 ~ 2012 年山西县级面板数据作为研究对象发现，财政“省直管县”显著改善了试点县的财政收支状况③。

还有部分学者得出财政“省直管县”改革抑制了县级财政收支增长以及只在特定类型的县级政府促进了财政收支增长的结论。史桂芬、王立荣（2012）运用双重差分方法，以 2001 ~ 2010 年吉林县级政府面板数据作为研究对象发现，财政“省直管县”改革对县级政府人均财政支出增长效果显著而对人均财政收入增长效果不显著④。李丹（2013）采用系统 GMM 模型，以 2001 ~ 2010 年全国县级面板数据为研究对象发现，财政“省直管县”改革对市级人均财政收入存在负向作用，但对市级人

① 才国伟，黄亮雄．政府层级改革的影响因素及其经济绩效研究［J］．管理世界，2010（8）：73 - 83.

② 刘佳，马亮，吴建南．省直管县改革与县级政府财政解困——基于 6 省面板数据的实证研究［J］．公共管理学报，2011，8（3）：33 - 43，124 - 125.

③ 王婧，乔陆印，李裕瑞．“省直管县”财政体制改革对县域经济影响的多维测度——以山西省为例［J］．经济经纬，2016，33（2）：1 - 6.

④ 史桂芬，王立荣．基于 DID 模型对中国省管县财政体制的评价——来自吉林省的数据［J］．东北师大学报（哲学社会科学版），2012（2）：32 - 37.

均财政支出、县级政府人均财政收入和人均财政支出都起到了正向的促进作用[①]。贾俊雪等（2013）利用处置效应模型和动态面板数据模型，以1997～2005年全国县级政府面板数据作为研究对象发现，财政“省直管县”改革能够增加县级财政收入、提高财政自给能力，“撤乡并镇”等政府精简机构改革将有助于缓解县级财政压力[②]。王小龙、方金金（2014）运用倍差法（双重差分），以2002～2007年全国县级政府面板数据作为研究对象发现，财政自给率较大省份的财政“省直管县”改革试点县级政府人均预算收入与人均总财政收入显著增长；财政自给率中等省份的财政“省直管县”改革试点人均预算收入结果不显著，人均总财政收入显著降低；财政自给率较小省份财政“省直管县”改革试点县级政府人均预算收入显著增加，人均总财政收入显著降低[③]。刘志红、王艺明（2018）利用可有效校正选择偏差问题的PSM-DID方法，以2002年和2007年全国县级政府面板数据作为研究对象发现，财政“省直管县”改革增加了县级人均一般预算收入，但是降低了县级人均转移支付收入，在一定程度上降低了县级财力总水平，且这一状况在东部地区尤其明显[④]。

1.2.2.5 财政“省直管县”对居民福利的影响

国内学者在关注财政“省直管县”宏观效应和对地方财政

① 李丹．“省直管县”改革对市、县经济利益格局分配的研究［J］．财经论丛，2013（5）：27－33.

② 贾俊雪，张永杰，郭婧．省直管县财政体制改革、县域经济增长与财政解困［J］．中国软科学，2013（6）：22－29，52.

③ 王小龙，方金金．政府层级改革会影响地方政府对县域公共教育服务的供给吗？［J］．金融研究，2014（8）：80－100.

④ 刘志红，王艺明．“省直管县”改革能否提升县级财力水平？［J］．管理科学学报，2018，21（10）：1－13.

收支本身的同时，也关注这一改革对县级居民福利的影响。部分学者研究认为，财政“省直管县”提高了县级居民福利。王德祥、李建军（2008）构建地方公共品最优供给模型采用多元回归方法，以2002～2006年湖北县级政府面板数据作为研究对象发现，财政“省直管县”改革促进了县级政府农村公共服务、基本公共服务、秩序安全等公共服务的改善①。王小龙、方金金（2014）运用倍差法（双重差分），以2002～2007年全国县级政府面板数据作为研究对象发现，财政“省直管县”改革对县级人均公共教育支出有显著的正向影响，“扩权强县”等经济管理体制改革对县级人均公共教育支出有显著的负向影响，同时实行这两项政策的县级政府对县级人均公共教育支出有显著的负向影响②。谭之博等（2015）运用双重差分方法，以1999～2010年全国县级面板数据作为研究对象发现，财政“省直管县”改革提高了县级中学生在校人数比重，增加了其社会福利院床位数，且改革的影响比较持久③。肖建华、陈楠（2017）运用双重差分方法，以2010～2015年江西县级政府面板数据作为研究对象发现，财政“省直管县”改革对教育、医疗财政支出占县级政府支出比重显著提升，对教育、医疗等地区公共服务水平产生了显著正向作用④。

还有部分学者得出财政“省直管县”的实施抑制了县级政

① 王德祥，李建军．人口规模、“省直管县”对地方公共品供给的影响——来自湖北省市、县两级数据的经验证据［J］．统计研究，2008，25（12）：15－21.

② 王小龙，方金金．政府层级改革会影响地方政府对县域公共教育服务的供给吗？［J］．金融研究，2014（8）：80－100.

③ 谭之博，周黎安，赵岳．省管县改革、财政分权与民生——基于“倍差法”的估计［J］．经济学（季刊），2015，14（3）：1093－1114.

④ 肖建华，陈楠．基于双重差分法的“省直管县”政策的效应分析——以江西省为例［J］．财经理论与实践，2017，38（3）：97－103.

府居民福利提升以及只在特定类型的县级政府促进了居民福利提升的结论。刘佳等（2012）运用多元回归方法以2003～2007年河北县级面板数据作为研究对象，陈思霞、卢盛峰（2014）运用双重差分方法以2002～2007年全国县级面板数据作为研究对象均发现，财政“省直管县”改革后县级财政重视生产性地方公共品供给，而轻视服务性地方公共品供给①；贫困县级政府更倾向于降低民生性公共服务支出②。宁静等（2015）运用基于倾向得分匹配—双重差分方法（PSM-DID），以2002～2007年全国县级政府面板数据作为研究对象发现，财政“省直管县”改革降低了县级政府医疗、教育支出占财政支出比重，降低了中小学生数占人口比重，对人均医疗床位数影响不明显，总体而言，对民生公共服务产生了抑制效应③。贾俊雪、宁静（2015）运用倾向得分匹配—双重差分法（PSM-DID），以2002年和2007年全国县级面板数据作为研究对象发现，财政“省直管县”改革带来县级和市级财政的平级化管理增加了竞争主体数量，强化了县域间财政竞争，县级政府通过将加大基本建设支出谋求经济增长的发展导向更加明显，导致教育支出和医疗卫生支出占县级财政支出比重下降，对社会民生产生了负面效应④。宗晓华、叶萌（2016）运用多元回归方法，以1998～

---

① 刘佳，吴建南，吴佳顺．省直管县改革对县域公共物品供给的影响——基于河北省136县（市）面板数据的实证分析［J］．经济社会体制比较，2012（1）：35－45.

② 陈思霞，卢盛峰．分权增加了民生性财政支出吗？——来自中国“省直管县”的自然实验［J］．经济学（季刊），2014，13（4）：1261－1282.

③ 宁静，赵国钦，贺俊程．省直管县财政体制改革能否改善民生性公共服务［J］．经济理论与经济管理，2015（5）：77－87.

④ 贾俊雪，宁静．纵向财政治理结构与地方政府职能优化——基于省直管县财政体制改革的拟自然实验分析［J］．管理世界，2015（1）：7－17，187.

2012 年省级面板数据作为研究对象发现，财政“省直管县”改革在全国层面上有利于提高农村义务教育财政支出水平且对初中阶段的影响高于小学阶段但幅度有限，在东部省份层面改革显著提高农村义务教育初中和小学财政支出水平，在中部省份层面改革降低了农村义务教育初中和小学财政支出水平，而在西部地区改革对农村义务教育初中和小学财政支出水平的影响不显著①。李一花等（2016）运用双重差分模型，以 2001 ~ 2009 年湖北县级面板数据作为研究对象发现，财政“省直管县”改革对县级财政支出综合效率、规模效率的影响显著为正，而对结构效率的影响显著为负②。李荣华、王文剑（2018）运用核匹配结合双重差分方法，以 2000 ~ 2013 年河南县级面板数据作为研究对象发现，财政“省直管县”改革未改善县级财政支出结构，改革带来的中小学生数、医院和福利机构床位数等民生服务的提升更多来自地方转移支付③。

1.2.3 国内外文献述评

通过文献梳理发现，在地方财政分权及其影响的相关文献中，国外学者主要关注财政分权与财政分权程度决定因素、财政分权对经济发展的影响、财政分权对居民福利的影响等方面，并由于样本、变量选择、实证方法等差异形成了不同的观点和结论。在财政分权与财政分权程度决定因素方面，国外学者多

① 宗晓华，叶萌．“省直管县”财政改革能否提高农村义务教育财政保障水平？——基于省级面板数据的实证分析［J］．教育科学，2016，32（6）：1 - 10.

② 李一花，魏群，李雪妍．“省直管县”财政改革对县级政府财政支出效率的影响研究［J］．经济与管理评论，2016，32（1）：79 - 88.

③ 李荣华，王文剑．地方政府分权改革对民生性公共服务的影响——基于河南“省直管县”分权改革的分析［J］．社会主义研究，2018（2）：65 - 76.

数认为政治体制对财政分权的初始制度设计和分权程度具有决定性，经济因素是推动既定财政分权制度变迁的主要动力，社会因素反映出的自下而上社会需求表达是推动既定财政分权制度变迁的重要动力。在财政分权对经济发展的影响方面，国外学者对财政分权是否促进经济发展无论从单一类型样本还是多类型样本均存在争议。在财政分权对居民福利的影响方面，由于样本、变量选择、实证方法等差异也形成了不同的观点和结论。

随着我国中央与地方“分税制”的实施和浙江等省份财政“省直管县”在促进县域经济发展的巨大成就，国内学者开始关注地方财政管理体制的运行效应以及财政“市管县”向财政“省直管县”改革带来的县域经济社会发展效应，主要研究集中在财政管理体制绩效分析、财政“省直管县”改革试点地区选择、财政“省直管县”对经济发展、财政收支、居民福利的影响。在财政管理体制绩效分析方面，发现财政“省直管县”改革总体上属于“帕累托改进”。在改革试点地区选择方面，一部分学者认为经济基础差、人口规模大的县级政府成为财政“省直管县”试点的可能性高，还有部分学者认为，财政“省直管县”试点应从经济基础好、财政基础好的县级政府中选择。在经济发展方面，部分学者得出财政“省直管县”的实施促进了县域经济发展的结论，另一部分学者得出财政“省直管县”改革抑制了县域经济发展以及只在特定类型的县级政府促进了经济发展的结论。在财政收支影响方面，学者在财政“省直管县”是否促进了县级财政收支增长上存在争议。在居民福利的影响方面，财政“省直管县”是否提高了县级居民教育、医疗等福利方面同样存在争议。

在上述文献基础上，本书尝试采用较为完善且具有连贯性的我国县级数据库，利用双重差分模型（DID）进行财政“省直管县”改革激励效应、福利效应存在性分析，为进行政策效应的比较分析提供有力支撑；利用多元回归模型进行财政“省直管县”改革激励效应、均等效应、福利效应影响分析能够有效获取更加明确的政策效应结果、更精确的影响因素及影响程度；利用基尼系数进行财政“省直管县”改革均等效应分析能够从整体和各区域更加全面地反映财政“市管县”和财政“省直管县”下县级财政收支差异的实际情况。本书尝试从多重视角分析中获得更为准确全面的财政“省直管县”改革效应结论。

1.3 研究内容及研究方法

1.3.1 研究内容

第1章，导论。介绍了本书的选题背景及研究意义，基于文献检索结果，进行了多重背景下的“省直管县”财政管理体制绩效等相关研究文献综述。介绍了本书的主要研究方法，基于文献研究方法、描述性统计分析方法、比较分析方法和实证分析方法等展开研究，并介绍了本书的主要内容和创新点。

第2章，财政管理体制绩效研究基础。对本书的核心概念进行了界定，介绍了本书的主要理论来源，主要包含财政分权理论、公共政策理论、公共品级次理论和扁平化组织理论等。剖析了财政分权理论、公共品级次理论和扁平化组织理论下的财政管理体制绩效分析模式和公共政策理论下的绩效评价标准、方法，并构建了财政“省直管县”绩效分析原则、体系和方法。

第3章，财政“省直管县”绩效数理分析。根据前面理论分析和财政“省直管县”绩效分析体系，构建了一个“两级地区、三个政府”的非对称博弈的 Stackelberg 模型，进行了财政“市管县”和财政“省直管县”绩效的数理分析，并对两者的数理分析结果进行了比较，为后续实证研究奠定了数理基础。

第 4 章，财政“省直管县”变迁、框架与绩效一般分析。对地方财政管理体制变迁特征、动力和财政“省直管县”的目标维度、类型维度和时间维度演进进行了分析和总结。对实施财政“省直管县”的 21 个省（自治区）的改革文本进行了事权和支出责任划分、财政收入划分、地方转移支付安排等方面的改革内容和基本情况进行了介绍。并选取 2007 ~ 2017 年实行财政“省直管县”的县级政府数据进行财政“省直管县”激励效应、均等效应和福利效应一般性分析，为后续研究奠定现实基础。

第 5 章，财政“省直管县”绩效存在性分析。介绍了双重差分模型基本原理、基尼系数基本原理，就财政“省直管县”的激励效应、均等效应和福利效应等进行存在性分析，针对激励效应、均等效应和福利效应的特点和本书获取到的样本数据，分别采用双重差分模型（DID）、基尼系数进行实证分析，并通过截尾处理和时间处理进行稳健性检验，通过实证分析探究财政“省直管县”改革前后的激励效应、均等效应和福利效应是否存在。

第 6 章，财政“省直管县”绩效影响因素分析。对财政“省直管县”改革效应多元回归分析模型进行了理论推导，针对激励效应、均等效应和福利效应的特点和本书获取到的数据，采用多元回归模型进行影响因素实证分析，并设置三类样本组进行稳健性检验，通过实证分析探究财政“省直管县”激励效应、均等效应和福利效应的影响因素和影响程度。

第7章，财政“省直管县”绩效原因分析和政策建议。结合前面的财政“省直管县”绩效数理分析、一般分析以及激励效应、均等效应和福利效应的存在性分析和影响因素实证分析结果，分析了财政“省直管县”激励效应、均等效应和福利效应存在性和影响因素实证结果的原因，并根据现阶段财政“省直管县”的实际效应及其存在的问题提出有针对性的政策建议。

第8章，结论与展望。对全书内容进行总结，归纳目前研究的进展。针对本书研究中的不足之处进行解释，提出今后研究需要进一步完善的内容，提出相应的研究展望。全书的研究技术路线如图1-1所示。

1.3.2 研究方法

1.3.2.1 文献研究法

国内外相关理论与文献的梳理是本书研究的起点。在确定了本书的选题及基本研究内容之后，根据本书研究的关键词及其相关文献进行了大量的检索和整理工作。充分利用各类文献检索资源（中国知网、万方数据平台、SSCI索引、Elsevier ScienceDirect、Wiley Online Library、JSTOR、EBSCO、Springer LINK等），基于“省直管县”财政管理体制、“市管县”财政管理体制、“财政管理体制”“财政分权”“Public Finance”“Fiscal Federalism”“Fiscal Decentralization”等关键词进行检索，形成了本书的理论基础和文献综述。

1.3.2.2 描述性统计分析方法和比较分析方法

基于本书的研究内容，针对财政“省直管县”在各省（自治区）的改革情况以及地方财政管理体制在不同阶段基本情况进行了初步的数据搜集整理工作。基于现状分析情况，本书对

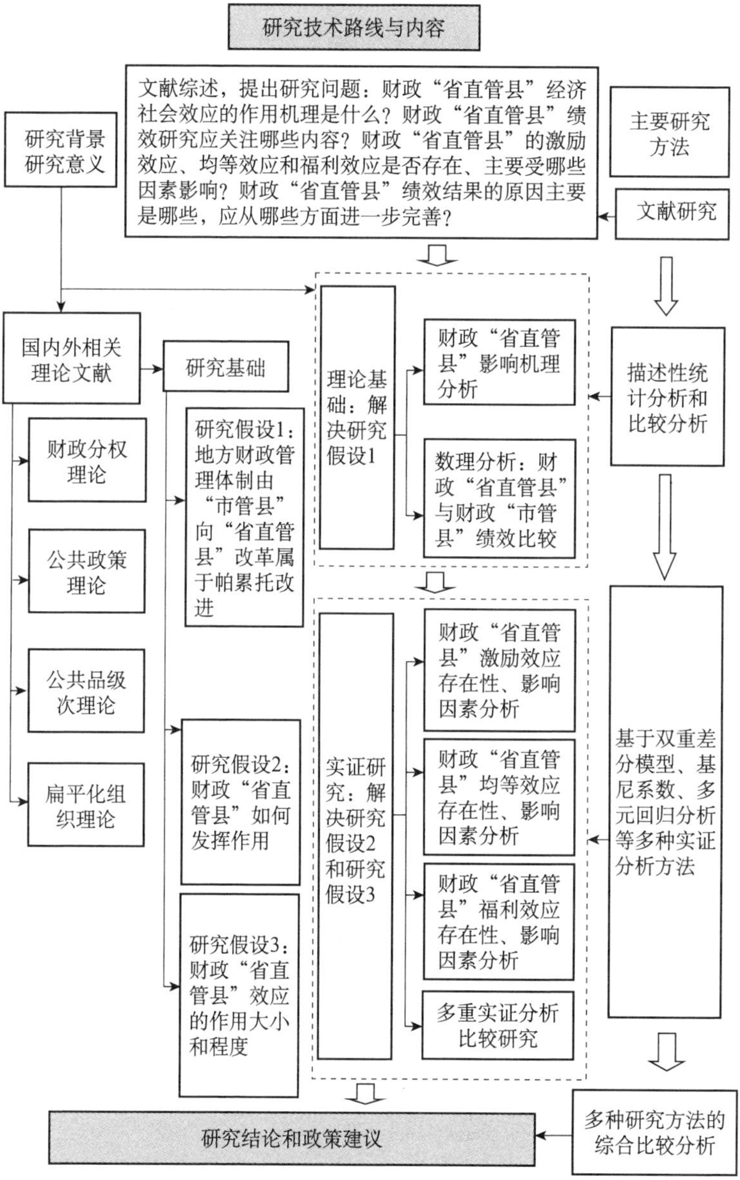

研究技术路线与内容

研究背景
研究意义

文献综述，提出研究问题：财政“省直管县”经济社会效应的作用机理是什么？财政“省直管县”绩效研究应关注哪些内容？财政“省直管县”的激励效应、均等效应和福利效应是否存在、主要受哪些因素影响？财政“省直管县”绩效结果的原因主要是哪些，应从哪些方面进一步完善？

主要研究方法

文献研究

国内外相关理论文献

研究基础

财政分权理论

公共政策理论

公共品级次理论

扁平化组织理论

研究假设1：地方财政管理体制由“市管县”向“省直管县”改革属于帕累托改进

理论基础：解决研究假设1

财政“省直管县”影响机理分析

数理分析：财政“省直管县”与财政“市管县”绩效比较

描述性统计分析和比较分析

研究假设2：财政“省直管县”如何发挥作用

研究假设3：财政“省直管县”效应的作用大小和程度

实证研究：解决研究假设2和研究假设3

财政“省直管县”激励效应存在性、影响因素分析

财政“省直管县”均等效应存在性、影响因素分析

财政“省直管县”福利效应存在性、影响因素分析

多重实证分析比较研究

基于双重差分模型、基尼系数、多元回归分析等多种实证分析方法

研究结论和政策建议

多种研究方法的综合比较分析

图1-1 全书的研究技术路线

这些基本数据进行了描述性统计分析，初步判断这些基础数据的情况，为后续实证分析的进行提供基本保障。在描述性统计分析和不同实证分析的结果基础上，通过必要的比较分析，可以得出财政“省直管县”激励效应、均等效应、福利效应在不同因素影响下的作用大小和程度的差别，为本书更加准确地判断财政支出政策的症结所在提供更加可靠的依据。

1.3.2.3 实证分析方法

针对财政“省直管县”对经济社会的影响构建了一个“两级地区、三个政府”的非对称博弈的Stackelberg模型进行数理分析，从理论上进行剖析，并详细解释了其中的作用机理，构建了财政“省直管县”激励效应、均等效应、福利效应的基本框架。然后，根据财政“省直管县”与宏观经济运行、居民福利的相关关系，选取了激励效应、均等效应、福利效应三个视角对财政“省直管县”效应进行实证分析。其中，基于双重差分模型（DID）分析了财政“省直管县”经济发展、财政收入激励效应和教育、医疗福利效应，利用基尼系数分析了财政“省直管县”财政收入、支出均等效应，利用多元回归分析模型分析了财政“省直管县”经济发展和财政收入激励效应、财政收入和支出均等效应、教育和医疗福利效应，并在实证分析结果的基础上提出相应政策建议。

1.4 创新点

（1）结合财政分权理论、公共政策理论、公共品级次理论和扁平化组织理论，剖析了财政分权理论、公共品级次理论和扁平化组织理论下的财政管理体制绩效分析模式和公共政策理论下的绩效评价标准和方法，构建了财政“省直管县”绩效分析理论框架，并深入分析了财政“省直管县”改革对县级政府的激励效应、均等效应和福利效应影响机理。

（2）利用非对称博弈的Stackelberg模型框架和方法，构建一个“两级地区、三个政府”模型，从“省级—市级—县级”政府间关系及“政府—居民”策略互动视角构建了财政管理体制、政府行为和地区激励效应、均等效应和福利效应等相互联系的分析框架和模型，建立了行政结构、政府行为、经济绩效、福利绩效等之间的数理逻辑关系，比较了财政“省直管县”改革后地方财政运行、经济发展和居民福利变化结果。

（3）采用多维度实证分析方法对财政“省直管县”绩效进行实证分析，得出了较为客观的绩效评价结论，通过设置财政“省直管县”政策虚拟变量等方法，利用“自然实验法”通过双重差分（DID）模型进行了财政“省直管县”激励效应和福利效应存在性进行了检验，利用基尼系数对财政“省直管县”均等效应存在性进行了检验，利用多元回归方法对财政“省直管县”激励效应、均等效应和福利效应进行了影响因素分析。

另外，本书利用政府信息公开、课题实地调研等渠道，搜集整理完善了中国县级层面的基础数据，形成了较为完善具有连贯性的数据库，为进行财政“省直管县”改革效应分析提供了多层级的数据支撑，数据更新工作有所成效。

第2章　财政管理体制绩效研究基础

2.1　概念界定

我国“省直管县”这一概念既涉及省级政府对县级政府的财政管理体制（财政“省直管县”），也涉及经济管理体制（一般被称为“扩权强县”），还涉及行政管理体制（行政“省直管县”）。基于本书研究主题，本书主要涉及地方财政管理体制、财政“市管县”、财政“省直管县”，现将主要概念界定如下。

地方财政管理体制界定为：地方政府间就税权、事权、转移支付等所建立的契约组合，主要包括地方各级政府间事权和支出责任划分、财政收入划分、转移制度安排等财政分配规则和财政监督等管理体系。

财政“市管县”界定为：省级直接管理市级财政，市级直接管理县级财政；省级按一定规则直接与市级进行事权和财权划分，市级再按一定规则与县级政府进行事权、财权划分；省级对下转移支付转移补助、专项拨款补助、各项结算补助、预算资金调度等都是省级直接对市级，再由市级按一定规则划拨至县级政府；市级负有对县级政府财政补助职责和财政资金监督等全部职能。

财政“省直管县”界定为：省级直接管理市级与县级财政；地方政府间进行事权和财权划分，省级按一定规则直接与市级和县级进行事权、财权划分；省级对下转移支付转移补助、专项拨款补助、各项结算补助、预算资金调度等按一定规则划拨至市级和县级；市级仅拥有本省“省直管县”改革文件规定的对县级财政补助职能和财政资金监督等有限职能。

财政“省直管县”绩效界定为：财政“省直管县”改革的效果是否达到了“理顺地方政府间财政分配关系，推动县级政府加快职能转变，更好地提供公共服务，促进经济社会全面协调可持续发展”的目标要求①。具体而言，财政“省直管县”应实现促进县级政府经济发展和财政增收等激励效应、促进县级财政收支纵向和横向均衡等均等效应和促进县级政府公共服务提升等福利效应。

财政“省直管县”激励效应是指该财政体制在调动同级政府发展经济、增加财政收入等方面作用的正负和大小。财政“省直管县”应在地方各财政主体有自己独立的利益并具有追求利益最大化倾向的基础上，通过政府间收支划分、转移支付、资金往来、预决算、年终结算和财政监督等制度，构建激励地方各级政府做大经济总量、改善产业结构和取得财政收入的积极性。

财政“省直管县”均等效应是指该财政体制下同级政府财政能力的纵向和横向均衡的实现程度。其中，纵向均等效应即

---

① 财政部《关于推进省直接管理县财政改革的意见》。

地方政府间的支出责任和收入分配纵向配置状况，横向均等效应即多种形式的转移支付后地方政府间的最终支出责任和收入分配的横向比较状况。

财政“省直管县”福利效应是指该财政体制下同级政府向辖区居民提供公共服务带来的居民福利改善。财政“省直管县”改革既影响生产性公共品供给，也影响消费性公共品供给。基础设施等生产性公共品将进入生产函数，增加私人产出进而提高地区产出，教育、医疗、社会保障和就业等消费性公共品将进入效用函数，增进居民福利。

2.2 理论基础

本部介绍了本书的主要理论来源，主要包含财政分权理论、公共政策理论、公共品级次理论、扁平化组织理论等。剖析了财政分权理论、公共品级次理论和扁平化组织理论下的财政管理体制绩效分析模式和公共政策理论下的绩效评价标准和方法，并构建了财政“省直管县”绩效分析原则、体系和方法。

2.2.1 财政分权理论与财政管理体制绩效

财政分权理论（也被称为财政联邦主义）① 起源于公共品理论和古典财政理论，主要在新古典经济学、信息经济学分析框

① 也被称财政联邦主义理论（the theory of fiscal federalism）、联邦主义的经济理论（the economic theory of federalism），奥茨（1999）指出，从经济学文献的角度说，“财政分权”与“财政联邦主义”两个术语具有大致相同含义。

架下分析国家的具体财政问题，其中，如何在多级政府架构中实现各级政府供给公共品效率一直是财政分权理论研究的重点。财政分权不同时期的研究分别从不同视角论证了财政分权的合理性，为财政分权理论下的财政管理体制绩效评价奠定了理论基础。

2.2.1.1　财政分权理论与财政管理体制

财政分权理论的发展主要经历了两个阶段：第一代财政分权理论主要研究地方政府存在的必要性及政府职能应如何在中央政府与地方政府间分工；第二代财政分权理论主要探讨如何设计对地方政府的激励机制，试图找到一种使地方公共品的配置效率得以实现，同时不失财政公平的最佳财政分权机制。

第一代财政分权理论（也被称为传统财政分权理论），主要从政府行为成本和收益分析出发，强调公共品的受益范围和需求显示、传递费用决定了应通过多级次的政府来提供不同受益范围的公共品，即由地方政府来提供地方公共品比由中央政府来提供更符合公共品供给效率和分配的公正性（Tiebout，1956；Musgrave，1959；Oates，1972）[①②③]。随着非对称信息、激励相容和机制设计等信息经济学分析框架引入财政分权领域，逐步形成了以设计非对称信息条件下地方政府激励机制实现财政公平和地方公共品配置效率为主要研究内容的第二代财政分权理论（也被称为市场维护型财政联邦主义）（Dewatripont & Maskin，

---

① Tiebout C. M. A Pure Theory of Local Expenditures [J]. Journal of Political Economy, 1956, 64 (5): 416-424.

② Oates W. E. Fiscal Federalism [M]. New York: Harcourt Brace Jovanovich, 1972.

③ Musgrave R. A. Public Finance in Theory and Practice: A Study in Public Economy [M]. New York: McGraw-Hill, 1959.

1995；Qian & Weingast，1996，1997）[①②③]。

在政府间财政管理体制架构方面，第一代财政分权理论基于政府行为的成本和收益分析，论证了地方政府存在的必要性，明确了地方政府提供地方公共品的优越性，形成了不同层次政府职能架构的多级政府及执行政府职能的适当财政工具一般性规范框架（Oates，1999）[④]。马斯格雷夫（Masgrave，1959，1983）基于财政职能，提出应将经济发展、收入分配职能赋予中央政府，将资源配置职能赋予地方政府，形成政府间稳定的事权和支出责任框架，并在此基础上根据公平与效率原则赋予各级政府主体税种（税权），形成政府间稳定的财政管理体制框架，以实现经济效率的整体提高和社会福利水平的改进[⑤]。第二代财政分权理论在第一代财政分权理论的一般性规范分析框架基础上，着重分析财政分权实施主体——地方政府（政府官员）的行为对财政分权本身和财政分权经济社会的影响。其提出的“市场维护型财政联邦主义”提出在政府间财政管理体制架构中应设计合理的激励相容机制，通过形成地方政府和地方官员的经济激励（辖区间竞争和财政自治等）和政治激励（地方政府的问责制等），实现中央和地方各级政府各司其职，高效提供地方公

① Dewatripont M.，Maskin E. Contractual Contingencies and Renegotiation［J］. Rand Journal of Economics，1995，26（4）：704－719.

② Qian Y.，Weingast B. R. China's Transition to Markets：Market-Preserving Federalism，Chinese Style［J］. The Journal of Policy Reform，1996，1（2）：149－185.

③ Qian Y.，Weingast B. R. Federalism as a Commitment to Perserving Market Incentives［J］. Journal of Economic Perspectives，1997，11（4）：83－92.

④ Oates W. E. An Essay on Fiscal Federalism［J］. Journal of Economic Literature，1999，37（3）：1120－1149.

⑤ Musgrave R. A. A Brief History of Fiscal Doctrine［C］. A. J. Auerbach and M. Feldstein（eds.），Handbook of Public Economics，Amsterdam：Elsevier，1985（1）：1－59.

共品，提高社会福利的局面。在地方财政管理体制实践中，第二代财政分权理论主张建立民主财政分权机制，在政府间通过立法等形式防止政府间事权和支出责任在实践中的上移或下移，进而确保地方公共品提供的独立性、自主性，在地方政府与居民之间通过民主机制，“硬化”地方支出结构，确保地方政府提供地方公共品的供给优先序符合辖区居民需求偏好优先序，最大限度地提高社会福利（Qian & Weingast，1996，1997；Carsten Herrmann-Pillath，1999）①。

在这些思想指导和联邦制发达国家实践验证下，很多发展中国家如中国、巴西、南非、印度和阿根廷等国都在进行多层级政府间通过分权化的财政管理体制，来提高地方政府提供地方公共品和发展地方经济的积极性。

2.2.1.2　财政分权理论下的财政管理体制绩效分析

财政分权不同时期的研究分别从不同视角论证了财政分权的合理性，为财政分权理论下的财政管理体制绩效评价奠定了理论基础，并提出经济效率、地方政府竞争等视角下的财政管理体制绩效分析模式。

（1）经济效率视角的财政管理体制绩效分析。在马斯格雷夫（Masgrave，1959，1983）基于财政职能的政府间财政管理体制框架基础上，钱颖一等（Qian et al.，1996，1997）提出“市场维护型财政联邦主义”概念，认为政府间财政管理体制在保证地方公共品有效供给的基础上，提供了市场据以运行的政治基础，还能为政府推进市场化改革、发展经济提供“一个来自地方的改革支持机制”。马斯金等（Maskin et al.，2000）则通

① Carsten Herrmann-Pillath. 政府竞争：大国体制转型的理论分析范式［J］. 广东财经大学学报，2009，24（3）：4－21.

过理论模型证明分权式行政管理机构和财政管理体制（M 型）使中央政府可以利用“锦标式竞争”[①] 激励地方官员发展地方经济，改善区域产业结构[②]。

（2）地方政府竞争视角的财政管理体制绩效分析。钱颖一等（Qian et al.，1997）在研究中发现，中国地方政府在“锦标式竞争”和政府间财政管理体制设计中的缺陷共同作用下会对基础设施投资过度，而对公共品投资不足。随着第二代财政分权理论研究的深入，越来越多的经济学家发现，政府间财政管理体制下形成的地方政府间税收收入竞争和财政支出竞争，会产生地方政府财政支出结构上的系统性“偏差”，往往造成关系到居民福利改善的地方公共品不足而符合地方政府政绩追求的地方公共品供给过度（Inman & Rubinfeld，1979；Epple & Zelenita，1981；Keen & Marchand，1997）[③④⑤]。

2.2.2 公共政策理论与财政管理体制绩效

当前，世界各国均十分重视通过绩效管理来控制行政成本、提高行政效率、改进公共管理和公共政策的质量。公共政策是政府实施公共管理的基本工具，其制定目的在于有效解决公共问题。对公共政策进行分析、评估、检验，明晰其制定、执行、

---

① Lazear E. P.，Rosen S. Rank-Order Tournaments as Optimum Labor Contracts [J]. Nber Working Papers，1981，89（5）：841－864.

② Maskin E.，Qian Y.，Xu C. Incentives，Scale Economies and Organizational Form [J]. Social Science Electronic Publishing，1997，41（3－4）：122－128.

③ Inman R. P.，Rubinfeld D. L. The Judicial Pursuit of Local Fiscal Equity [J]. Harvard Law Review，1979，92（8）：1662－1750.

④ Zelenitz E. A. The Implications of Competition among Jurisdictions：Does Tiebout Need Politics? [J]. Journal of Political Economy，1981，89（6）：1197－1217.

⑤ Keen M.，Marchand M. Fiscal Competition and the Pattern of Public Spending [J]. Core Discussion Papers Rp，1997，66（1）：33－53.

结果，分析其产生的经济和社会效益，是政府进行公共政策延续、改进或终结的重要依据。而通过社会价值尺度进行的公共政策绩效评价，是公共政策评价的重要组成部分，也成为当前政府绩效管理的重要组成部分。

公共政策在国外实践和理论研究中被赋予公共部门的决策、政府的大型计划、政府的行为选择、政府与环境的关系、对社会价值的权威配置、利益团体之间互动和争斗以及妥协的产物等内涵。在国内，公共政策一般被认为是执政党或国家机关为了解决公共问题而制定的具有权威性的行为规范、行动准则和活动策略（陈振明，2004）①。

公共政策评价研究和应用随着政策科学的发展和政府管理行为的实践不断得到深入，19 世纪末至今，西方政策评估经历了“效果评估—使用取向评估—批判性评估—回应性建构主义评估”的发展②。拉斯韦尔（Lasswell，1956）在《决策过程：功能分析的七种类别》中提出“评价：政策是如何实施的？怎样评价政策的成功或失败？”③。邓恩（Dunn，1981）提出政策分析“批判性复合主义”，认为政策分析应立足多维定位以适应社会现实的丰富性和复杂性④。费希尔（Fischer，1995）提出将事实与价值结合起来的“实证辩论”评估框架，认为应结合社会目标、社会基本价值理念等方面，采用项目验证等技术性分析方法对公共政策进行分析和评价⑤。弗里曼和瓦斯康塞洛斯

---

① 陈振明．公共政策分析教程［M］．北京：中国城市出版社，2004：15.

② ［美］埃贡·G. 古贝，伊冯娜·S. 林肯．第四代评估［M］．秦霖，蒋燕玲等译，北京：中国人民大学出版社，2008：20.

③ ［美］詹姆斯·E. 安德森．公共决策［M］．北京：华夏出版社，1990：27.

④ ［美］威廉·N. 邓恩．公共政策分析导论（第二版）［M］．谢明，杜子芳等译，北京：中国人民大学出版社，2010：4 -7.

⑤ ［美］弗兰克·费希尔．公共政策评估［M］．吴爱民，李平等译，北京：中国人民大学出版社，2003：177.

(Freeman & Vasconcelos，2010）提出了批判社会理论评估，认为政策评估目标是增进社会福祉，政策评估过程应基于政治民主理念，执行过程应注重多种方法和社会参与[①]。弗雷德里克、卡曼和伯克兰（Fredericks，Carman & Birkland，2002）认为，随着政治环境和制度环境的变化，政策评价面临动态和具有挑战性的环境，尤其是在评估多层级的项目和政策时[②]。金和库克西（King & Cooksy，2008）认为，政策评估中应识别政策涉及的利益相关者，通过沟通协调、收集资料才能保证评估质量和进度[③]。在我国，公共政策评价一般被认为是对公共政策的运行状态和质量进行评议，作出判断的活动，目的在于按一定价值标准确定公共政策运行的好坏、结果的优劣等结论（陈振明，2004；马国贤，2012；上海社会科学院政府绩效评估中心，2017）[④⑤]。

作为公共政策评价重要组成部分、社会价值评价实现手段的公共政策绩效评价是对政策的绩效、效率和价值依据一定的标准和程序进行判断的一种评价行为。公共政策绩效评价是公共政策评价更为具体的领域，可以看作是基于绩效导向的公共政策评价。具体而言，其衡量的是一定时期内政府政策在特定领域的成绩与效益。相较公共政策评价而言，公共政策绩效评

---

① Freeman M.，Vasconcelos E. F. S. Critical Social Theory：Core Tenets，Inherent Issues［J］. New Directions for Evaluation，2010（127）：7－19.

② Fredericks K. A.，Carman J. G.，Birkland T. A. Program Evaluation in a Challenging Authorizing Environment：Intergovernmental and Interorganizational Factors［J］. New Directions for Evaluation，2002（95）：5－22.

③ King N. J.，Cooksy L. J. Evaluating Multilevel Programs［J］. New Directions for Evaluation，2008：27－39.

④ 马国贤，任晓辉．公共政策分析与评估［M］．上海：复旦大学出版社，2012：147.

⑤ 上海社会科学院政府绩效评估中心．公共政策绩效评估：理论与实践［M］．上海：上海社会科学院出版社，2017：35－36.

价更强调结果导向，用绩效标准来衡量公共政策工作量或投入量的结果，即衡量公共政策是否产生了预期成果、实际成效与政策设计目标的偏差。

2.2.3　公共品级次理论与财政管理体制绩效

2.2.3.1　公共品级次理论

公共品理论是西方经济学的重要理论，也是现代财政学的基础理论之一。众所周知，私人品具有使用上的竞争性和受益上的排他性，因此，私人品成本和收益高度统一，社会成员各自承担私人品的成本并完全享受私人品的收益。而公共品与私人品的差异在于具备使用上的非竞争性和受益上的非排他性（Samuelson，1954）①。非竞争性使公共品由于消费者增加导致边际社会成本为零，即最优价格也应为零，在这个价格水平上私人提供将无利可图，将使公共品市场供给不足。非排他性使公共品提供时无法确定受益人数和具体消费数量，即收费成为不可能，同样会使公共品无人供给进而市场供给不足。可见，由价格信号引导公共品的市场有效供给无法实现，而公共品又是涉及居民的日常生活，影响居民的福利状况，这就要求政府以“税收—支出”机制代替市场“成本—收益”机制才能实现最优供给。

随着公共品研究的深入，学者们发现并不是所有公共品都是在一国范围内被共同消费，某些公共品的消费局限在特定的地理区域内。斯蒂格利茨（Stiglitz，1977）就公共品的受益范围提出了全国公共品和地方公共品概念②。布坎南和弗劳尔斯

---

① Samuelson P. A. The Pure Theory of Public Expenditure [J]. Reviews of Economics and Statistics, No. 4, November, 1954 (36): 387 - 389.

② J. E. Stiglitz. The Theory of Local Public Goods. The Economics of Public Services [M]. M. S. Feldstein and R. P. Inman (eds.), London: Macmillan Press, 1977.

(Buchanan & Flowers, 1980) 从实践层面划分了公共品受益范围和区域的层次性①。马斯格雷夫（Musgrave, 2003）进一步总结了受益归宿的空间范围（地理限制）是划分公共品级次的关键特征，并指出地理上限制的公共品即为地方公共品，应由政府按照受益归宿的空间范围分级提供②。国内学者（平新乔，1996；刘云龙，2001）对公共品级次的定义和国外学者的定义基本一致，一般认为，在受益地域范围内能够共同地且平等地被辖区内居民消费是划分公共品级次的主要依据③④。公共品的收益范围和级次特征如图2-1所示。

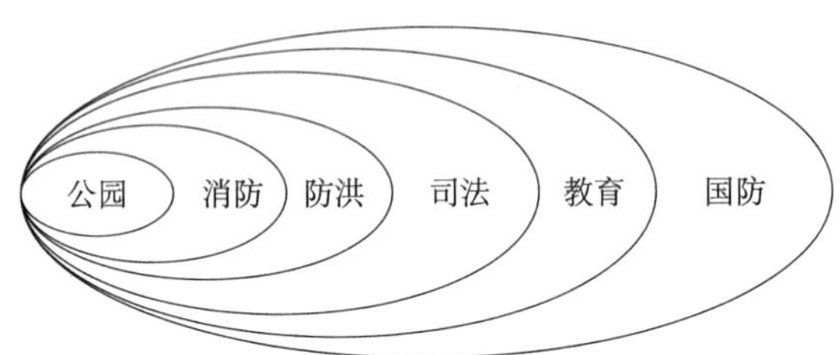

图2-1　公共品的受益范围和级次特征

公共品级次理论认为，只有政府分级才符合帕累托效率要求。公共品级次理论主要包括以下内涵：政府级次的划分应以保障不同层次的公共品供给为首要目标；“中央—地方”以及地方各级政府划分应主要根据公共品供给职责；政府层级划分应

---

① Buchanan J. M., Flowers M. R. The Public Finances [M]. R. D. Irwin, 1980: 438.

② [美] 理查德·A. 马斯格雷夫，佩吉·B. 马斯格雷夫. 财政理论与实践 [M]. 北京：中国财政经济出版社，2003：472.

③ 平新乔. 财政原理与比较财政制度 [M]. 上海：上海三联书店、上海人民出版社，1996：359.

④ 刘云龙. 民主机制与民主财政——政府间财政分工及分工方式 [M]. 北京：中国城市出版社，2001：25.

考虑公共品收益的外溢性，即上级政府应具有协调下级政府间公共品供给职责的职能。

公共品级次理论为政府间公共品供给职责的划分提供了理论基础，为了实现受益范围不同的公共品实现最优供给，需要形成中央政府、地方各级政府的协作关系。鲍德威和威迪逊（Boadway & Wildasin，2000）以美国的地方政府为例说明了地方公共品供给的职责：州政府提供高速公路、教育、社会福利与健康保障等服务；地方政府则负责诸如消防、警察、供水与社区卫生这类地方性服务①。

2.2.3.2　公共品级次理论下的财政管理体制绩效分析

公共品级次理论研究分别从不同视角论证了通过政府分级供给公共品的合理性，为公共品级次理论下的财政管理体制绩效评价奠定了理论基础，并提出人口流动、职能最优配置等视角下的财政管理体制绩效分析。

（1）人口流动视角的财政管理体制绩效分析。蒂布特（Tiebout，1956）将个人选择和地方公共品供给联系在一起，提出应形成不同层次政府供给受益范围不同的地方公共品，通过地方政府的地方公共品供给竞争吸引外地居民迁移到本地，进而提高地方公共品供给效率。虽然居民迁移在考虑地方公共品成本与供给效率之外还需承担搬迁成本、重新就业成本等显性成本和搬迁带来的心理成本等隐性成本，但基于美国新泽西州东北部 53 个社区样本数据（Oates，1969）②、马萨诸塞州横截

---

① ［美］鲍德威，威迪逊．公共部门经济学（第二版）［M］．邓力平译，北京：中国人民大学出版社，2002：352.

② Oates W. E. The Effects of Property Taxes and Local Public Spending on Property Values：An Empirical Study of Tax Capitalization and the Tiebout Hypothesis ［J］. Journal of Political Economy，1969（77）：957 – 971.

面数据（Bruckner，1982）[①] 等实证研究，对蒂布特模型给予了经验支持。

（2）职能最优配置视角的财政管理体制绩效分析模式。布雷顿（Breton，1965）提出，必须由能代表享受某一公共品的特定群体的政府来承担提供该公共品的职能[②]。根据这一视角，全国性公共品的供给职能应归属于中央（联邦）政府，地方公共品的供给职能应归属于地方政府，而同时具有全国与地方公共品性质的应由中央（联邦）政府按比例共同承担供给职能。

2.2.4 扁平化组织理论与财政管理体制绩效

2.2.4.1 扁平化组织理论

扁平化组织理论起源于新制度经济学家关于企业合约性质的命题（Coase，1937）[③]，认为企业结构的基础在合约的联结而非企业的科层组织。佛瑞斯特（Forrester，1965）认为未来组织具有“层次扁平化”是赢得竞争的主要特点之一[④]。德鲁克（Drucker，1994）认为扁平化组织能够让员工创新性提高[⑤]。哈默和钱皮（Hamme & Champy，1995）提出，通过企业组织结构等革命性的再造实现企业绩效的飞跃[⑥]。扁平化组织理论相较传

---

① Brueckner Jan K. A Test for Allocative Efficiency in the Local Public Sector [J]. Journal of Public Economics, 1982, 19 (3): 311 - 331.

② Breton A. Scale Effects in Local and Metropolitan Government Expenditures [J]. Land Economics, 1965, 41 (4): 370 - 372.

③ Coase R. H. The Nature of the Firm [J]. Economica, 1937, 4 (16): 386 - 405.

④ Forrester J. W. A New Corporate Design [J]. Reflections the Sol Journal, 1965, 1 (3): 7 - 23.

⑤ [美] 彼得·德鲁克. 新现实：走向二十一世纪 [M]. 刘靖华等译，北京：中国经济出版社，1994：3.

⑥ Hammer M. , Champy J. Reengineering the Corporation: A Manifesto for Business Revolution [J]. European Journal of Information Systems, 1995, 4 (2): 116 - 117.

统的科层制管理，实现了直接面向服务对象和组织目标。在管理思维上强调分散分权管理，在管理范围上侧重阶段管理，在管理方式上依靠间接调控，在管理强度上采取对话式弹性管理，在管理成本上费用低廉，在机构设置上少基层近距离管理。20 世纪 80 年代，以美国 GE、BIM 等公司开始的跨国公司结构调整浪潮，越来越多的大型跨国公司通过破除传统的自上而下的科层制结构，通过管理层级的减少和管理幅度的增加使组织更灵活。

随着扁平化组织理论在企业管理上的成功和20 世纪80 年代的“新公共管理”运动兴起，扁平化组织理论在行政组织中的应用既能够实现组织内部层级减少带来的效率提升，也能够实现内外部距离的拉近提高服务对象满意度。一些国家开始尝试通过政府组织机构的扁平化改造，提高政府行政管理效能。如 1993 年，美国克林顿政府实施的联邦政府绩效评估计划，通过缩小中心机构的规模，大量裁减中间层次监督机构及其官员，扩大主管人员的管理幅度，共裁员 42.62 万人，精简 16 万页政府文件，为政府节约开支近 1180 亿美元，改革后，政府行政效率和行政效益得到了迅速提高①。

随着扁平化组织理论在行政组织中的应用，也为我国行政管理体制改革，尤其是地方行政管理体制改革和财政管理体制改革提供了一个新思路。在地方行政管理体制改革方面，部分省（自治区）实施了“扩权强县”“‘省直管县’行政管理体制改革”“市直管镇”等改革，试图通过减少行政层级和扩大县级、乡镇级政府的经济社会管理权限，提高基层行政效率、公

① 王世雄．克林顿治下美国联邦政府改革述评［J］．广东行政学院学报，2003（5）：91－96.

共服务能力以及发展经济的积极性。在地方财政管理体制改革方面，省（自治区）实施了“‘省直管县’财政管理体制改革”“乡财县管”等改革，试图通过减少财政层级和构建省（自治区）与县级的资金往来直接联系，规范财政分配关系，提高财政资金使用效率，增强县域经济发展活力。

2.2.4.2 扁平化管理理论下的财政管理体制绩效分析

扁平化管理理论研究分别从不同视角论证了通过减少财政层级进而提高公共品供给效率，为扁平化管理理论下的财政管理体制绩效评价奠定了理论基础，并提出信息传递、政府规模、管理成本降低等视角下的财政管理体制绩效分析。

（1）信息传递视角的财政管理体制绩效分析。基于基层政府最接近辖区居民，由其提供辖区居民需要的地方公共品可以发挥信息优势、节约信息收集和处理成本。斯蒂格勒（Stigler，1957）认为，地方公共品应由最低行政层级政府提供①。特里西（Tresch，1981）通过数学模型证明，只有由地方政府来提供地方公共品，才能解决“偏好误读”（由距离带来的需求偏好与供给偏好之间的偏差），实现社会福利最大化②。坦茨（Tanzi，2000）认为，中央政府提供地方公共品信息成本和交易成本过高，应将地方公共品供给职能放在地方一级③。

（2）政府规模视角的财政管理体制绩效分析。布坎南和麦圭尔（Buchanan，1965；McGuire，1974）认为，提供地方公共

---

① Stigler G. Tenable Range of Functions of Local Government [M]. Washington, D. C.: Joint Economic Committee. Subcommittee on Fiscal Policy, 1957: 213 - 219.

② Tresch R. W. Public Finance [J]. Business Publication, Inc, 1981: 574 - 576.

③ Tanzi V. On Fiscal Federalism: Issues to Worry About [R]. Working paper, 2000.

品供给职能的地方政府规模应为辖区居民增加带来的地方公共品拥挤成本正好等于新增居民分担公共品成本所带来的边际收益，财政管理体制下的地方政府规模和职能应该遵循这一原则，过大和过小的地方政府规模都不符合效率原则①②。

（3）管理成本降低视角的财政管理体制绩效分析。贾康（2007）认为，我国当前从中央到地方共有五个行政层级，地方财政为四个层级，地方财政层级过多带来的管理成本增加阻碍了“分税制”在地方的贯彻执行。地方财政层级过多以及上级主导地方“分税制”中包含大量旧体制色彩的“分成制”“包干制”内容，加大了地方财政层级间的管理成本，加剧了地方财政管理体制中的财权上移和事权下移，加剧了基层财政困难③。

2.3　财政“省直管县”绩效分析框架构建

财政体制的设计应该兼顾激励、均衡与矫正公共品外部性的目标④。科学合理的地方财政管理体制能够合理划分地方各级政府间事权和支出责任、有效协调财政收入在地方各级政府间

---

① Buchanan J. M. An Economic Theory of Clubs [C]. Economics, February, 1965 (32): 241 - 252.

② McGuire M. Group Segregation and Optimal Jurisdictions [J]. Journal of Political Economy, 1974 (82): 112 - 132.

③ 贾康．财政的扁平化改革和政府间事权划分 [J]．中共中央党校学报，2007 (6): 42 - 48.

④ 楼继伟．中国政府间财政关系再思考 [M]．北京：中国财政经济出版社，2013: 144 - 146.

分配、科学安排地方各级政府间的转移支付，实现各级政府经济发展、基本公共服务均等和居民福利提升。而财政管理体制是否在省（自治区）与县级政府关系协调中实现了经济性、效率性、有效性和公平性等绩效标准，无疑是衡量财政管理体制绩效的主要途径。

财政“省直管县”改革的总体思路在于“理顺省以下政府间财政分配关系”“更好地提供公共服务”“增强县域发展活力”①，财政“省直管县”改革的试点也反映出这一体制在提高财政资金运转效率、促进财力下移、增强县级财政实力、促进县域经济加快发展、提高基层政府基本公共服务水平、提高财政资金使用效益等方面的积极作用。因此，财政“省直管县”绩效评价应从宏观方面着重分析财政“省直管县”改革对地方经济发展、地方政府稳定运行和地方政府辖区居民福利等方面的影响。

2.3.1 绩效分析原则

2.3.1.1 资源配置效率原则

资源配置效率原则，是指制度（政策）能够直接或间接地优化资源配置效率。具有资源配置效率的制度（政策）安排能够最大限度地将区域内生产要素（劳动力、土地、资本、企业家才能等）有机结合，带来最大化的地区产出。财政“省直管县”相对于财政“市管县”是一种制度创新，实现了地方财政管理的“扁平化”，提高了县级财政在地方财政体制中的自主性和资源配置能力，将有助于其整合地方生产要素，促进县域经济增长。

---

① 财政部《关于推进省直接管理县财政改革的意见》。

2.3.1.2　适应性效率原则

适应性效率原则，是指制度与财政体制系统以及其他系统体制适应情况和程度。制度与财政体制系统以及其他系统体制如果存在制度摩擦，则会降低适应性，效率不高，影响制度实施成效。财政“省直管县”与“中央与地方”财政管理体制、“县与乡（镇）”财政管理体制、地方行政管理体制配套程度如何，将直接影响到改革绩效和县域经济发展。

2.3.1.3　社会公平原则

社会公平原则，是指制度的再分配功能。制度安排通过改变原有制度分配结果而影响各利益主体的经济行为，实现制度目标是制度绩效的重要体现。财政“省直管县”下“省级—市级—县级”财力配置的纵向、横向调整以及转移支付安排能否缩小政府间财力不平衡状况，实现基本公共服务标准化，是社会公平原则的重要体现。

2.3.2　绩效分析指标选择

世界上存在多级政府的国家广泛实行财政分权管理体制，财政分权管理体制主要规范从中央到地方的纵向事权和支出责任以及财政收入的划分，并针对事权和支出责任与财政收入的缺口，通过各种形式的转移支付进行弥补。由于同级次地方政府的地理、经济和社会禀赋方面存在巨大差异，进而形成了同级地方政府间的财政能力横向差异。同时，由于公共品的外溢性造成上下级政府间的职能重叠，加之上级政府（尤其是单一制国家）在制定财政管理体制的优势，往往形成了事权、支出责任向下级逐级转移，财政收入向上级逐级集中的趋势，形成了政府间的财政能力纵向差异。为调节政府间财政能力横向和纵向的差异，各国财政管理体制均力图通过财政管理体制优化，实现财政能力的纵向和横向均衡。改革效应评价一般是指一个国家或一个地区实施某项改革后对经济、社会各方面的影响。基于本书多重视角的财政管理体制绩效理论分析和文献综述中学者们研究的重点，可以发现财政分权对经济社会发展的影响可以概括为财政分权对经济发展的影响、财政分权对地方政府行为的影响以及财政分权对辖区居民福利的影响等几方面。

党的十八届三中全会指出“财政是国家治理的基础和重要支柱”，提出建立“现代财政制度”的目标。财税体制改革应使财税制度安排更加完善、机制运行更加高效，实现推进国家治理体系和治理能力现代化的作用。县级政府既承担向居民提供地方公共品供给的民生职责又承担发展县域经济任务，地方财政管理体制作为在“省级—市级—县级”划分事权和支出责任、财政收入和转移支付制度安排的基本框架，财政“省直管县”改革带来的县级政府财政利益变化必将影响其行为变化。财税体制改革带来的资源配置调整应在提高效率的基础上更加注重公平，促进社会公平正义，增进人民福祉。财政“省直管县”改革作为财税体制改革的重要组成部分，其体制设计应兼顾激励、均衡与矫正公共品外部性的目标①，这三个目标可以体现为财政“省直管县”激励效应、均等效应和福利效应。根据本书对财政“省直管县”激励效应、均等效应和福利效应的概念界定，构建财政“省直管县”绩效分析指标体系如表2－1所示。

① 楼继伟．中国政府间财政关系再思考［M］．北京：中国财政经济出版社，2013：144－146.

表 2－1　　　　　　财政“省直管县”绩效分析框架

政策效应	政策效应分解	政策效应分析指标
激励效应	经济发展激励	人均地区生产总值增长率
	财政收入激励	人均财政收入增长率
均等效应	初次分配均等	人均财政收入偏离值
	再分配均等	人均财政支出偏离值
福利效应	教育福利	中小学师生比
	医疗福利	万人医院及卫生机构病床数

2.4　财政“省直管县”绩效影响机理

2.4.1　财政“省直管县”对县级财政的影响

当前，全国范围内广泛推行的财政“省直管县”改革是政府层级改革的重要组成部分，改革意图通过建立省级财政和县级财政的直接联系，将“省级—市级—县级”三层财政层级转变为“省级—市级”“省级—县级”两层财政管理体制。

根据财政部《关于推进省直接管理县财政改革的意见》中的政府间收支划分、转移支付、资金往来、预决算、年终结算等“省直接管理县财政改革”主要内容，可以发现财政“省直管县”改革对县级财政起到了广泛影响。其中：收支划分方面，合理划分省级与市级、县级的财政收入和支出范围，能够防止市级对县级在财政上的“抽血”集资行为和市级事权向县级转移情况，对保证县级财政收入、减少县级额外负担将起到积极作用；转移支付方面，转移支付、税收返还、所得税返还等由省级直接核定并补助到县级，由各县级直接向省级财政等有关部门申请专项拨款补助并直接下达县级，会扩大县级税收分享比例；预决算方面，县级在省级财政指导下编制本级财政收支预算和年终决算，能够扩大县级资金调控范围；资金往来方面，建立省级与县级财政资金直接往来并由省级财政直接确定各县级的资金留解比例，能够避免市级截留形成的“漏斗效应”；财政结算方面，省级财政与各县级财政直接办理年终各类结算事项、各县级直接向省级财政部门申请转贷及承诺偿还，能够提高县级财政资金使用效率；财政监督方面，直接接受省级财政部门各项监督，能够减少县级财政监督层级，但加大了省级财政监督的信息不对称。财政“省直管县”改革对县级财政的影响如图2－2所示。

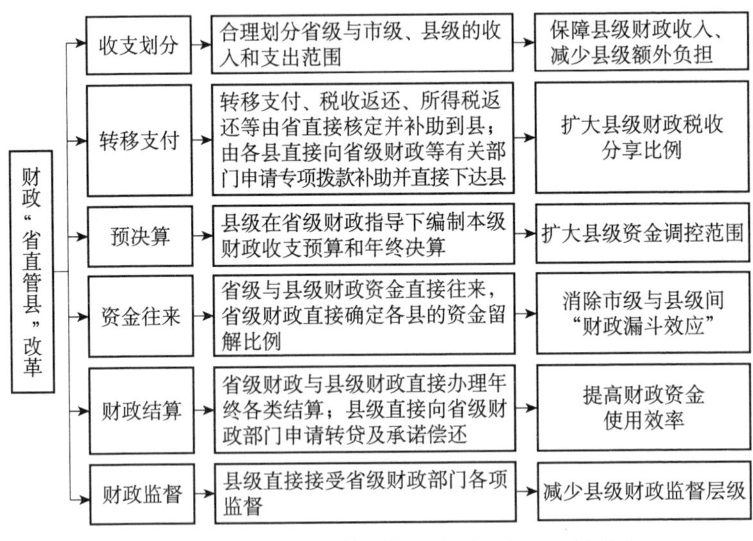

图2－2　财政“省直管县”改革对县级财政的影响

财政“省直管县”将“省级—市级—县级”三级财政模式转变为“省级—市级”“省级—县级”二级模式，省级对县级的各类补助资金直接分配至县级，提升县级财力水平，缓解其财政困境。其实质上是政府间资源重新配置，权力与利益的调整与再分配过程，在保障县级财政收入、减少县级额外负担、扩大县级税收分享比例、扩大县级资金调控范围、消除市县间“财政漏斗效应”、提高财政资金使用效率等方面带来了积极影响，改善了县级财政能力。但值得注意的是，财政“省直管县”改革使得县级财政被赋予了更多管理权限，其财政地位提升至与市级财政平级，县级财政资源配置能力的提升和财政自主权限的增大必将影响县级政府利益机制、行为方式和政府财政竞争关系。

同时，省级财政由财政“市管县”下的十几个（或几十个）市级调控和监管对象变成了财政“省直管县”下的近百个（或超过百个）县级调控和监管对象，加剧了财政层级间的信息不对称，带来了省级监督成本的提升。财政“省直管县”改革加强了县级政府的利益主体地位，基于两者扩大自身的财力资源的利己特征，使市级、县级政府竞争由原本有所顾忌的竞争演变为公开的竞争，且省域范围的县级竞争明显要高于市域范围的县级竞争，既为县域经济的发展创造更多公平发展的机会，又对省级宏观调控能力提出了考验。加之县级政府政绩考核的官员晋升锦标竞争、官员任期制等影响，财政“省直管县”改革在改善县级财政能力的同时，是否实现前面构建的财政“省直管县”绩效分析指标体系中的激励效应、均等效应和福利效应，需进一步进行影响机理分析。

2.4.2 财政“省直管县”激励效应影响机理

财政管理体制中各财政主体有自己独立的利益，并具有追求利益最大化的倾向，这是激励效应产生的客观条件。不同财政体制在调动同级政府发展经济、增加财政收入等激励效应方面具有显著差异性。科学合理的财政管理体制应该能够正确处理体制涉及的各级政府间的利益分配，进而实现各级财政与经济的同步发展。基于财政部《关于推进省直接管理县财政改革的意见》中提出的“充分调动各方发展积极性，增强县域发展活力”总体思路，财政“省直管县”改革应激发各级政府做大经济总量、改善产业结构和取得财政收入的积极性。

对县级政府而言，财政资源配置能力的提升、财政自主权限的增大和省域范围的县级竞争加剧，将使其基于不同动机，采取不同的策略进而影响县级政府经济增长和财政增收（见图2-3）。基于经济发展动机，改革带来的县级政府财政自主优势势必会提升各县级领导参与竞争的能力，强化其通过财政支出和税收优惠竞争更多地向工商企业伸出“援助之手”，以牺牲财政收入增长换取县域经济发展；基于公共服务动机，县级政府将更多的财政资源配置到政府的公共服务支出，以牺牲短期经济发展换取长期经济增长和财政收入增长；基于财政增收动机，

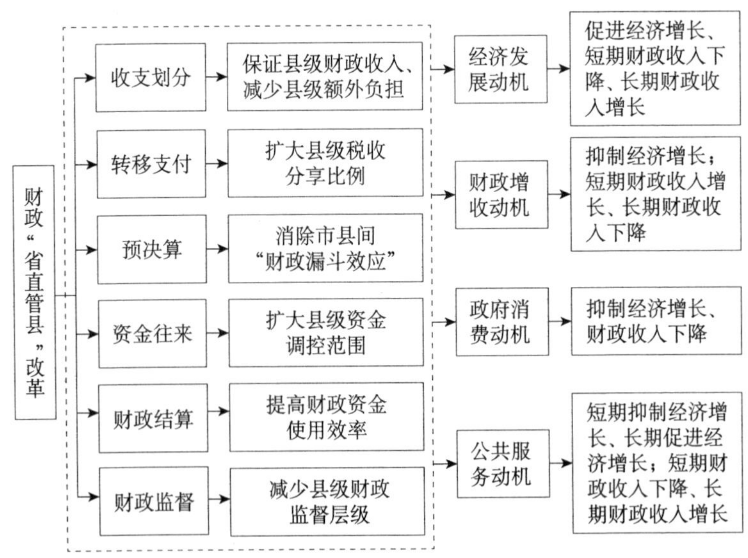

图2-3　财政“省直管县”改革激励效应影响机理

县级政府将更多地向工商企业伸出“攫取之手”，并将更多的财政资源配置到财政收入回报高的行业和产业，以牺牲经济发展换取财政收入增长；基于政府消费动机，县级政府将更多的财政资源配置到政府的消费性支出（如增加政府供养人口、扩大政府规模、建设形象工程等），对经济发展和财政增收产生负面的影响。

2.4.3 财政“省直管县”均等效应影响机理

财政管理体制作为调节各级政府间利益分配的重要工具，应能够调节区域间横向财力不平衡和上下级间纵向财力不平衡的状况，缩小不同地区间公民享有基本公共服务的差距。基于财政部《关于推进省直接管理县财政改革的意见》中提出的“进一步理顺省以下政府间事权划分及财政分配关系，增强基层政府提供公共服务的能力”总体思路，财政“省直管县”改革应促进地方政府间的支出责任和收入分配纵向配置状况以及多种形式的转移支付后县级政府的最终支出责任和收入分配的横向比较状况。

对县级政府而言，财政资源配置能力的提升、财政自主权限的增大和省域范围的县级竞争加剧，将使其基于不同动机，采取不同的策略，进而影响县级政府财政支出和财政收入差距（见图2－4）。基于经济发展动机，县级政府利用财政自主优势，通过财政支出和税收优惠竞争使财政支出差距加大、短期财政收入差距变小、长期财政收入差距变大；基于公共服务动机，县级政府配置更多的财政资源到政府的公共服务支出，以牺牲短期财政收入增加公共服务供给，将使财政支出差距变大、短期财政收入差距变小、长期财政收入差距加大；基于财政增收动机，县级政府利用改革带来共享税（增值税、企业所得税和个人所得税等）分享比例增大，加大招商引资税收优惠等举措，支持已有企业扩大生产规模和吸引外地企业迁入，从而扩张本地的税基并争夺由省级财政下拨的转移支付资金，将使财政支出差距和财政收入差距加大；基于政府消费动机，县级政府配置更多的财政资源到政府人员开支等消费性支出，将使短期财政支出差距加大、长期财政支出差距变小、财政收入差距变小。

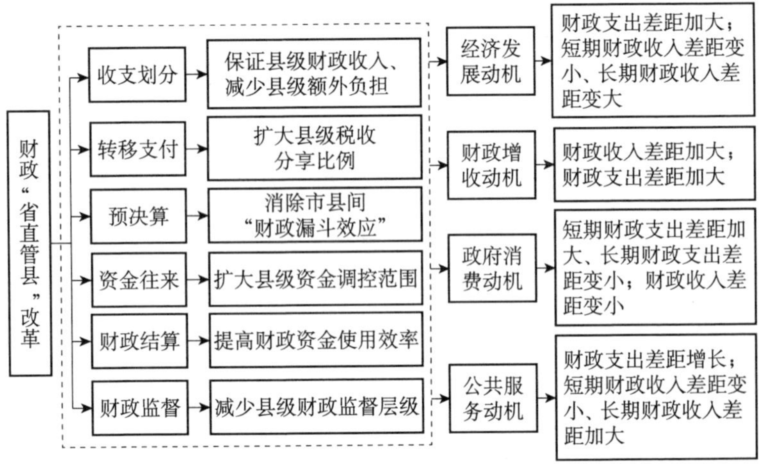

图 2－4　财政“省直管县”改革均等效应影响机理

2.4.4　财政“省直管县”福利效应影响机理

财政管理体制作为确定政府间事权和支出责任划分的依据，应明确各级政府在提供基本公共服务的具体职责，通过公共服务的有效供给改善居民福利。基于财政部《关于推进省直接管理县财政改革的意见》中提出的“推动市县政府加快职能转变，更好地提供公共服务”总体思路，财政“省直管县”改革应促进地方政府间的事权和支出责任有效配置，促进地方政府间生产性和消费性公共品供给，增进居民福利。

对县级政府而言，财政资源配置能力的提升、财政自主权限的增大和省域范围的县级竞争加剧，将使其基于不同动机，采取不同的策略，进而影响县级政府公共服务供给（见图2－5）。基于公共服务动机，县级政府将响应当地民众的需求，配置更多的财政资源到政府的公共服务支出，会使公共服务供给状况显著改善，提高辖区居民福利；基于经济发展动机，县级政府在保障满足财政供养人口等固定性刚性支出后，倾向于将剩余和增量财政资金集中利用于投资短期内能够促进经济增长的基础建设领域，而压缩在短期内不能促进经济增长的科教文卫方面的支出，会使公共服务供给状况恶化；基于财政增收动机，县级政府配置更多的财政资源到财政收入回报高的行业和产业以及可以带来大量财政收入的公共服务项目，同样会使公共服务供给状况恶化；基于政府消费动机，县级政府配置更多的财政资源到政府的消费性支出（如形象工程建设等），会导致教育、医疗、福利项目等方面的开支较低（如降低失业保险、社会救助等标准），使公共服务供给状况恶化。

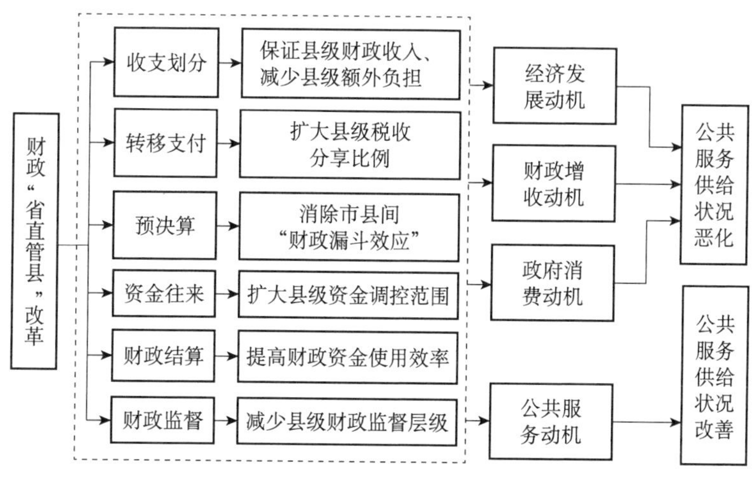

图2－5 财政“省直管县”改革福利效应影响机理

第3章 财政“省直管县”绩效数理分析

本书利用非对称博弈的下层多人有关联 Stackelberg 模型的框架和方法，构建一个“两级地区、三个政府”模型，通过数理分析，从财政管理体制、政府行为和地区激励效应、均等效应和福利效应等方面构建一个相互联系的分析框架。财政“省直管县”绩效的数理分析，有助于从财政管理体制下的政府间关系及其政策互动视角，理解既定财政管理体制框架下的地方财政运行、地方经济发展和地方居民福利变化结果，并为本书的实证分析部分奠定了数理基础。

3.1 财政管理体制模型构建

3.1.1 基本假设

下层多人有关联 Stackelberg 的特点是：（1）上层有一个决策人，下层有 r 个决策人，上层决策人有一个目标函数，下层决策人也都有一个目标函数，且下层决策人之间是相互关联的；（2）上下层决策人之间采取正向 Stackelberg 主从策略，上层为主方，下层为从方，下层之间采用非合作的纳什均衡策略。

由于我国财政体制是一个层层相叠的分级体系，从财权分配上看，上级政府一般只与下一级政府打交道，并确定财政收入分享体制的大体框架。例如，省级政府与市级政府确定财政收入分享机制，市级与县级政府确定财政收入分享规则，如此等等。事权分配也采取同样的方式。因此，本书采取一个一般化的假设，即构建一个“两级地区、三个政府”的模型并假设有一个上级政府，两个地方政府。

地方财政体制作为地方各级政府间进行地方财政资源配置的一种制度设计，其基本内容可概括为：地方各级政府的事权（各自应承担的支出职责）；地方各级政府间事权范围、规模及相应的成本费用在各级政府之间进行合理界定、划分和分摊的依据及标准；为履行某一级政府职能及相应的事权所需要的本级财政收入在各级政府间进行分配的制度及办法；上级政府对本级政府间的财政收入与财政支出的纵向不均衡和横向不均衡的协调制度和措施等。“分税制”以来，我国地方财政体制虽然发生了较大变化，但是这个体制仍然是一个层层相叠的分级体系。从财权分配上看，上级政府一般只与下一级政府打交道，并确定财政收入分享体制的大体框架。

就具体制度安排而言，财政“市管县”下省级首先与市级划分事权、财权，明确省级与市级的支出责任、收入范围和省级对市级的税收返还。省级对下转移支付补助、专项拨款补助、各项结算补助、预算资金调度等省级直接对市级，不直接对县级；在财政“市管县”下，合理确定市级与县级的财政体制，划分市级与县级事权、财权范围；市级财政负责对县级实施转移支付、专项拨款、结算补助和预算资金调度。而在财政“省直管县”下，地方各级事权、财权划分，以及省对以下转移支付、专项拨款补助、各项结算补助、预算资金调度等都是省级直接对市级与县级；市级不直接与县级发生财政关系，不对县级财政进行管理。

为了分析财政“市管县”与财政“省直管县”对地方激励效应（经济发展、财政增收）、均等效应（地方财政收支偏差）、福利效应（地方公共品供给、地方税收负担、居民福利）等影响，本书假设一个地区内有两个相邻且完全同质的县级政府 A、B，县级政府按照统一的地方税税率 t 取得税收收入，并提供地方公共品 g。公共品中的消费性公共品将进入效用函数增进居民福利，生产性公共品将进入生产函数增加私人 x_i 产出。在这两个地方政府中各有一个从事私人生产的代表性居民，其拥有劳动力禀赋 L。

县级政府 A、B 辖区经济发展需要劳动力、资本和公共品等要素投入。本书假定地区生产函数为技术水平既定的 Cobb-Douglas 形式（Barro & Sala-I-Martin，1992）①，则地区生产函数为式（3 - 1），本书假定 $\alpha+\beta+\gamma=1$，即县级政府 A、B 辖区经济总生产规模不变，但单一要素的规模报酬递减。

$$Y = AK^{\alpha}l^{\beta}g^{\gamma} \qquad (3-1)$$

地方公共品由县级政府 A、B 提供，其成本函数遵循一般形式，有严格凸性。假定地方公共品由基本建设投资的固定成本和日常维护的流动成本两部分组成。为了计算的简便，本书借鉴波顿和罗兰（Bolton & Roland，1997）② 以及李晓佳（2005）③ 对税

① Barro R. T.，Sala-I-Martin X. Regional Growth and Migration：A Japan-United States Comparison [J]. J. Jpn Int Econ，1992，6（4）：312 - 346.

② Bolton P.，Roland G. The Breakup of Nations：A Political Economy Analysis [J]. Quarterly Journal of Economics，1997，112（4）：1057 - 1090.

③ 李晓佳. 对中国地（市）管县体制的理论探讨——一个两地区、两级政府模型 [A]. 北京天则经济研究所、中国制度经济学会筹委会. 2005 中国制度经济学年会精选论文（第一部分）[C]. 北京天则经济研究所、中国制度经济学会筹委会：北京天则经济研究所，2005：19.

收成本的处理方式，则地方公共品成本函数为：

$$C(g)=F+g \tag{3-2}$$

县级政府 A、B 辖区内的居民的效用由税后产出用于消费和闲暇两部分组成。假定居民的劳动力禀赋为 L，则闲暇为 $L-l$（$L\geqslant l$），消费则为居民的税后产出，则居民的效用函数借鉴佩尔森和塔伯伦（Persson & Tabelleni，2000）[①] 的准线性形式，可以表示为：

$$U=(1-t)AK^{\alpha}l^{\beta}g^{\gamma}+(L-l) \tag{3-3}$$

在县级政府的效用假设为财政剩余最大化，即“利维坦政府”，也就是说，县级政府会利用自己的政治垄断权力来追求自身利益的最大化（Brennan & Buchanan，1980）[②]。这一假设与我国当前地方公共品供给的行政成本居高不下，地方公共品和公共服务的质量不能令人满意，地方公共品供给中错位、缺位、浪费、腐败等现象时有发生，以及地方政府偏向于提供基础设施等相符合[③]。本书假设县级政府 A、B 追求的是财政剩余最大化为式（3-4），即地方财政收入减去地方公共品支出后的净剩余。

$$R=t\cdot AK^{\alpha}l^{\beta}g^{\gamma}-(F+g) \tag{3-4}$$

3.1.2　博弈关系分析

在上述假定下，居民通过确定最优劳动力和资本投入量，

---

① Torsten Persson，Guido Tabellini. Political Economics：Explaining Economic Policy [M]. Cambridge：MIT Press，2000.

② Brennan G.，J. M. Buchanan. The Power to Tax：Analytical Foundations of a Fiscal Constitution [M]. Cambridge：Cambridge University Press，1980.

③ 例如，教育、卫生等地方公共品供给效率水平较低，而且存在严重的地区化差异（张军等，2003；Hoffman et al.，2004）；中国基础设施的成就被认为是分权体制下“为增长而竞争”的结果（张军等，2007）。

最大化自己的效用；而政府确定最优税率和地方公共品供给数量，最大化财政剩余。由于居民基于效用最大化希望低的税率和高的地方公共品供给，政府则基于财政剩余最大化希望高的税率和低的地方公共品供给。

在这一框架下，如果地方政府税率高、公共投入少，会导致辖区居民减少劳动和资本投入，如果辖区居民减少劳动和资本投入，会导致地区产出减少，进而使得政府税收收入减少、财政剩余收入减少，这就构成了博弈关系。蒂布特（Tiebout，1956）① 探讨了地方政府之间以地方公共品供给竞争，吸引居民迁移到本地，通过竞争使地方公共品供给效率得到提高的分权思想。但居民迁移在考虑地方公共品成本与供给效率之外还需承担搬迁成本、重新就业成本等显性成本和搬迁带来的心理成本等隐性成本。同时，由于我国城乡居民的乡土意识和以户籍制度为原则的地方公共品等地区福利享受方式（如“学区房”“购房需提供一定年限的社保和个人所得税证明”等），大大提高了居民的“用脚投票”成本，因此，地方政府对居民有相当大的优势，而居民对地方政府的约束力相当小。

根据弗洛谢尔和玛迪斯（Flochel & Madies，2002）②、李晓佳（2005）③ 等研究启发，本书使用 Stackelberg 模型来描述地方

---

① Tiebout C. M. A Pure Theory of Local Expenditures [J]. Journal of Political Economy，1956，64（5）：416－424.

② Flochel L.，Madies T. Interjurisdictional Tax Competition in a Federal System of Overlapping Revenue Maximizing Governments [J]. International Tax & Public Finance，2002，9（2）：121－141.

③ 李晓佳．对中国地（市）管县体制的理论探讨——一个两地区、两级政府模型 [A]．北京天则经济研究所、中国制度经济学会筹委会．2005 中国制度经济学年会精选论文（第一部分）[C]．北京天则经济研究所、中国制度经济学会筹委会：北京天则经济研究所，2005：19.

政府和辖区居民这种不对称的博弈关系，即作为领导者的地方政府优先确定政策变量（税率、地方公共品供给量），作为追随者的居民在既定政策变量下再确定自己的最优劳动力和资本投入量。实际求解中则反过来，使用逆向推导方法，即首先从弱势方的居民着手，在假定政策变量已给定的情况下，通过求解效用最大化问题，获得居民的劳动和资本投入对政府政策变量的反应方程；然后，考虑地方政府对居民的预期反应（即将反应方程代入政府目标函数），确定自己的最优政策选择。

3.2 财政“市管县”绩效数理分析

财政“市管县”，即省级直接管理市级，市级直接管理县级。在这种地方财政管理体制下，省级首先与市级划分事权、财权，明确省级与市级的支出责任、收入范围和省级对市级的税收返还。省级对下转移支付补助、专项拨款补助、各项结算补助、预算资金调度等省级直接对市级，不直接对县级；在省级对市级财政管理体制下，合理确定市级与县级的财政体制，划分市级与县级事权、财权范围；市级财政负责对县级实施转移支付、专项拨款、结算补助和预算资金调度。基于此，本书假定一个市级政府 P 为县级政府 A、B 的共同上级政府，同时，假定市级政府 P 的唯一作用是协调公共品的联合提供，其职能为：（1）将县级政府 A、B 的公共品供给集中起来（但公共品数量仍为 A、B 各自决定，成本也由各自负担）；（2）决定集中后的公共品定位在何处。

根据我国“分税制”的框架，本书假定市级政府的收入以

税率为 t_p 对县级政府 A、B 的产出征税。县级政府 A、B 分别以 t_A 和 t_B 税率征税并独立决定自己的公共品供给水平 g_A、g_B。在市级政府 P 的协调下，公共品供给 g_A、g_B 不再由县级政府 A、B 自由支配，而是由市级政府 P 集中起来向县级政府 A、B 的居民提供，县级政府 A、B 居民的公共品供给总量为（g_A+g_B）。

3.2.1 财政“市管县”绩效的数理分析—纯公共品供给

纯公共品为同时具备非竞争性和非排他性的物品。在纯公共品的供给中，每个居民所消费的公共品数量相等，且与公共品供给数量相等。假定市级政府 P 集中起来向县级政府 A、B 的居民提供纯公共品，县级政府 A、B 辖区居民可消费的公共品供给总量为（$g_{A1}+g_{B1}$），其消费总量也为（$g_{A1}+g_{B1}$），则县级政府 A、B 总产出为：

$$Y_{A1}=AK^{\alpha}l_{A1}^{\beta}(g_{A1}+g_{B1})^{\gamma} \tag{3-5}$$

$$Y_{B1}=AK^{\alpha}l_{B1}^{\beta}(g_{A1}+g_{B1})^{\gamma} \tag{3-6}$$

由式（3－5）和式（3－6）可见，财政“市管县”下博弈参与方为市级、县级政府和辖区居民三方。由于市级政府相对于县级政府有财政体制制定权（确定税率 t_{P1}）的先行优势，县级政府相对于辖区居民具有确定税率 $t_{A1}(t_{B1})$ 和公共品供给量 $g_{A1}(g_{B1})$ 的先行优势，因此，求解包含了两次 Stackelberg 模型的求解。在财政“市管县”纯公共品绩效的数理分析中，首先从居民着手，在假定政策变量已给定的情况下，通过求解效用最大化问题，获得居民的劳动和资本投入对政府政策变量的反应方程；然后，县级政府 A、B 考虑居民的预期反应（即将反应方程代入政府目标函数），确定自己的最优政策选择；最后，市级政府 P 考虑县级政府 A、B 的预期反应（即将反应方程代入政府目标函数)，确定自己的最优政策选择。

3.2.1.1　县级政府的最优政策选择

如前思路，县级政府 A、B 辖区居民在给定政策变量约束下的最优劳动投入水平为：

$$\max_{l_{A1}} U_{A1} = (1 - t_{A1} - t_{P1})Y_{A1} + (L - l_{A1}) \tag{3-7}$$

$$\max_{l_{B1}} U_{B1} = (1 - t_{B1} - t_{P1})Y_{P1} + (L - l_{B1}) \tag{3-8}$$

由式（3-7）和式（3-8）一阶条件可得，居民对纯公共品供给时全部政策变量的反应方程为：

$$l_{A1}^{*}(t_{A1}, t_{p1}, g_{A1}, g_{B1}) = \beta^{\frac{1}{1-\beta}}(1 - t_{A1} - t_{P1})^{\frac{1}{1-\beta}}A^{\frac{1}{1-\beta}}K^{\frac{\alpha}{1-\beta}}(g_{A1} + g_{B1})^{\frac{\gamma}{1-\beta}} \tag{3-9}$$

$$l_{B1}^{*}(t_{B1}, t_{p1}, g_{A1}, g_{B1}) = \beta^{\frac{1}{1-\beta}}(1 - t_{B1} - t_{P1})^{\frac{1}{1-\beta}}A^{\frac{1}{1-\beta}}K^{\frac{\alpha}{1-\beta}}(g_{A1} + g_{B1})^{\frac{\gamma}{1-\beta}} \tag{3-10}$$

在财政“市管县”提供纯公共品下，居民对市级政府税率（t_{P1}）、县级政府 A、B 税率（t）和公共品供给（g）比较静态分析可以发现：$t_{P1}^{**} < 0$、$t^{**} < 0$、$g^{**} > 0$。上述结果意味着：在纯公共品供给条件下，居民劳动投入与市级、县级政府税率呈负相关，而与市级、县级政府纯公共品供给呈正相关关系。

在居民行为对市级、县级政府的约束下得到居民劳动投入对税率的反应后，县级政府 A、B 将通过选择最优地方税税率和纯公共品供给水平来实现财政剩余最大化为：

$$\max_{t_{A1}, g_{A1}} R_{A1} = t_{A1}A^{\frac{1}{1-\beta}}K^{\frac{\alpha}{1-\beta}}\alpha^{\frac{\alpha}{1-\beta}}(1 - t_{A1} - t_{P1})^{\frac{\beta}{1-\beta}}(g_{A1} + g_{B1})^{\frac{\gamma}{1-\beta}} - \frac{F}{2} - g_{A1} \tag{3-11}$$

$$\max_{t_{B1}, g_{B1}} R_{B1} = t_{B1}\beta^{\frac{\beta}{1-\beta}}A^{\frac{1}{1-\beta}}K^{\frac{\alpha}{1-\beta}}(1 - t_{B1} - t_{P1})^{\frac{\beta}{1-\beta}}(g_{A1} + g_{B1})^{\frac{\gamma}{1-\beta}} - \frac{F}{2} - g_{B1} \tag{3-12}$$

求解式（3－11）和式（3－12）一阶条件，可以获得县级政府均衡税率式（3－13），可以发现：在财政“市管县”下，县级政府 A、B 提供纯公共品的最优税率决定于参数 β 和市级政府税率 t_{P1}，并与二者负相关。

$$t_{A1}^{*}(t_{P1})=t_{B1}^{*}(t_{P1})=(1-t_{P1})(1-\beta) \qquad (3-13)$$

将式（3－13）代入式（3－11）和式（3－12），求解一阶条件得式（3－14），可以发现：在财政“市管县”下，市级政府协调县级政府 A、B 提供纯公共品（$g_{A1}+g_{B1}$）的最优供给量决定于参数 β、γ 和市级政府税率 t_{P1}，与 β、γ 正相关，与 t_{P1} 负相关。

$$g_{A1}^{*}+g_{B1}^{*}=\beta^{\frac{2\beta}{\alpha}}\gamma^{\frac{1-\beta}{\alpha}}A^{\frac{1}{\alpha}}K(1-t_{P1})^{\frac{1}{\alpha}} \qquad (3-14)$$

3.2.1.2　市级政府的最优政策选择

将居民反应方程式（3－9）和式（3－10）以及县级政府的反应方程式（3－13）和式（3－14）均纳入市级政府财政剩余最大化目标函数，可得：

$$\begin{aligned}\max_{t_P} R_{P1} &= t_{P1}[Y_{A1}^{*}(t_{P1})+Y_{B1}^{*}(t_{P1})] \\ &= 2\beta^{\frac{2\beta}{\alpha}}\gamma^{\frac{\gamma}{\alpha}}A^{\frac{1}{\alpha}}Kt_{P1}(1-t_{P1})^{\frac{\alpha\beta+\gamma}{\alpha(1-\beta)}} \qquad (3-15)\end{aligned}$$

求解式（3－15）一阶条件，可得市级政府最优税率解为式（3－16）。可以发现：财政“市管县”下，市级政府提供纯公共品的最优税率决定于参数 β 和 γ，并与二者负相关。

$$t_{P1}^{*}=1-\beta-\gamma \qquad (3-16)$$

3.2.1.3　县级政府、居民的最优解

将式（3－16）分别代入式（3－13）和式（3－14），可以得出县级政府 A、B 的最优税率和纯公共品供给水平，分别为：

$$t_{A1}^{*}=t_{B1}^{*}=(1-\alpha)(1-\beta) \qquad (3-17)$$

$$g_{A1}^{*}=g_{B1}^{*}=\frac{1}{2}(1-\alpha)^{\frac{1}{\alpha}}\beta^{\frac{2\beta}{\alpha}}\gamma^{\frac{1-\beta}{\alpha}}A^{\frac{1}{\alpha}}K \tag{3-18}$$

将式（3－17）和式（3－18）分别代入式（3－9）和式（3－10），可得居民劳动投入为：

$$l_{A1}^{*}=l_{B1}^{*}=(1-\alpha)^{\frac{1}{\alpha}}\beta^{\frac{2\alpha+2\beta\gamma}{\alpha(1-\beta)}}\gamma^{\frac{\gamma}{\alpha}}A^{\frac{1}{\alpha}}K \tag{3-19}$$

将式（3－18）和式（3－19）代入式（3－5）和式（3－6）中，可得县级政府产出为：

$$Y_{A1}^{*}=Y_{B1}^{*}=(1-\alpha)^{\frac{1-\alpha}{\alpha}}\beta^{\frac{2\beta}{\alpha}}\gamma^{\frac{\gamma}{\alpha}}A^{\frac{1}{\alpha}}K \tag{3-20}$$

将式（3－19）和式（3－20）分别代入式（3－7）和式（3－8）以及式（3－11）和式（3－12）中，可得居民的均衡效用和县级政府的均衡财政剩余分别为：

$$U_{A1}^{*}=U_{B1}^{*}=(1-\alpha)^{\frac{1}{\alpha}}\gamma^{\frac{\gamma}{\alpha}}A^{\frac{1}{\alpha}}K\beta^{\frac{2\beta+\alpha}{\alpha}}(1-\beta)+L \tag{3-21}$$

$$R_{A1}^{*}=R_{B1}^{*}=(1-\alpha)^{\frac{1}{\alpha}}\beta^{\frac{2\beta}{\alpha}}A^{\frac{1}{\alpha}}K\gamma^{\frac{\gamma}{\alpha}}\left(\frac{2\alpha+\gamma}{2}\right)-\frac{F}{2} \tag{3-22}$$

3.2.2　财政“市管县”绩效的数理分析—准公共品供给

准公共品为不同时具备非竞争性和非排他性的物品，即有的准公共品具备非竞争性但不具备非排他性，有的准公共品不具备非竞争性但具备非排他性。在准公共品的供给中，每个居民所消费的公共品数量不再相等。且由于市级政府 P 集中起来向县级政府 A、B 的居民提供准公共品，存在空间距离、偏好偏差、消费的排他性和竞争性等问题，导致县级政府 A、B 的居民实际享受到的公共品要小于名义准公共品供给数量。由于度量方面的难度，本书仅以距离作为影响准公共品获得的影响因素，即市级政府 P 提供准公共品的位置离一个县越远，则该县居民实际享受到的准公共品就越少，且居民消费的准公共品随着距离的增大呈线性递减。

本书借鉴李晓佳（2005）处理方式，假定县级政府 A、B 的距离为 D，实际提供准公共品的地点距离县级政府 A 为 $x(x\leqslant D/2)$，则距离县级政府 B 的距离为 $D-x$ 且（$D-x$）$\geqslant D/2$，根据居民消费的准公共品随着距离的增大呈线性递减，则县级政府 A 辖区居民的准公共品消费比例为 $1-x/D$，县级政府 B 辖区居民的准公共品消费为 x/D①。则县级政府 A、B 的生产函数为：

$$Y_{A2}=AK^{\alpha}l_{A2}^{\beta}\left[(g_{A2}+g_{B2})\left(1-\frac{x}{D}\right)\right]^{\gamma} \tag{3-23}$$

$$Y_{B2}=AK^{\alpha}l_{B2}^{\beta}\left[(g_{A2}+g_{B2})\left(\frac{x}{D}\right)\right]^{\gamma} \tag{3-24}$$

3.2.2.1　县级政府的最优政策选择

如前思路，县级政府 A、B 辖区居民在给定政策变量约束下的最优劳动投入水平为：

$$\max_{l_{A2}}U_{A2}=(1-t_{A2}-t_{P2})AK^{\alpha}l_{A2}^{\beta}\left[(g_{A2}+g_{B2})\left(1-\frac{x}{D}\right)\right]^{\gamma}+L-l_{A2} \tag{3-25}$$

$$\max_{l_{B2}}U_{B2}=(1-t_{B2}-t_{P2})AK^{\alpha}l_{B2}^{\beta}\left[(g_{A2}+g_{B2})\left(\frac{x}{D}\right)\right]^{\gamma}+L-l_{B2} \tag{3-26}$$

由式（3-25）和式（3-26）一阶条件可得其对全部政策变量的反应方程为：

---

① 同理，如假定县级政府 A、B 的距离为 D，实际提供准公共品的地点距离县级政府 B 为 x 且 $x\leqslant D/2$，则距离县级政府 A 的距离为 $D-x$ 则（$D-x$）$\geqslant D/2$，根据居民消费的准公共品随着距离的增大呈线性递减，则县级政府 B 辖区居民的准公共品消费比例为 $1-x/D$，县级政府 A 辖区居民的准公共品消费为 x/D。

$$l_{A2}^{*}(t_{A2},t_{P2},g_{A2},g_{B2},x)$$

$$=\beta^{\frac{1}{1-\beta}}(1-t_{A2}-t_{P2})^{\frac{1}{1-\beta}}A^{\frac{1}{1-\beta}}K^{\frac{\alpha}{1-\beta}}\left[(g_{A2}+g_{B2})\left(1-\frac{x}{D}\right)\right]^{\frac{\gamma}{1-\beta}} \quad (3-27)$$

$$l_{B2}^{*}(t_{B2},t_{P2},g_{A2},g_{B2},x)$$

$$=\beta^{\frac{1}{1-\beta}}(1-t_{B2}-t_{P2})^{\frac{1}{1-\beta}}A^{\frac{1}{1-\beta}}K^{\frac{\alpha}{1-\beta}}\left[(g_{A2}+g_{B2})\left(\frac{x}{D}\right)\right]^{\frac{\gamma}{1-\beta}} \quad (3-28)$$

在财政“市管县”提供准公共品下，居民对市级政府税率（t_{P2}），县级政府 A、B 税率（t）和公共品供给（g）比较静态分析，可以发现：$t_{P2}^{**}<0$、$t^{**}<0$、$g^{**}>0$，即居民劳动投入与市级和县级政府税率、市级和县级政府准公共品供给相关关系与纯公共品供给条件下一致。

将式（3－27）和式（3－28）代入式（3－4），可以得到预期到居民劳动投入对税率的反应后，县级政府将通过选择最优的税率和公共品供给水平来实现财政剩余最大化为：

$$\max_{t_{A2},g_{A2}} R_{A2}=\left[t_{A2}\beta^{\frac{\beta}{1-\beta}}A^{\frac{1}{1-\beta}}K^{\frac{\alpha}{1-\beta}}(1-t_{A2}-t_{P2})^{\frac{\beta}{1-\beta}}(g_{A2}+g_{B2})^{\frac{\gamma}{1-\beta}}\left(1-\frac{x}{D}\right)^{\frac{\gamma}{1-\beta}}\right]$$

$$-\frac{F}{2}-g_{A2} \quad (3-29)$$

$$\max_{t_{B2},g_{B2}} R_{B2}=t_{B2}\beta^{\frac{\beta}{1-\beta}}\left(\frac{x}{D}\right)^{\frac{\gamma}{1-\beta}}A^{\frac{1}{1-\beta}}K^{\frac{\alpha}{1-\beta}}(1-t_{B2}-t_{P2})^{\frac{\beta}{1-\beta}}(g_{A2}+g_{B2})^{\frac{\gamma}{1-\beta}}$$

$$-\frac{F}{2}-g_{B2} \quad (3-30)$$

求解式（3－29）和式（3－30）一阶条件，可以获得政府均衡税率式（3－31），可以发现：财政“市管县”下，县级政府 A、B 提供准公共品的最优税率同样决定于参数 β 和市级政府税率 t_{P2}，并与二者负相关。

$$t_{A2}^{*}(t_{P2})=t_{B2}^{*}(t_{P2})=(1-t_{P2})(1-\beta) \quad (3-31)$$

将式（3－31）代入式（3－29）和式（3－30）后求解一阶条件，可以发现：在财政“市管县”下，市级政府协调县级政府A、B式（3－32）和式（3－33）提供准公共品$g_{A2}+g_{B2}$的最优供给量决定于参数β、γ和市级政府税率t_{P2}，与β、γ正相关，与t_{P2}负相关，与纯公共品供给条件下一致。

$$g_{A2}^{*}+g_{B2}^{*}=\beta^{\frac{2\beta}{\alpha}}\gamma^{\frac{1-\beta}{\alpha}}\left(1-\frac{x}{D}\right)^{\frac{\gamma}{\alpha}}A^{\frac{1}{\alpha}}K(1-t_{P2})^{\frac{1}{\alpha}} \tag{3-32}$$

$$g_{A2}^{*}+g_{B2}^{*}=\beta^{\frac{2\beta}{\alpha}}\gamma^{\frac{1-\beta}{\alpha}}\left(\frac{x}{D}\right)^{\frac{\gamma}{\alpha}}A^{\frac{1}{\alpha}}K(1-t_{p2})^{\frac{1}{\alpha}} \tag{3-33}$$

3.2.2.2 市级政府的最优政策选择

将居民的反应方程式（3－27）和式（3－28）和县级政府的反应方程式（3－31）、式（3－32）和式（3－33）均纳入市级政府财政剩余最大化目标函数后，选择市级政府最优税率和公共品集中地以最大化本级财政收入，可得：

$$\max_{t_{P2}} R_{P2}=t_{P2}\left[Y_{A2}^{*}(t_{P2},x)+Y_{B2}^{*}(t_{P2},x)\right] \tag{3-34}$$

求解式（3－34）的一阶条件，可以获得市级政府和准公共品供给最优地点x^{*}，式（3－35），可以发现：准公共品供给最优地点为县级政府A、B的中间，这样两县辖区居民可以获得同等的准公共品消费，这反映了居民在既定税收负担下如果准公共品消费不足则会选择闲暇增加自己的效用，这一行为选择约束了市级政府准公共品的提供地点。

$$x^{*}=(D/2) \tag{3-35}$$

将式（3－31）、式（3－35）代入式（3－34），可得：

$$\max_{t_P} R_{P2}=2t_{P2}\left(\frac{1}{2}\right)^{\frac{\gamma}{\alpha}}\beta^{\frac{2\beta}{\alpha}}\gamma^{\frac{\gamma}{\alpha}}A^{\frac{1}{\alpha}}K\left(1-t_{P2}\right)^{\frac{\alpha\beta+\gamma}{\alpha(1-\beta)}} \tag{3-36}$$

求解式（3－36）的一阶条件，可以获得市级政府均衡税率

t_{P2}^*，式（3－37），可以发现：财政“市管县”提供准公共品下，市级政府提供准公共品的最优税率与纯公共品供给条件下一致。

$$t_{P2}^* = 1 - \beta - \gamma \tag{3-37}$$

3.2.2.3 县级政府、居民的最优解

由式（3－31）、式（3－35）和式（3－37）可以得出，县级政府 A、B 的最优税率 $t_{A_2}^*$、准公共品供给水平 $g_{A_2}^*$、居民劳动投入 $l_{A_2}^*$、地方总产出 $Y_{A_2}^*$、居民的均衡效用 $U_{A_2}^*$ 和县级政府的均衡租金 $R_{A_2}^*$ 分别为：

$$t_{A2}^* = t_{B2}^* = (1-\alpha)(1-\beta) \tag{3-38}$$

$$g_{A2}^* = g_{B2}^* = \left(\frac{1}{2}\right)^{\frac{1-\beta}{\alpha}}(1-\alpha)^{\frac{1}{\alpha}}\beta^{\frac{2\beta}{\alpha}}\gamma^{\frac{1-\beta}{\alpha}}A^{\frac{1}{\alpha}}K \tag{3-39}$$

$$l_{A2}^* = l_{B2}^* = \left(\frac{1}{2}\right)^{\frac{\gamma}{\alpha}}\beta^{\frac{2\alpha+2\beta\gamma}{\alpha(1-\beta)}}(1-\alpha)^{\frac{1}{\alpha}}\gamma^{\frac{\gamma}{\alpha}}A^{\frac{1}{\alpha}}K \tag{3-40}$$

$$Y_{A2}^* = Y_{B2}^* = \left(\frac{1}{2}\right)^{\frac{\gamma}{\alpha}}(1-\alpha)^{\frac{1-\alpha}{\alpha}}\beta^{\frac{2\beta}{\alpha}}\gamma^{\frac{\gamma}{\alpha}}A^{\frac{1}{\alpha}}K \tag{3-41}$$

$$U_{A2}^* = U_{B2}^* = \left(\frac{1}{2}\right)^{\frac{\gamma}{\alpha}}\gamma^{\frac{\gamma}{\alpha}}A^{\frac{1}{\alpha}}K(1-\alpha)^{\frac{1}{\alpha}}\beta^{\frac{2\beta+\alpha}{\alpha}}(1-\beta) + L \tag{3-42}$$

$$R_{A2}^* = R_{B2}^* = \left(\frac{1}{2}\right)^{\frac{1-\beta}{\alpha}}(2\alpha+\gamma)\beta^{\frac{2\beta}{\alpha}}A^{\frac{1}{\alpha}}K(1-\alpha)^{\frac{1}{\alpha}}\gamma^{\frac{\gamma}{\alpha}} - \frac{F}{2} \tag{3-43}$$

3.3 财政“省直管县”绩效数理分析

由于财政“省直管县”的实施，县级政府直接与省级政府发生财力（税收收入）分配，省级政府的资金支付直接到县级，

可以认为是在省级统一管理之下的县级“自治”。因而，本书假定两个相邻且完全同质的县级政府 A、B，在短期居民无法改变资本的投入量，故居民选择最优的私人劳动投入量，以最大化自身包含消费和闲暇的总效用为：

$$\max_{l} U=(1-t)AK^{\alpha}l^{\beta}g^{\gamma}+L-l \quad (3-44)$$

求解居民劳动力实际投入 l 式（3－44）的一阶条件，可以获得居民对县级政府税率、地方公共品的反应方程为：

$$l^{*}(t,g)=\beta^{\frac{1}{1-\beta}}(1-t)^{\frac{1}{1-\beta}}A^{\frac{1}{1-\beta}}K^{\frac{\alpha}{1-\beta}}g^{\frac{\gamma}{1-\beta}} \quad (3-45)$$

在财政“省直管县”下，居民对县级政府 A、B 税率（t）和公共品供给（g）比较静态分析可以发现：$t^{**}<0$、$g^{**}>0$，与财政“市管县”一致。同时，预期到居民劳动投入对税率的反应后，县级政府将通过选择最优的税率和公共品供给水平来实现财政剩余 R 最大化为：

$$\max_{t,g} R=t\cdot A^{\frac{1}{1-\beta}}K^{\frac{\alpha}{1-\beta}}\beta^{\frac{\beta}{1-\beta}}(1-t)^{\frac{\beta}{1-\beta}}g^{\frac{\gamma}{1-\beta}}-F-g \quad (3-46)$$

求解式（3－46）一阶条件，可以得到县级政府均衡税率 t^{*} 和公共品供给水平 g^{*} 为：

$$t^{*}=1-\beta \quad (3-47)$$

$$g^{*}=\beta^{\frac{2\beta}{\alpha}}\gamma^{\frac{1-\beta}{\alpha}}A^{\frac{1}{\alpha}}K \quad (3-48)$$

在县级政府均衡税率 t^{*} 和公共品供给水平 g^{*} 下，居民投入的劳动量 l^{*} 和县级政府总产出 Y^{*} 为：

$$l^{*}=\beta^{\frac{2-2\gamma}{\alpha}}\gamma^{\frac{\gamma}{\alpha}}A^{\frac{1}{\alpha}}K \quad (3-49)$$

$$Y^{*}=\beta^{\frac{2\beta}{\alpha}}\gamma^{\frac{\gamma}{\alpha}}A^{\frac{1}{\alpha}}K \quad (3-50)$$

同理，在县级政府均衡税率 t^{*} 和公共品供给水平 g^{*} 下，居民的均衡效用 U^{*} 和县级政府的财政剩余 R^{*} 为：

$$U^{*}=\beta^{\frac{\alpha+2\beta}{\alpha}}\gamma^{\frac{\gamma}{\alpha}}A^{\frac{1}{\alpha}}K(1-\beta)+L \quad (3-51)$$

$$R^{*}=\alpha\beta^{\frac{2\beta}{\alpha}}A^{\frac{1}{\alpha}}K\gamma^{\frac{\gamma}{\alpha}}-F \tag{3-52}$$

3.4　财政“市管县”与“省直管县”绩效比较与分析

前面给出了财政“市管县”和“省直管县”下均衡税率、公共品供给、居民劳动投入、地区产出、居民福利、财政剩余等不同解，在政府间财政关系、政府行为、经济发展、居民福利等之间建立了逻辑关系。为了进一步分析财政体制的绩效，本书对财政“市管县”和“省直管县”绩效比较和分析如下。

3.4.1　财政“市管县”与“省直管县”绩效比较

3.4.1.1　财政“市管县”和“省直管县”居民劳动投入比较

前面分析可知，财政“市管县”下市级政府提供纯公共品、准公共品时县级政府 A、B 辖区的私人劳动投入相等，可知在财政“市管县”下，市级政府集中提供纯公共品时任一县级政府辖区私人劳动投入与市级政府集中提供准公共品时任一县级政府辖区私人劳动之比为：

$$l_{A1}^{*}/l_{A2}^{*}=l_{B1}^{*}/l_{B2}^{*}=2^{\frac{\gamma}{\alpha}}>1 \tag{3-53}$$

同理可知，财政“市管县”下市级政府集中提供纯公共品、准公共品时任一县级政府辖区私人劳动投入与财政“省直管县”下任一县级政府辖区私人劳动投入之比为：

$$l_{A1}^{*}/l^{*}=l_{B1}^{*}/l^{*}=(1-\alpha)^{\frac{1}{\alpha}}<1 \tag{3-54}$$

$$l_{A2}^{*}/l^{*}=l_{B2}^{*}/l^{*}=\left(\frac{1}{2}\right)^{\frac{\gamma}{\alpha}}(1-\alpha)^{\frac{1}{\alpha}}<1 \tag{3-55}$$

［**结论 1**］财政“市管县”下市级政府集中提供纯公共品时任一县级政府辖区私人劳动投入水平高于市级政府集中提供准公共品时任一县级政府辖区私人劳动投入水平；财政“市管县”下县级政府辖区私人劳动投入水平均低于财政“省直管县”下县级政府辖区私人劳动投入水平。

3.4.1.2　财政“市管县”和“省直管县”均衡税率比较

前面财政“市管县”均衡税率为市级政府税率与两个县级政府税率之和，其中：市级政府纯公共品供给与准公共品供给的均衡税率相等；县级政府纯公共品供给与准公共品供给的均衡税率相等。可知，财政“市管县”下任一县级政府辖区居民所负担的市级政府税率与所在县级政府的合并税率为：

$$T^{*}=t_{A1}^{*}+t_{P1}^{*}=t_{B1}^{*}+t_{P1}^{*}=t_{A2}^{*}+t_{P2}^{*}=t_{B2}^{*}+t_{p2}^{*}$$
$$=\alpha+\gamma+\alpha\beta \tag{3-56}$$

通过对比财政“市管县”下任一县级政府辖区居民所负担的市级、县级政府的合并税率与财政“省直管县”下任一县级政府辖区居民所负担的县级政府的税率，可以发现，财政“市管县”居民税收负担高于财政“省直管县”。

$$T^{*}-t^{*}=\alpha\beta>0 \tag{3-57}$$

同时，值得注意的是，财政“市管县”居民负担的市级政府均衡税率、县级政府税率均小于财政“省直管县”居民负担的县级政府税率。

$$t_{P1}^{*}-t^{*}=t_{P2}^{**}-t^{*}=-\gamma<0 \tag{3-58}$$

$$t_{A1}^{*}-t^{*}=t_{B1}^{*}-t=t_{A2}^{*}-t^{*}=t_{B2}^{*}-t$$
$$=-\alpha(1-\beta)<0 \tag{3-59}$$

［**结论 2**］财政“市管县”下任一级政府设置的税率都会低于财政“省直管县”下的均衡税率，但财政“市管县”下市级

和县级政府的合并税率高于财政“省直管县”的均衡税率。

3.4.1.3　财政“市管县”和“省直管县”公共品供给比较

前面分析可知，财政“市管县”下市级政府提供纯公共品、准公共品时县级政府 A、B 的公共品供给相等。可知，财政“市管县”下市级政府集中提供纯公共品时任一县级政府公共品供给数量与市级政府集中提供准公共品时任一县级政府公共品供给数量之比为：

$$(g_{A1}^*)/g_{A2}^* = g_{B1}^*/g_{B2}^* = 2^{\frac{\gamma}{\alpha}} > 1 \qquad (3-60)$$

同理可知，财政“市管县”下市级政府集中提供纯公共品、准公共品时任一县级政府公共品供给水平与财政“省直管县”下任一县级政府公共品供给水平之比为：

$$(g_{A1}^*)/g^* = (g_{B1}^*)/g^* = \frac{1}{2}(1-\alpha)^{\frac{1}{\alpha}} < 1 \qquad (3-61)$$

$$(g_{A2}^*)/g^* = (g_{B2}^*)/g^* = \left(\frac{1}{2}\right)^{\frac{1-\beta}{\alpha}}(1-\alpha)^{\frac{1}{\alpha}} < 1 \qquad (3-62)$$

［**结论3**］财政“市管县”下任一县级政府提供的纯公共品数量都要高于县级政府提供的准公共品数量；财政“市管县”下任一县级政府提供的纯公共品和准公共品数量都要低于财政“省直管县”下县级政府提供的公共品数量。

3.4.1.4　财政“市管县”和“省直管县”地区产出水平比较

前面分析可知，财政“市管县”下市级政府提供纯公共品、准公共品时县级政府 A、B 的地区产出相等。可知，财政“市管县”下市级政府集中提供纯公共品时任一县级政府地区产出水平与市级政府集中提供准公共品时任一县级政府地区产出水平之比为：

$$Y_{A1}^*/Y_{A2}^* = Y_{B1}^*/Y_{B2}^* = 2^{\frac{\gamma}{\alpha}} > 1 \qquad (3-63)$$

同理可知，财政“市管县”下市级政府集中提供纯公共品、准公共品时任一县级政府地区产出水平与财政“省直管县”地区产出水平之比为：

$$Y_{A1}^*/Y^* = Y_{B1}^*/Y^* = (1-\alpha)^{\frac{1-\alpha}{\alpha}} < 1 \quad (3-64)$$

$$Y_{A2}^*/Y^* = Y_{B2}^*/Y^* = \left(\frac{1}{2}\right)^{\frac{\gamma}{\alpha}}(1-\alpha)^{\frac{1-\alpha}{\alpha}} < 1 \quad (3-65)$$

[结论4] 财政“市管县”下市级政府集中提供纯公共品时任一县级政府地区产出水平均高于市级政府集中提供准公共品时任一县级政府地区产出水平；财政“市管县”下县级政府的地区产出水平均小于财政“省直管县”下县级政府的地区产出水平。

3.4.1.5 财政“市管县”和“省直管县”居民效用比较

前面分析可知，财政“市管县”下市级政府提供纯公共品、准公共品时县级政府 A、B 的居民效用相等。可知，财政“市管县”下市级政府集中提供纯公共品时任一县级政府的居民效用水平与市级政府集中提供准公共品时任一县级政府的居民效用水平之比为：

$$U_{A1}^* - U_{A2}^* = U_{B1}^* - U_{B2}^*$$

$$= (1-\alpha)^{\frac{1}{\alpha}}\beta^{\frac{2\beta+\alpha}{\alpha}}(1-\beta)\gamma^{\frac{\gamma}{\alpha}}A^{\frac{1}{\alpha}}K\left[1-\left(\frac{1}{2}\right)^{\frac{\gamma}{\alpha}}\right] > 0 \quad (3-66)$$

同理可知，财政“市管县”下市级政府集中提供纯公共品、准公共品时任一县级政府的居民效用水平与财政“省直管县”下任一县级政府的居民效用水平之比为：

$$U_{A1}^* - U^* = U_{B1}^* - U^*$$

$$= \beta^{\frac{\alpha+2\beta}{\alpha}}\gamma^{\frac{\gamma}{\alpha}}A^{\frac{1}{\alpha}}K(1-\beta)\left[(1-\alpha)^{\frac{1}{\alpha}}-1\right] < 0 \quad (3-67)$$

$$U_{A2}^* - U^* = U_{B2}^* - U^*$$

$$= (1-\beta)\beta^{\frac{2\beta+\alpha}{\alpha}}\gamma^{\frac{\gamma}{\alpha}}A^{\frac{1}{\alpha}}K\left[\left(\frac{1}{2}\right)^{\frac{\gamma}{\alpha}}(1-\alpha)^{\frac{1}{\alpha}}-1\right] < 0 \quad (3-68)$$

［**结论 5**］财政“市管县”下市级政府集中提供纯公共品时任一县（市）政府居民效用水平高于市级政府集中提供准公共品时任一县（市）政府居民效用水平；财政“市管县”下任一县级政府居民效用水平均低于财政“省直管县”下县级政府居民效用水平。

3.4.1.6　财政“市管县”和“省直管县”财政剩余比较

前面分析可知，财政“市管县”下县级政府税收收入与公共品供给支出之差即为该县的财政剩余，提供纯公共品与准公共品时县级政府的财政剩余相等。可知，财政“市管县”提供纯公共品时任一县级政府的财政剩余与财政“省直管县”的财政剩余之差为式（3－69），而提供准公共品时任一县级政府的财政剩余与财政“省直管县”的财政剩余之差为式（3－70）。

$$R_{A1}^{*} - R^{*} = R_{B1}^{*} - R^{*}$$

$$= \beta^{\frac{2\beta}{\alpha}} \gamma^{\frac{\gamma}{\alpha}} A^{\frac{1}{\alpha}} K\left[(1-\alpha)^{\frac{1}{\alpha}} \left(\alpha + \frac{\gamma}{2} \right) - \alpha \right] + \frac{F}{2} \tag{3-69}$$

$$R_{A2}^{*} - R^{*} = R_{B2}^{*} - R^{*}$$

$$= \beta^{\frac{2\beta}{\alpha}} \gamma^{\frac{\gamma}{\alpha}} A^{\frac{1}{\alpha}} K\left[\left(\frac{1}{2} \right)^{\frac{1-\beta}{\alpha}} (2\alpha + \gamma)(1-\alpha)^{\frac{1}{\alpha}} - \alpha \right] + \frac{F}{2} \tag{3-70}$$

由式（3－69）和式（3－70）可知，财政“市管县”无论提供纯公共品还是提供准公共品时县级政府财政剩余与“省直管县”财政体制下财政剩余之差无法判断是否大于0。但在财政“市管县”提供纯公共品时任一县级政府财政剩余大于提供准公共品时的任一县级政府财政剩余。

$$R_{A1} - R_{A2} = R_{B1} - R_{B2}$$

$$= \left(\frac{1}{2} \right) \beta^{\frac{2\beta}{\alpha}} \gamma^{\frac{\gamma}{\alpha}} A^{\frac{1}{\alpha}} K (1-\alpha)^{\frac{1}{\alpha}} (2\alpha + \gamma) \left[1 - \left(\frac{1}{2} \right)^{\frac{\gamma}{\alpha}} \right] > 0 \tag{3-71}$$

[**结论6**] 财政“市管县”下市级政府集中提供纯公共品时任一县级政府财政剩余高于市级政府集中提供准公共品时任一县级政府财政剩余。

3.4.2 财政“市管县”与“省直管县”绩效分析

3.4.2.1 财政“市管县”和财政“省直管县”下私人劳动投入比较

由式（3－53）、式（3－54）和式（3－55）可知，财政“市管县”下，市级政府集中提供纯公共品时任一县级政府辖区私人劳动投入水平高于市级政府集中提供准公共品时任一县级政府辖区私人劳动投入水平；财政“市管县”下，县级政府辖区私人劳动投入水平均低于财政“省直管县”下县级政府辖区私人劳动投入水平。由结论2和结论3可知，财政“市管县”下，居民既要负担市级政府的税收也要负担县级政府的税收，也就是说，增加一级政府即增加了一份负担，作为理性的经济人，居民会选择减少劳动力供给、增加闲暇来提高自己的效用。

3.4.2.2 财政“市管县”和财政“省直管县”下均衡税率比较

对比财政“市管县”下任一县级政府辖区居民所负担的市级、县级政府的合并税率与财政“省直管县”下任一县级政府辖区居民所负担的县级政府的税率，可以发现，财政“市管县”下居民税收负担高于财政“省直管县”式（3－57）；财政“市管县”下居民负担的市级政府均衡税率、县级政府税率均小于财政“省直管县”居民负担的县级政府税率式（3－58）和式（3－59）。

3.4.2.3　财政“市管县”和财政“省直管县”下公共品供给比较

由式（3-60）、式（3-61）和式（3-62）可知，财政“市管县”下，每个县级政府提供的纯公共品数量都要高于财政“省直管县”下县级政府提供的准公共品数量；财政“市管县”下每个县级政府提供的纯公共品和准公共品数量都要低于财政“省直管县”下县级政府提供的纯公共品和准公共品数量。由结论2和结论6可知，财政“市管县”下县级政府均衡税率低于财政“省直管县”下县级政府均衡税率，在县级政府追求财政剩余最大化的动机下，这种收入的减少进而导致了公共品供给投入的减少。

3.4.2.4　财政“市管县”和财政“省直管县”下地区产出水平比较

由式（3-63）、式（3-64）和式（3-65）可知，财政“市管县”下，市级政府集中提供纯公共品时任一县级政府地区产出水平高于市级政府集中提供准公共品时任一县级政府地区产出水平；财政“市管县”下县级政府的地区产出水平均小于财政“省直管县”下县级政府的地区产出水平。财政“市管县”下每个县级政府产出水平都要低于财政“省直管县”下县级政府产出水平。其实，由结论1就可以得出这一结论，既定技术条件下的地区产出水平的增加依赖于生产要素的投入，在本书假定中，劳动力作为唯一可以改变的要素投入，结论1发现，财政“市管县”下居民将减少劳动力投入，那么地区产出水平的下降也就显而易见了。

3.4.2.5　财政“市管县”和财政“省直管县”下居民效用比较

由式（3-66）、式（3-67）和式（3-68）可知，财政

“市管县”下，市级政府集中提供纯公共品时任一县级政府辖区的居民效用水平高于市级政府集中提供准公共品时任一县级政府辖区的居民效用水平；财政“市管县”下县级政府辖区的居民效用水平均低于财政“省直管县”下县级政府辖区的居民效用水平。由结论1和结论5可知，财政“市管县”下，由于合并税率的提高，居民会选择降低劳动投入增加自己的闲暇来提高效用；由结论1可知，财政“市管县”下，县级政府的地区产出水平会下降，带来居民可支配收入的减少，从而降低消费效用，且消费效用的降低程度高于闲暇效用提高程度。

3.4.2.6 财政“市管县”和财政“省直管县”下财政剩余比较

由式（3－69）、式（3－70）和式（3－71）可知，财政“市管县”下，市级政府集中提供纯公共品时任一县级政府财政剩余高于市级政府集中提供准公共品时任一县级政府财政剩余，而财政“市管县”下，无论提供纯公共品还是提供准公共品，县级政府财政剩余与财政“省直管县”下财政剩余之差无法判断是否大于0。由结论1和结论2可知，财政“市管县”下，由于合并税率的提高，居民会选择降低劳动投入，导致地区产出减少（结论4），在既定税率下，县级政府税基的减少会使其财政收入减少；由结论6可知，在财政“市管县”下，县级政府面临财政收入减少时，会选择减少其提供的纯公共品和准公共品数量以增加自身的财政剩余。同时，财政“市管县”和财政“省直管县”下，居民效用的增减无法确定，即无法确定居民在多大程度上通过增加闲暇来提高自身的效用水平。因此，在地区产出水平下降的情况下，县级政府的利益诉求为追求财政剩余最大化，会通过降低纯公共品与准公共品的投入来维持自己的财政剩余。

第4章　财政“省直管县”变迁、框架与绩效一般分析

基于前面财政“省直管县”绩效数理分析和绩效分析体系，本部分对地方财政管理体制变迁和财政“省直管县”演进进行分析和总结，对实施财政“省直管县”改革的21个省（自治区）的改革文本进行改革内容和基本情况比较分析，并选取2007～2017年实行财政“省直管县”的县级政府数据进行财政“省直管县”激励效应、均等效应和福利效应一般性分析，为后续研究奠定现实基础。

4.1　地方财政管理体制变迁

我国中央与地方（省、自治区、直辖市）财政管理体制经历了高度集权阶段（1949～1979年）、“包干制”（1980～1993年）和“分税制”（1994年至今）三个阶段，地方财政管理体制基本沿袭了中央与地方财政管理体制框架。随着我国中央与地方“分税制”的实施和浙江等省份财政“省直管县”在促进县域经济发展的巨大成就，福建、安徽、湖北和甘肃等省开始

试点各具特色的财政“省直管县”，以理顺地方财政关系、发展县域经济。随着国务院批转财政部《关于完善省以下财政管理体制有关问题意见的通知》、财政部《关于推进省直接管理县财政改革的意见》等规范性文件的出台，鼓励和支持财政“省直管县”改革范围逐步扩大。随着2014年6月30日《深化财税体制改革总体方案》由中共中央政治局审议通过，各省（自治区、直辖市）纷纷出台深化财税体制改革地方方案，财政“省直管县”已在除民族自治地区得到广泛实施。

4.1.1 地方财政管理体制变迁分析

我国地方财政管理体制的支出责任、收入划分和转移支付设计既是当前中央与省级财政管理体制在地方的反映，也是前一阶段地方财政管理体制的延续，还包含前一阶段地方财政管理体制中存在问题的全部或部分修正。但由于我国地方政府层级多、地方税主体税种少且税收收入少，面临“无税可分”的窘境，因此更多地体现在事权和支出责任划分上，在运行中出现了财权上移和事权下移的倾向。

4.1.1.1 地方财政管理体制变迁的特征

我国地方财政管理体制变迁体现出显著“供给主导”的强制性制度变迁特征，即在部分县级政府试点的基础上，由省级部门通过行政权力和地方立法手段等强制力在省级行政辖区内进行财政管理体制调整。在上级政府主导的强制性地方财政管理体制变迁中，上级政府一般只与下一级政府打交道，并确定事权和支出责任、财政收入分享体制的大体框架，并通过转移支付维持框架在一定时期内较为稳定的运行。例如，省级政府只与市级政府确定事权和支出责任、财政收入分享、转移支付额度等制度内容，市级政府只与县级政府确定事权和支出责任、财政收入分享、转移支付额度等制度内容，如此等等。

在这种强制性制度变迁下的“上级主导、层层分权”体系中，无疑上级政府在博弈中具有优势地位。上级政府往往利用这种优势地位和政策制定权力进行“甩包袱”，即利用旧体制赋予的新体制制定权提高财政收入分配额度、减少事权和支出责任。这种“上收财权、下放事权和支出责任”模式加之上级转移支付资金往往需要下级进行资金配套，使得基层（县级和乡镇级）财政成为最困难的级次，加剧了区域间地方公共品的供给差距。

4.1.1.2 地方财政管理体制变迁的动力

“供给主导”特征反映在地方财政管理体制变迁中，可以理解为：县级政府存在财政管理体制改革需求，省级政府具备良好的财政管理体制供给能力时，改革顺利实现；当县级政府需求不足或省级政府供给不足时，地方财政管理体制改革不能实现或者进行局部完善。相关研究表明，经济因素是推动地方财政管理体制变迁的主要动力，即当县级政府面临经济发展减速、财政收入减少、地方债务压力增大时，进行地方财政管理体制改革的需求会显著增大（才国伟、黄亮雄，2010；范建科，赖晓榕，2011；刘小兵、吕凯波，2014）①②③。

---

① 才国伟，黄亮雄．政府层级改革的影响因素及其经济绩效研究［J］．管理世界，2010（8）：73－83.

② 范建科，赖晓榕．云南省省直管县改革聚类分析［J］．商场现代化，2011（21）：59－61.

③ 刘小兵，吕凯波．省直管县财政管理体制改革的影响因素分析［J］．南京审计学院学报，2014，11（1）：19－27.

同时，如果中央与省级政府调整了财政分权体制，省级政府基于自身利益考虑，也会在同一指导思想下调整地方财政分权体制。例如，1994 年“提高两个比重”成为“分税制”的指导思想时，这一提高上级财政收入占比的思想也体现在地方财政管理体制中[①]；2016 年“分档分担”思路下的中央与地方财政事权和支出责任划分改革推行后，省级政府也纷纷出台“分档分担”的地方财政事权和支出责任划分改革规范性文件，将地方财政事权和支出责任在省内政府间进行进一步划分[②]。

另外，还存在部分省（自治区）以地方财政管理体制作为县（市、区）实行特殊经济社会管理体制时作为配套政策的情况。例如，河南 2004 年在扩大管理权限的 35 个县级政府中在巩义、项城、固始、邓州 4 县级政府实行财政“省直管县”试点，贵州在 2009 年进行财政“省直管县”试点时将六枝特区、万山特区纳入首批试点，广东在 2010 年进行财政“省直管县”试点时将顺德区作为唯一试点。

4.1.2 财政“省直管县”演进

回顾“分税制”以来我国财政“省直管县”演进过程，可以发现，这一改革在财政部《关于推进省直接管理县财政改革的意见》中“坚持因地制宜、分类指导”“不搞‘一刀切’”“坚持积极稳妥、循序渐进”“充分调动各方发展积极性”等总体思路指导下，一般先建立财政“省直管县”改革的基本框架，并选择部分县级政府进行试点。在此基础上，不断总结改革经验，完善改革内容，再扩大试点范围，总体呈现“先试点后推

① 《国务院关于实行分税制财政管理体制的决定》。

② 《国务院关于推进中央与地方财政事权和支出责任划分改革的指导意见》。

广、保存量调增量”的渐进式改革特征①。从时间分布上，截至2017年底，已有1034个县级政府实行了不同类型的财政“省直管县”（见图4－1）。

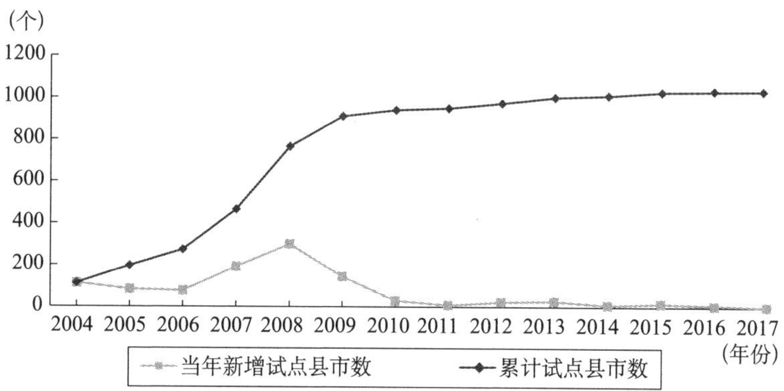

图4－1　“省直管县”财政管理施行县级政府数量演变

数据来源：各省份财政“省直管县”改革文件。

4.1.2.1　财政“省直管县”改革演进：目标维度

财政“省直管县”改革目标在设计中多为强调“发展县域经济”（19个省份）、“理顺‘省—市—县’财政分配关系”（17个省份）、“缓解县乡财政困难”（12个省份）等经济发展和财政收入目标，而对“推进城乡协调发展和基本公共服务均等化”等财政支出的目标，仅有4个省份进行了规定。同时，3个省份还规定了“发挥市级区域中心城市辐射带动作用”、6个省份规定了“增强省级财政调节能力”等财政“市管县”目标和向省级集中财力的目标。财政“省直管县”改革目标的多样

① 如“省直管县”财政管理体制改革中，陕西省在改革文件中提出“六到县、五不变”，江西省在改革文件中提出“八个到县、两个不变”，河北省在改革文件中提出“四有利、四不变”，江苏省在改革文件中提出“四个不变”。

化、复杂化甚至还存在原体制的核心内容，既反映了改革涉及的省级、市级、县级政府间财政利益调整的艰巨性，也反映了改革目标的妥协性（见表4－1）。

表4－1　　财政“省直管县”改革目标

省、自治区	试点年份	财政“省直管县”改革目标
湖北	2004	加快县域经济发展，进一步理顺地方财政分配关系，缓解县乡财政困难，调动县级政府的积极性，增强省级财政调节能力，发挥市级区域中心城市辐射带动作用
安徽	2004	加快县域经济发展，进一步理顺地方财政分配关系，缓解县乡财政困难，节约行政成本，提高管理效率，调动县级政府的积极性，增强省级财政调节能力，发挥市级区域中心城市辐射带动作用
河南	2004、2009、2011	加快县域经济发展，节约行政成本，提高管理效率
河北	2005、2009	加快县域经济发展，进一步理顺地方财政分配关系
吉林	2005	加快县域经济发展，进一步理顺地方财政分配关系，节约行政成本，提高管理效率，调动县级政府的积极性，振兴老工业基地
江西	2005、2007、2009	加快县域经济发展，进一步理顺地方财政分配关系，缓解县乡财政困难，增强省级财政调节能力，发挥市级区域中心城市辐射带动作用
黑龙江	2006	加快县域经济发展，进一步理顺地方财政分配关系，缓解县乡财政困难，节约行政成本，提高管理效率，调动县级政府的积极性
辽宁	2006、2010、2012	加快县域经济发展，缓解县乡财政困难，调动县级政府的积极性，推进城乡协调发展和基本公共服务均等化，振兴老工业基地
山西	2007、2017	缓解县乡财政困难，调动县级政府的积极性
江苏	2007	加快县域经济发展，进一步理顺地方财政分配关系，节约行政成本，提高管理效率，增强省级财政调节能力，推进城乡协调发展和基本公共服务均等化

续表

省、自治区	试点年份	财政“省直管县”改革目标
四川	2007、2009、2014	加快县域经济发展，进一步理顺地方财政分配关系，缓解县乡财政困难，节约行政成本，提高管理效率
陕西	2007、2009	加快县域经济发展，进一步理顺地方财政分配关系，缓解县乡财政困难，节约行政成本，提高管理效率，调动县级政府的积极性
青海	2007	进一步理顺地方财政分配关系，缓解县乡财政困难，节约行政成本，提高管理效率
广西	2009、2010	加快县域经济发展，进一步理顺地方财政分配关系，缓解县乡财政困难，调动县级政府的积极性
山东	2009、2016	加快县域经济发展，进一步理顺地方财政分配关系，节约行政成本，提高管理效率，增强省级财政调节能力
福建	2009	加快县域经济发展，进一步理顺地方财政分配关系，缓解县乡财政困难
贵州	2009、2013	加快县域经济发展，进一步理顺地方财政分配关系，节约行政成本，提高管理效率，增强省级财政调节能力，推进城乡协调发展和基本公共服务均等化
云南	2009、2010	加快县域经济发展，进一步理顺地方财政分配关系，调动县级政府的积极性，增强省级财政调节能力
甘肃	2007、2009、2011	加快县域经济发展，进一步理顺地方财政分配关系，缓解县乡财政困难，节约行政成本，提高管理效率，增强省级财政调节能力
湖南	2010	加快县域经济发展，进一步理顺地方财政分配关系，推进城乡协调发展和基本公共服务均等化
广东	2010、2012、2013、2014、2015	加快县域经济发展，进一步理顺地方财政分配关系

资料来源：各省（自治区）财政“省直管县”改革文件。

4.1.2.2　财政“省直管县”改革演进：类型维度

我国财政“省直管县”改革中不同省份形成了各种“渐进”模式的体制类型（见表4－2）：全面直管型，即实行县级财政省级直管，县级财政与市级财政地位平等；省市共管型，即实行县级财政省级直管，补助资金（转移支付等）省核定到县级政府，财政资金仍沿袭“省—市—县”分配和拨付路径，县级财政由省级、市级共同监督；补助直管型，即沿袭财政“市管县”，但对县级补助资金（转移支付等）省核定到县级政府。

表4-2　财政“省直管县”改革类型

改革类型	省、自治区
全面直管型	湖北、安徽、河北、吉林、江苏、四川、青海、云南、广东、湖南
补助直管型	河南、黑龙江、辽宁、山西
省市共管型	江西、陕西、广西、山东、福建、贵州、甘肃

资料来源：各省（自治区）财政“省直管县”改革文件。

4.1.2.3　财政“省直管县”改革演进：时间维度

财政“省直管县”改革在时间上呈现出了较大的差异。从湖北、安徽、河南于2004年前后开始实施财政“省直管县”改革，到2005~2007年河北等10个省（自治区）陆续实施财政“省直管县”改革，以及财政部《关于推进省直接管理县财政改革的意见》出台后广西等8个省（自治区）开展财政“省直管县”改革，显示出显著的时间扩散特征。截至2018年底，已有17个省（自治区、直辖市）在非民族自治县全面实施了财政“省直管县”①，其中，湖北等6个省未经省内试点直接在全省非民族自治县全面实施了财政“省直管县”改革（见表4-3）。

① 北京、上海、天津、重庆等直辖市和海南省在行政区划中未设置地市级行政区划，施行“省直管县”财政管理体制；宁夏回族自治区自1958年成立后除“文革”后期一段时间外一直延续“省直管县”财政管理体制；浙江省自1953年起除“文革”后期一段时间外一直执行“省直管县”财政管理体制。

表4-3　　财政“省直管县”改革的时间扩散

省、自治区	开始试点年份	最新试点年份	非民族自治县全部改革年份	非民族自治县开始试点到全部改革时间（年）	改革比例（%）
湖北	2003	—	2003	0	100
安徽	2003	—	2004	0	100
河南	2004	2011	—	—	21
河北	2005	2009	—	—	73
吉林	2005	—	2005	0	100
江西	2005	—	2009	4	100
黑龙江	2006	—	2006	0	100
辽宁	2006	2012	2012	—	39
山西	2007	2017	—	—	45
江苏	2007	—	2007	0	100
四川	2007	2014	2014	7	60
陕西	2007	2009	—	—	35
青海	2007	—	—	—	24
广西	2009	2010	—	1	100
山东	2009	2016	—	—	45
福建	2009	—	2009	0	100
贵州	2009	2013	2013	4	68
云南	2009	2010	—	—	10
甘肃	2009	2011	—	—	97
广东	2010	2015	—	—	63
湖南	2010	—	—	0	100

资料来源：各省（自治区）财政“省直管县”改革文件。

4.2　财政“省直管县”运行框架

4.2.1　财政“省直管县”事权和支出责任划分

财政部《关于推进省直接管理县财政改革的意见》中明确

提出“在进一步理顺省与市、县支出责任的基础上，确定市、县财政各自的支出范围”。从实施财政“省直管县”改革的21个省（自治区）来看，在实施地方财政管理体制试点规范性文件中，对实施财政“省直管县”后省级、市级、县级事权和支出责任的划分除云南等6省外，其余省（自治区）均未进行明确划分①。综观各省（自治区）财政“省直管县”改革文件，主要包括以下地方事权和支出责任划分原则、内容。

4.2.1.1 财政“省直管县”事权和支出责任划分原则

（1）坚持公平合理原则。大部分试点省（自治区）提出实行财政“省直管县”后，由省（自治区）按公平合理原则进一步调整“省级—市级—县级”事权和支出责任。

（2）理顺事权和支出责任为原则。试点省（自治区）均力图通过构建新型的“省级—县级”事权和支出责任框架，取代原“省级—市级—县级”事权和支出责任，形成明确的县级事权和支出责任机制。

（3）承认既得利益的原则。试点省（自治区）在实行财政“省直管县”后，市级逐步减少直至不再承担县级地方事权和支出责任，改由省级负责，力图在不损害市级和县级利益的情况下推进改革后的地方公共服务均等化。

4.2.1.2 财政“省直管县”事权和支出责任划分内容

实施财政“省直管县”改革的21个省（自治区）在财政

① 目前，这一问题在《国务院关于推进中央与地方财政事权和支出责任划分改革的指导意见》的推动下逐步得到解决，各省（自治区、直辖市）陆续发布了地方事权和支出责任的规范性文件，如《山东省人民政府关于推进省以下财政事权和支出责任划分改革的意见》《河北省人民政府办公厅关于印发基本公共服务领域省与市、县共同财政事权和支出责任划分改革实施方案的通知》等。

“省直管县”事权和支出责任划分中形成了较大差异。福建等8省（区）的改革文件中未涉及事权和支出责任划分内容；江苏等4省涉及事权和支出责任划分内容但未作明确划分，但明确市级不再承担县级地方事权和支出责任，改由省级负责；江西等6省（区）仍提出市级对县级财政支持责任不变，市级仍需承担原对县级的各项补助且补助数额原则上应逐步增加；湖南等6省（区）相对明确了财政预算科目框架下的省级与市级、县级事权和责任支出范围，其中，云南省的改革文件中列出了详细而完整的事权和支出责任划分方案。本书以云南省为例，列示财政“省直管县”事权和支出责任划分内容（见表4-4）。

表4-4　　云南省财政“省直管县”事权和支出责任划分内容

支出类别	省级事权和支出责任	支出类别	县级事权和支出责任
宏观管理类支出	省级行政事业单位人员经费、公用经费，及各行政事业单位涉及全省性的规划、指导等	县级管理类支出	县级行政事业单位人员经费和正常公用经费
社会管理类支出	法律、制度、政策制定与执行对应的成本性支出	县级社会管理类支出	县级法律、制度、政策制定与执行对应的成本性支出
公共事业发展类支出	公共安全支出（省级承担部分）	公共事业发展类支出	县级公共安全支出
	省级外事、外经活动对应的成本性支出		县级外事、外经活动对应的成本性支出
	省级招商、贸展、出访、国际交流等费用及中央转贷的外债省级管理费用		县级招商、贸展、出访、国际交流等费用及中央转贷的外债县级管理费用
	农业事业支出（省级承担部分）		农业事业支出（省级承担后的差额）
	教育事业支出（省级承担部分）		教育事业支出（省级承担后的差额）

续表

支出类别	省级事权和支出责任	支出类别	县级事权和支出责任
公共事业发展类支出	科研事业支出（省级、跨县部分）	公共事业发展类支出	科研事业支出（县级举办的科研事业）
	医疗卫生事业支出（省级、跨县部分）		医疗卫生事业支出（省级承担后的差额）
	文化体育事业支出（省级承担部分）		文化体育事业支出（县级承担部分）
			公益性基本建设支出
	其他事业支出（省级承担部分）		其他事业支出（省级承担后的差额）
社会保障类支出	劳动和社会保障支出（省级补助部分）	社会保障类支出	劳动和社会保障支出（省级承担后的差额）
	民政支出（省级承担部分）		民政支出（省级承担后的差额）
经济建设类支出	省级促进区域经济协调发展对应的成本性支出	经济建设类支出	县级促进区域经济协调发展对应的成本性支出
	省级维护市场秩序、经济稳定、增长与就业机构的管理性支出		县级维护市场秩序、经济稳定、增长与就业机构的管理支出
	农业经济建设对应的成本性支出（跨县部分、省级补助部分）		农业经济建设对应的成本性支出
			工业经济建设对应的成本性支出
	工业、交通及环保等对应的成本性支出（跨县部分、省级补助部分）		第三产业经济发展对应的成本性支出
			县级城镇及交通建设支出

资料来源：《云南省人民政府关于开展省直管县财政改革试点的通知》。

4.2.2 财政“省直管县”财政收入划分

财政部《关于推进省直接管理县财政改革的意见》中明确

提出“按照规范的办法，合理划分省与市、县的收入范围”。从实施财政“省直管县”改革的21个省（自治区）来看，在实施地方财政管理体制试点规范性文件中，对实施财政“省直管县”后省级、市级、县级财政收入的划分进行了不损害市级利益原则下的划分。综观各省（自治区）财政“省直管县”改革文件，主要包括以下地方财政收入划分原则、内容。

4.2.2.1 财政“省直管县”财政收入划分原则

（1）保存量、调增量原则。试点省（自治区）在实行财政“省直管县”后，均提出确保财政“市管县”下的市级、县级收入既得财力不受影响，通过增量调节调整各级财政的利益关系，逐步调节财力增量分配格局，优化财力分配结构，保证各级财政的既得利益，促进市级、县级财政平稳运行。

（2）支持县级财政原则。试点省（自治区）在实行财政“省直管县”后，均提出妥善处理省级、市级、县级政府间的利益分配关系，逐步建立县级基本财力保障机制，省级、市级财政继续加大对县级财政的支持力度。

（3）调动县级积极性原则。试点省（自治区）在实行财政“省直管县”后，均提出省级、市级共同支持县域经济社会发展，充分调动县级政府自我发展积极性，鼓励县级政府加强收入征管，充实和增强县级财政实力。

4.2.2.2 财政“省直管县”财政收入内容

实施财政“省直管县”改革的21个省（自治区）在财政“省直管县”财政收入中同样存在较大差异。福建等8省（区）的改革文件中明确提出“保存量”，未规定调整财政收入范围，确保市级、县级既得利益；广东等5省（区）改革文件中则规定按照财政收入来源地划分原则而不是企业归属哪一级政府来划分财政收入，跨县级政府企业的财政收入则维持原分享体制不变，其他收入由省级财政统一调配；河北等9省（区）的改革文件中明确规定了省级、市级、县级的固定财政收入和共享财政收入及其比例（见表4-5）。

表4-5　河北省财政“省直管县”财政收入划分内容

<table>
<tr><th>收入名称</th><th>收入类别</th><th>属地类型</th><th>省级比例（%）</th><th>市级比例（%）</th><th>县级比例（%）</th></tr>
<tr><td rowspan="2">增值税</td><td rowspan="2">增值税地方分享收入</td><td>县域内</td><td>10</td><td>—</td><td>15</td></tr>
<tr><td>跨县域</td><td>—</td><td>100</td><td>—</td></tr>
<tr><td rowspan="3">企业所得税</td><td>跨省总分机构的中央企业所得税地方分享收入</td><td>跨省域</td><td>100</td><td>—</td><td>—</td></tr>
<tr><td rowspan="2">其他企业所得税地方分享收入</td><td>县域内</td><td>20</td><td>—</td><td>20</td></tr>
<tr><td>跨县域</td><td>—</td><td>100</td><td>—</td></tr>
<tr><td rowspan="2">个人所得税</td><td rowspan="2">个人所得税地方分享收入</td><td>县域内</td><td>10</td><td>—</td><td>30</td></tr>
<tr><td>跨县域</td><td>—</td><td>100</td><td>—</td></tr>
<tr><td>资源税</td><td></td><td>县域内</td><td>60</td><td></td><td>40</td></tr>
<tr><td rowspan="2">其他各项税收收入</td><td rowspan="2"></td><td>县域内</td><td>—</td><td>—</td><td>100</td></tr>
<tr><td>跨县域</td><td>—</td><td>100</td><td>—</td></tr>
<tr><td rowspan="3">非税收入</td><td>中央和省在各直管县的非税收入</td><td colspan="4">划分范围和比例不变</td></tr>
<tr><td>各市级承担部分工作职能按比例分享的非税收入</td><td colspan="4">原则上维持现行收入划分体制</td></tr>
<tr><td>对相应业务管理职能主要在县级的非税收入</td><td colspan="4">原则上下放到省直管县</td></tr>
</table>

资料来源：《河北省人民政府关于实行省直管县财政体制的通知》。

4.2.3　财政“省直管县”地方转移支付安排

财政部《关于推进省直接管理县财政改革的意见》中明确提出“转移支付、税收返还、所得税返还、专项拨款补助等由省直接核定并补助到市、县”。从实施财政“省直管县”改革的21个省（自治区）来看，在实施地方财政管理体制试点规范性文件中，对实施财政“省直管县”后转移支付内容都进行明确规定。综观各省（自治区）财政“省直管县”改革文件，主要包括以下地方转移支付原则、内容。

4.2.3.1　财政“省直管县”转移支付原则

（1）坚持公平合理原则。试点省（自治区）均提出实行财政“省直管县”后，由省（自治区）按公平合理原则直接核定试点县级政府的转移支付补助、专款拨款补助等转移支付额度，并实现直拨到县。

（2）保障基本运转原则。部分试点省（自治区）提出实行财政“省直管县”后，核定县级“保工资、保运转、保民生”的基本支出需求，由省（自治区）建立健全省级对县级一般转移支付制度，加大转移支付补助力度，保障县级政权运转和事业发展的财力需要。

（3）承认既得利益的原则。试点省（自治区）均提出实行财政“省直管县”后，确保地市本级财政既得利益不受影响，通过实行对市级一般转移支付制度等方式，保障市级政权运转和事业发展的财力需要，县级不再向市级上解财政收入。

4.2.3.2　财政“省直管县”转移支付内容

实施财政“省直管县”改革的21个省（自治区）在财政“省直管县”转移支付内容基本一致，主要包括以下内容。

（1）一般转移支付。完善省对下转移支付办法体系，实行省级对县级转移支付按公平、公正、科学、规范原则直接核定试点县级政府的一般转移支付额度，转移支付资金，并实现直拨到县，同时抄送市级财政。

（2）体制基数核定。一般以改革前一年或改革当年作为基期年核定，也有部分省份以改革前二三年平均数作为基数（河南省等），还有部分省份以改革前一年为基数，再以改革前二三年平均增幅作为增长率基数（甘肃省等），并通过增量调节调整各级财政的利益关系。

（3）专项转移支付。县级申请各类专项资金，直接向省级主管部门和省级财政部门申报，省级财政的专项补助资金，由省级财政部门直接分配和下达到县级，同时抄送市级财政及有关主管部门。云南等省份改革文件中提出，逐步将部分专款纳入一般性转移支付，财政“省直管县”县级政府自主安排资金的范围和权限。

同时，大部分省份的改革文件还保留了市级应继续负担财政“市管县”下的市级对县级转移支付职责。这一规定体现了省级在制定地方财政管理体制时的谈判优势地位，在市级与县级都直接与省级进行事权和支出责任划分、财政收支划分、转移支付额度核定等相对平等的地位进行财政竞争时，这一规定很难起到作用，反映了财政“省直管县”存在的过渡特征。

4.3 财政“省直管县”绩效一般分析

财政“省直管县”调整了地方财政资源的配置，财政资源的配置会影响地方经济发展、财政收支和居民福利变化。由于2007年我国政府收支分类进行了改革，2006年及之前的财政收支结构与2007年后的财政收支结构无法在同口径下进行对比，且2009年财政部开始在全国推进“省直管县”财政管理方式改革。因此，本书选取2007～2017年实行财政“省直管县”的县级政府数据进行财政“省直管县”激励效应、均等效应和福利效应分析。

4.3.1　财政“省直管县”激励效应一般分析

在财政“省直管县”激励效应一般分析中，本书利用“有/无”政策对比法通过经济增长、产业优化和财政收入增长三类指标分析财政“省直管县”、财政“市管县”两种财政管理体制的激励效应差异。其中，经济增长采用GDP增长率，产业优化采用第三产业增加值占GDP比重，财政收入增长采用财政收入增长较GDP增长弹性。

4.3.1.1　财政“省直管县”下的地方经济增长

（1）财政“省直管县”地区与财政“市管县”地区经济发展比较。

就两类地区的地区生产总值和增速而言：财政“省直管县”和财政“市管县”施行地区经济总量（地区生产总值）均呈不断增长趋势，财政“省直管县”施行地区经济增速略高于财政“市管县”施行地区。2009年，财政“省直管县”施行地区经济总量为162936.9亿元，2017年，财政“省直管县”施行地区经济总量为394056.5亿元，2009~2017年，年均增长28889.95亿元，年均增长率为11.63%。财政“市管县”施行地区经济总量同样呈不断增长趋势，2009年，财政“市管县”施行地区经济总量为145002.6亿元，2017年，财政“市管县”施行地区经济总量为323710.1亿元，2009~2017年，年均增长22338.44亿元，年均增长率为10.45%（见图4-2）。就两类地区经济发展和占全国比重相较而言：财政“省直管县”施行地区经济总量占全国GDP比重整体呈上升趋势，财政“市管县”施行地区经济总量占全国GDP比重整体呈下降趋势，且二者由2009年相差5.14%扩大到2017年的8.50%。财政“省直管县”、财政

“市管县”施行地区经济总量增速变化趋势较为一致，且财政“市管县”施行地区与财政“省直管县”施行地区差距逐年缩小，并于2017年超过财政“省直管县”施行地区。

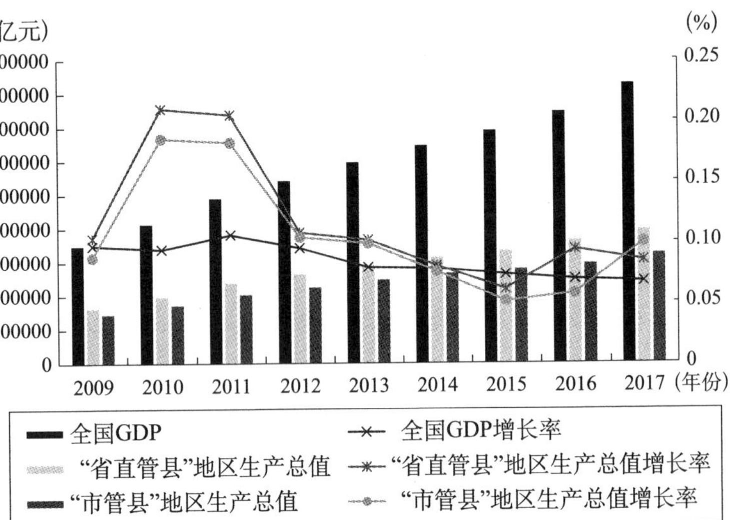

图4-2 地区生产总值总量、增速比较：“省直管县”地区、“市管县”地区

资料来源：《中国县域经济统计年鉴》(2010~2018年）并整理、计算。

就两类地区人均地区生产总值而言：2009~2017年，财政“省直管县”、财政“市管县”施行地区人均地区生产总值均呈不断增长趋势，且增速呈现先上升后下降再上升的趋势，财政“省直管县”施行地区人均地区生产总值增速高于财政“市管县”施行地区。其中，2009年，财政“省直管县”施行地区人均地区生产总值为25217元，2017年，财政“省直管县”施行地区人均地区生产总值为58784元，2009~2017年，年均增长4195.88元，年均增长率为11.13%。财政“市管县”施行地区人均地区生产总值同样呈不断增长趋势，2009年，财政“市管县”施行地区人均地区生产总值为26905元，2017年，财政“市管县”施行地区人均地区生产总值为57456元，2009～2017年，年均增长3818.88亿元，年均增长率为9.80%。2009～2014年，财政“市管县”施行地区人均地区生产总值高于全国和财政“省直管县”施行地区水平，2015～2017年，财政“市管县”施行地区人均地区生产总值低于全国和财政“省直管县”施行地区水平；2011～2014年，财政“省直管县”施行地区人均地区生产总值高于全国水平，2016～2017年，高于财政“市管县”施行地区人均地区生产总值（见图4－3）。

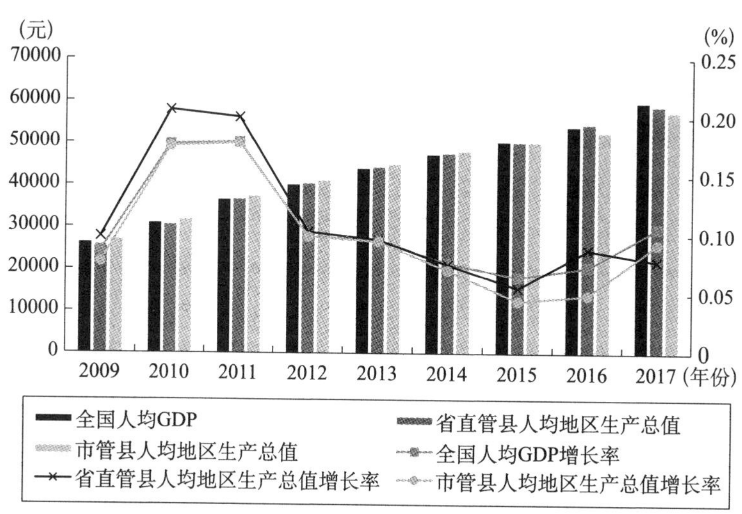

图4－3 人均地区生产总值、增速比较：财政“省直管县”地区、财政“市管县”地区

资料来源：《中国县域经济统计年鉴》（2010～2018年）并整理、计算。

（2）财政“省直管县”地区与财政“市管县”地区经济结构比较。

就两类地区经济结构而言：财政“省直管县”、财政“市管县”施行地区2009～2017年均呈现第一、第二产业占比下降、第三产业占比上升趋势，分别于2016年和2015年实现第三产业占比过半。其中，财政“省直管县”施行地区第二产业增加值占地区生产总值比重由2009年的49.49%下降为2017年的43.7%，第三产业增加值占地区生产总值比重由2009年的39.5%上升为2017年的48.09%；财政“市管县”施行地区第二产业增加值占地区生产总值比重由2009年的51.96%下降为2017年的43.44%，第三产业增加值占地区生产总值比重由2009年的38.32%上升为2017年的49.21%。2009～2017年，财政“市管县”施行地区第二产业、第三产业增加值平均占比都高于财政“省直管县”施行地区，且两者第二产业增加值平均占比都高于全国水平，但两者第三产业增加值平均占比都低于全国水平。（见图4-4）。

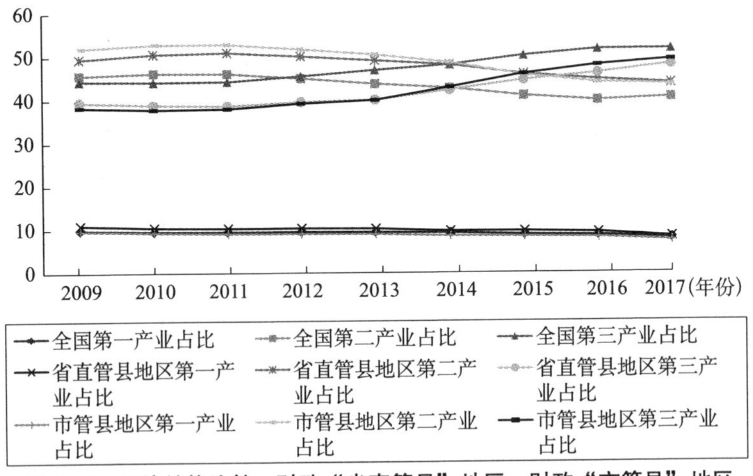

图4-4 经济结构比较：财政“省直管县”地区、财政“市管县”地区

资料来源：《中国县域经济统计年鉴》（2010～2018年）并整理、计算。

4.3.1.2 财政“省直管县”下的地方财政收入增长

（1）财政“省直管县”地区与财政“市管县”地区财政收入比较。

就两类地区财政收入总量而言：财政“省直管县”施行地区地方财政收入呈不断增长趋势，占全国地方财政总收入比重整体呈上升趋势。2009年，财政“省直管县”施行地区地方财政收入为13042.93亿元，2017年，财政“省直管县”施行地区地方财政收入为38000.94亿元，2009～2017年，年均增长3119.751亿元，年均增长率为14.69%。财政“市管县”施行地区地方财政收入同样呈不断增长趋势，2009年，财政“市管县”施行地区地方财政收入为12067.41亿元，2017年，财政“市管县”施行地区地方财政收入为32803.02亿元，2009～2017年，年均增长2591.951亿元，年均增长率为13.53%（见图4－5）。就两类地区地方财政收入增长和占全国比重相较而言：财政“省直管县”施行地区地方财政收入占全国地方财政总收入比重整体呈上升趋势，财政“市管县”施行地区地方财

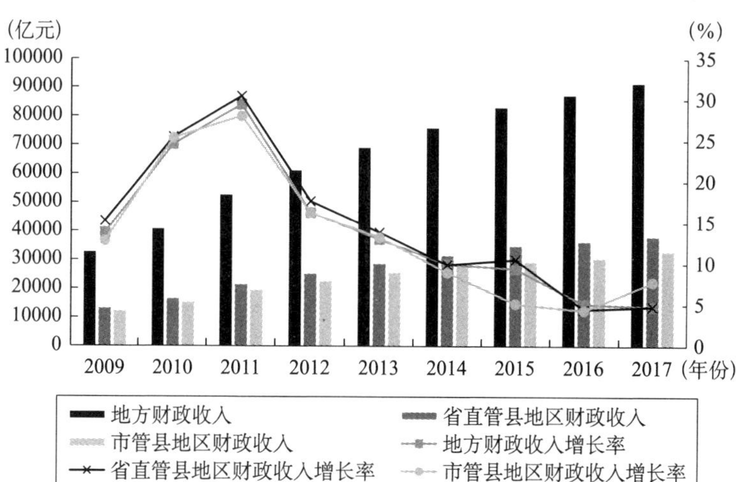

图4－5 地方财政收入总量和增速比较：财政“省直管县”地区、财政“市管县”地区

资料来源：《云南省人民政府关于开展省直管县财政改革试点的通知》。

政收入占全国地方财政总收入比重整体呈下降趋势，且二者由2009年相差2.99%扩大到2017年的5.68%。财政“省直管县”、财政“市管县”施行地区地方财政收入增速变化趋势较为一致，且财政“市管县”地区与“省直管县”地区差距逐年缩小，并于2017年超过“省直管县”地区。

就两类地区地方财政收入结构相较而言：财政“省直管县”、财政“市管县”施行地区税收收入占地方财政收入比重整体均呈下降趋势。其中，财政“省直管县”施行地区税收收入占地方财政收入比重由2009年的78.98%下降为2017年的73.63%，非税收入占地方财政收入比重由2009年的21.02%上升为2017年的26.37%；财政“市管县”施行地区税收收入占地方财政收入比重由2009年的78.53%下降为2017年的73.66%，非税收入占地方财政收入比重由2009年的21.47%上升为2017年的26.34%（见图4-6）。

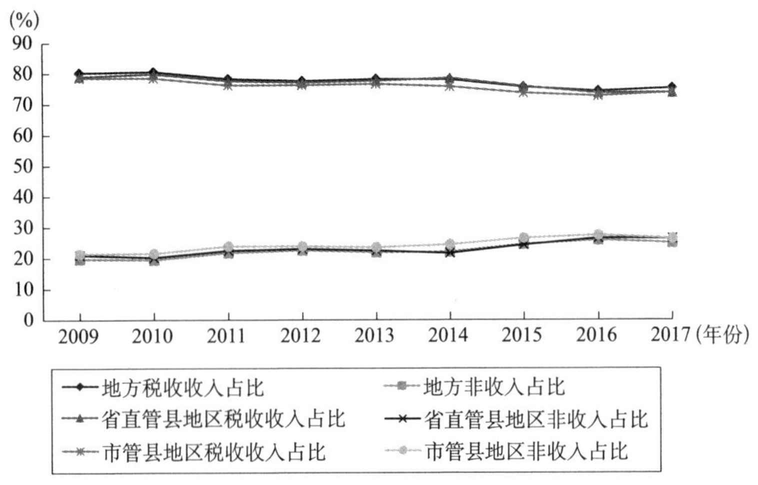

图4-6　地方财政收入结构比较：财政“省直管县”地区、财政“市管县”地区

资料来源：《云南省人民政府关于开展省直管县财政改革试点的通知》。

（2）财政“省直管县”地区与财政“市管县”地区财政收入弹性系数比较。为了说明分税制的激励效应，本书引入财政收入弹性系数（报告期财政收入增长率/报告期地区生产总值增长率）分别测算并比较财政“省直管县”、财政“市管县”施行地区的财政收入弹性（见表4－6）。财政收入弹性系数反映了地方财政一般预算收入增长速度与地区生产总值增长速度是否同步及协调程度，财政收入弹性系数越大，则表明财政管理体制越有利于促进财政收入的增长，激励效应明显；财政收入弹性系数越小，则表明财政管理体制越不利于促进财政收入的增长，激励效应不明显。

表4－6　地方财政收入等弹性比较：财政“省直管县”地区、财政“市管县”地区

年份	全国			财政“省直管县”地区			财政“市管县”地区		
	财政收入弹性系数	税收收入弹性系数	非税收入弹性系数	财政收入弹性系数	税收收入弹性系数	非税收入弹性系数	财政收入弹性系数	税收收入弹性系数	非税收入弹性系数
2009	1.21	1.29	2.01	1.47	1.38	1.82	1.47	1.39	1.74
2010	2.27	2.66	2.42	1.21	1.27	0.99	1.37	1.36	1.40
2011	2.36	2.42	4.21	1.48	1.30	2.19	1.54	1.33	2.29
2012	1.36	1.59	2.13	1.64	1.57	1.88	1.56	1.56	1.56
2013	1.29	1.76	1.25	1.36	1.44	1.09	1.34	1.39	1.17
2014	1.10	1.25	1.37	1.23	1.38	0.72	1.19	1.02	1.72
2015	0.79	0.82	2.95	1.73	1.11	3.98	1.01	0.45	2.77
2016	0.65	0.47	1.57	0.48	0.16	1.47	0.75	0.51	1.43
2017	1.10	0.92	0.16	0.57	0.58	0.53	0.78	0.95	0.34

资料来源：历年《中国统计年鉴》《中国财政年鉴》《全国地市县财政统计资料》《中国区域经济统计年鉴》并计算。

就两类地区地方财政收入弹性系数相较而言：2009～2017年，财政“省直管县”、财政“市管县”施行地区财政收入弹性系数整体均呈下降趋势，财政“省直管县”施行地区财政收入弹性系数与财政“市管县”施行地区相比差距不大。其中，财政“省直管县”施行地区财政收入弹性系数由2009年的1.47下降为2017年的0.57；财政“市管县”施行地区财政收入弹性系数由2009年的1.47下降为2017年的0.78；2009年，财政“省直管县”施行地区财政收入弹性系数与财政“市管县”施行地区持平；2010年、2011年、2016年和2017年，财政“市管县”施行地区财政收入弹性系数高于财政“省直管县”施行地区；2012~2015年，财政“省直管县”施行地区财政收入弹性系数高于财政“市管县”施行地区。

就两类地区地方税收收入弹性系数相较而言：2009~2017年，财政“省直管县”、财政“市管县”施行地区税收收入弹性系数整体均呈下降趋势，财政“省直管县”施行地区税收收入弹性系数与财政“市管县”施行地区相比差距不大。其中，财政“省直管县”施行地区税收收入弹性系数由2009年的1.38下降为2017年的0.58；财政“市管县”施行地区税收收入弹性系数由2009年的1.39下降为2017年的0.95；2009年、2010年、2011年、2016年和2017年，财政“市管县”施行地区税收收入弹性系数高于财政“省直管县”施行地区；2012~2015年，财政“省直管县”施行地区税收收入弹性系数高于财政“市管县”施行地区。

就两类地区非税收入弹性系数相较而言：财政“省直管县”、财政“市管县”施行地区非税收入弹性系数整体呈先上升后下降趋势。其中，财政“省直管县”施行地区非税收入弹性系数由2009年的11.82下降为2017年的0.53；财政“市管县”施行地区非税收入弹性系数由2009年的1.47下降为2017年的0.34；2010年、2011年、2013年和2014年，财政“市管县”施行地区非税收入弹性系数高于财政“省直管县”施行地区；

2009年、2012年、2015年、2016年和2017年，财政“省直管县”施行地区税收收入弹性系数高于财政“市管县”施行地区。

4.3.2　财政“省直管县”均等效应一般分析

在财政“省直管县”均等效应一般分析中，本书利用“有/无”政策对比法，通过纵向财政收支均等化和横向财政收支均等化两类指标，分析财政“省直管县”、财政“市管县”两种财政管理体制的均等效应差异。其中，纵向财政收支均等化采用财政自给率，横向财政收支均等化采用人均财政收入的变异系数和人均财政支出的变异系数。

4.3.2.1　财政“省直管县”下的纵向均等效应

财政“省直管县”纵向均等效应反映财政管理体制下政府间的支出责任和收入分配状况，直接决定了一级政府的公共服务提供能力，本书分析中采取县级政府财政自给率（本级财政收入/本级财政支出）这一指标来进行衡量，即：财政自给率>1，则县级政府财政收入大于县级政府财政支出，县级政府存在财政结余（即前面假设中的“财政租金”）；财政自给率<1，则县级政府财政收入小于县级政府财政支出，县级政府存在财政缺口。

就财政管理体制下的从中央到地方各级的纵向均等效应而言：“分税制”施行以来，中央和省级财政自给率不断提高，市级财政自给率不断下降，县级和乡镇级财政自给率较为稳定。财政“省直管县”广泛推行以来，中央财政自给率由2009年的2.35上升为2015年的2.71，省级财政自给率由2009年的0.55上升为2015年的0.64，市级财政自给率由2009年的0.65下降为2015年的0.62，县级财政自给率由2009年的0.40上升为2015年的0.44，乡镇级财政自给率由2009年的0.95下降到

2015年的0.87。可以发现，“分税制”实施以来，中央、省级、市级、县级和乡镇级五级政府中，县级财政自给率最低，即使财政“省直管县”改革范围不断扩大，县级财政自给率低的现状并未得到较大改善（见表4－7）。

表4－7　　　　中央与地方各级财政自给率

年份	中央	地方				
		地方总体	省级	市级	县级	乡镇级
1994	1.6567	0.5884	0.4126	0.7484	0.4467	0.8439
1995	1.6321	0.6184	0.4708	0.7244	0.4801	0.9465
1996	1.7018	0.6476	0.5358	0.7311	0.4963	0.9990
1997	1.6691	0.6496	0.5420	0.7313	0.5012	0.9960
1998	1.5651	0.6496	0.5113	0.7487	0.5247	0.9766
1999	1.4087	0.6223	0.4678	0.7289	0.5440	0.9173
2000	1.2662	0.6128	0.4690	0.7307	0.5313	0.8780
2001	1.4880	0.5941	0.4669	0.7262	0.5102	0.8104
2002	1.5341	0.5572	0.5110	0.6635	0.4309	0.7689
2003	1.5991	0.5717	0.5452	0.6723	0.4328	0.8171
2004	1.8372	0.5944	0.5670	0.7157	0.4581	0.7994
2005	1.8857	0.5917	0.5720	0.7108	0.4655	0.7675
2006	2.0474	0.6015	0.6309	0.7015	0.4597	0.8345
2007	2.4252	0.6149	0.6803	0.7177	0.4621	0.8735
2008	2.4491	0.5817	0.6427	0.7012	0.4247	0.8932
2009	2.3542	0.5341	0.5486	0.6456	0.4011	0.9460
2010	2.6572	0.5497	0.5716	0.6483	0.4144	1.0281
2011	3.1081	0.5666	0.5815	0.6681	0.4360	1.0475
2012	2.9937	0.5698	0.5993	0.6619	0.4414	1.0492
2013	2.9406	0.5763	0.6115	0.6488	0.4654	1.0115
2014	2.8575	0.5872	0.6432	0.6630	0.4754	0.9545
2015	2.7099	0.5524	0.6398	0.6162	0.4391	0.8729

资料来源：历年《中国统计年鉴》《中国财政年鉴》《全国地市县财政统计资料》《中国区域经济统计年鉴》并计算。

就两类地区财政自给率而言：2009～2017年，财政“省直管县”、财政“市管县”施行地区财政自给率均呈先上升后下降趋势，且财政“市管县”施行地区县级政府财政自给率高于财政“省直管县”施行地区县级政府财政自给率。其中，财政“省直管县”施行地区县级政府财政自给率平均为0.52，虽然低于财政“市管县”施行地区县级政府财政自给率，但高于全国层面的县级政府财政自给率（见表4-8）。

表4-8 地方财政自给率比较：财政“省直管县”地区、财政“市管县”地区

年份	全国财政自给率	财政“省直管县”地区			财政“市管县”地区		
		财政收入（亿元）	财政支出（亿元）	财政自给率	财政收入（亿元）	财政支出（亿元）	财政自给率
2009	0.46	13042.93	26465.47	0.49	12067.41	22623.34	0.53
2010	0.42	16362.93	32057.73	0.51	15123.53	27615.83	0.55
2011	0.40	21338.51	40660.62	0.52	19357.05	33735.79	0.57
2012	0.41	25101.19	47043.06	0.53	22497.22	39123.32	0.58
2013	0.44	28572.85	52527.27	0.54	25469.87	44120.19	0.58
2014	0.44	31400.12	57026.35	0.55	27745.80	47068.93	0.59
2015	0.47	34704.03	66820.02	0.52	29172.57	53883.30	0.54
2016	0.48	36256.54	71105.70	0.51	30435.13	56603.29	0.54
2017	0.44	38000.94	77025.69	0.49	32803.02	61918.59	0.53

资料来源：历年《中国统计年鉴》《中国财政年鉴》《全国地市县财政统计资料》《中国区域经济统计年鉴》并计算。

4.3.2.2 财政“省直管县”下的横向均等效应

在财政“省直管县”横向均等效应分析中，由于中央、省级、市级政府都对县级政府存在多种形式的转移支付，因此，本书采用财力初次分配差距（人均财政收入标准差/人均财政收入均值）与财力再分配（人均财政支出标准差/人均财政支出均值）之比来衡量财政“省直管县”横向均等效应，即：县级政府间人均财政收入（支出）变异系数的值越大，表示人均财政收入（支出）的差异程度越大，则财力均等化程度越低；县级政府间人均财政收入（支出）变异系数的值越小，表示人均财政收入（支出）的差异程度越小，则财力均等化程度越高。

就两类地区财政收入初次分配结果而言：2009～2017 年，财政“省直管县”、财政“市管县”施行地区人均财政收入的变异系数均呈递减趋势，且财政“省直管县”施行地区人均财政收入的变异系数高于财政“市管县”施行地区。其中，财政“省直管县”施行地区人均财政收入的变异系数从 2009 年的 0.51 下降到 2017 年的 0.41；财政“市管县”施行地区人均财政收入的变异系数从 2009 年的 0.39 下降到 2017 年的 0.35。这说明县级政府间的财政收入整体差距在缩小，但财政“省直管县”施行地区的县级政府间财政收入差距一直大于财政“市管县”施行地区县级政府间财政收入差距。

就两类地区财政收入初次分配与地区经济而言：2009～2017 年，财政“省直管县”、财政“市管县”施行地区人均财政收入变异系数与人均地区生产总值变异系数均呈递减趋势，且财政“省直管县”、财政“市管县”施行地区人均财政收入的变异系数都高于人均地区生产总值变异系数。其中，财政“省直管县”施行地区人均财政收入的变异系数均值为 0.43，人均地区生产总值变异系数为 0.38；财政“市管县”施行地区人均财政收入的变异系数均值为 0.35，人均地区生产总值变异系数为 0.30。可以发现，财政“市管县”施行地区人均财政收入的变异系数从 2009 年的 0.39 下降到 2017 年的 0.35。这说明财政“省直管县”、财政“市管县”影响下的县级政府财政收入初次分配结果的不均等程度超过了经济领域，在财政收入初次分配中，财政管理体制横向均等化政策并未发挥应有的作用（见表4-9）。

表4-9　地方财政收入变异系数比较：财政“省直管县”地区、财政“市管县”地区

年份	财政“省直管县”地区						财政“市管县”地区					
	人均财政收入			人均地区生产总值			人均财政收入			人均地区生产总值		
	标准差（元）	均值（元）	变异系数	标准差（元）	均值（元）	变异系数	标准差（元）	均值（元）	变异系数	标准差（元）	均值（元）	变异系数
2009	962	1896	0.51	10207	23907	0.43	860	2182	0.39	9116	25160	0.36
2010	1147	2372	0.48	11529	28785	0.40	1029	2702	0.38	9778	29679	0.33
2011	1364	3117	0.44	13022	34602	0.38	1305	3522	0.37	10862	35256	0.31
2012	1461	3677	0.40	13895	38277	0.36	1462	4100	0.36	11509	39021	0.29
2013	1616	4186	0.39	15046	42006	0.36	1517	4622	0.33	12486	42760	0.29
2014	1778	4574	0.39	16161	45145	0.36	1485	4945	0.30	13347	45631	0.29
2015	2063	4995	0.41	17546	47539	0.37	1483	4960	0.30	13858	47281	0.29
2016	2153	5182	0.42	19505	51571	0.38	1740	4959	0.35	13643	48588	0.28
2017	2239	5399	0.41	21944	55423	0.40	1867	5323	0.35	14349	52909	0.27

资料来源：历年《中国统计年鉴》《中国财政年鉴》《全国地市县财政统计资料》《中国区域经济统计年鉴》并计算。

就两类地区财政收入再分配（财政支出）与地区经济而言：2009~2017年，财政“省直管县”、财政“市管县”施行地区人均财政收入变异系数与人均GDP变异系数均呈递减趋势，且财政“省直管县”、财政“市管县”施行地区人均财政收入的变异系数都高于人均GDP变异系数。其中，财政“省直管县”施行地区人均财政支出变异系数均值低于财政“市管县”地区人均财政支出变异系数均值0.20；财政“省直管县”施行地区人均财政支出的变异系数均值为0.23，相较同期人均财政收入的变异系数均值降低了0.20，相较同期人均GDP变异系数低0.15；财政“市管县”施行地区人均财政支出的变异系数均值为0.43，较人均财政收入的变异系数均值提高了0.08，较人均

GDP 变异系数高 0.13。这说明中央、省级、市级政府对县级政府的多种形式的转移支付所形成的具有再分配性质的人均财政支出在财政“省直管县”施行地区县级政府间横向均等化效应明显，而在财政“市管县”施行地区反而扩大了县级政府间横向差异，财政“省直管县”相较于财政“市管县”在横向均等化方面效应显著（见表 4-10）。

表 4-10　地方财政支出变异系数比较：财政“省直管县”地区、财政“市管县”地区

年份	财政“省直管县”地区						财政“市管县”地区					
	人均财政支出			人均地区生产总值			人均财政支出			人均地区生产总值		
	标准差（元）	均值（元）	变异系数	标准差（元）	均值（元）	变异系数	标准差（元）	均值（元）	变异系数	标准差（元）	均值（元）	变异系数
2009	1021	4343	0.24	10207	23907	0.43	1599	4874	0.33	9116	25160	0.36
2010	1292	5268	0.25	11529	28785	0.40	2675	6140	0.44	9778	29679	0.33
2011	1547	6650	0.23	13022	34602	0.38	3549	7621	0.47	10862	35256	0.31
2012	1853	7711	0.24	13895	38277	0.36	4251	8880	0.48	11509	39021	0.29
2013	1898	8530	0.22	15046	42006	0.36	4347	9810	0.44	12486	42760	0.29
2014	2046	9219	0.22	16161	45145	0.36	4725	10406	0.45	13347	45631	0.29
2015	2258	10684	0.21	17546	47539	0.37	5227	11479	0.46	13858	47281	0.29
2016	2484	11381	0.22	19505	51571	0.38	5085	11784	0.43	13643	48588	0.28
2017	2616	12248	0.21	21944	55423	0.40	4829	12577	0.38	14349	52909	0.27

资料来源：历年《中国统计年鉴》《中国财政年鉴》《全国地市县财政统计资料》《中国区域经济统计年鉴》并计算。

4.3.3　财政“省直管县”福利效应一般分析

在财政“省直管县”福利效应一般分析中，本书利用“有/无”政策对比法，通过教育和医疗卫生财政投入、教育和医疗卫生财政投入结果两类指标，分析财政“省直管县”、财政“市管县”两种财政管理体制的福利效应差异。其中，教育和医疗卫生财政投入中，分别分析两类财政支出人均情况和两类财政支出占地方一般预算支出情况；教育和医疗卫生财政投入结果中，分别分析中小学生师比和万人医疗机构病床数情况。

4.3.3.1 财政“省直管县”下的财政投入分析

（1）财政“省直管县”地区与财政“市管县”地区教育财政投入比较。

就两类地区教育财政投入总量和增速而言：2007～2017 年，财政“省直管县”、财政“市管县”施行地区教育财政支出总量均呈不断增长趋势。2007 年，财政“省直管县”施行地区教育财政支出为 3047.42 亿元，2017 年，财政“省直管县”施行地区教育财政支出为 13342.01 亿元，2007～2017 年，年均增长 935.87 亿元，年均增速为 14.87%。财政“市管县”施行地区教育财政支出同样呈不断增长趋势，2007 年，财政“市管县”施行地区教育财政支出为 2531.49 亿元，2017 年，财政“市管县”施行地区教育财政支出为 10630.66 亿元，2007～2017 年，年均增长 736.29 亿元，年均增速为 15.87%，略高于财政“省直管县”施行地区（见图 4－7）。

就两类地区教育财政投入占财政支出比重而言：2007～2017 年，财政“省直管县”、财政“市管县”施行地区教育财政投入占财政支出比重较为稳定，均在 15%～20% 之间。2007～2017 年，财政“省直管县”地区教育财政投入占财政支出比重（17.61%）略高于财政“市管县”施行地区教育财政投入占财政支出比重（17.43%），且两者均高于全国教育支出占财政支出比重（14.90%），并呈先上升后下降趋势，2017 年较占比最高的 2012 年下降程度分别为 2.02% 和 2.64%（见图 4－8）[①]。

① 本部分“‘省直管县’财政管理体制绩效一般分析”样本中未考虑北京、上海、天津、重庆等直辖市和内蒙古、西藏、新疆等自治区。

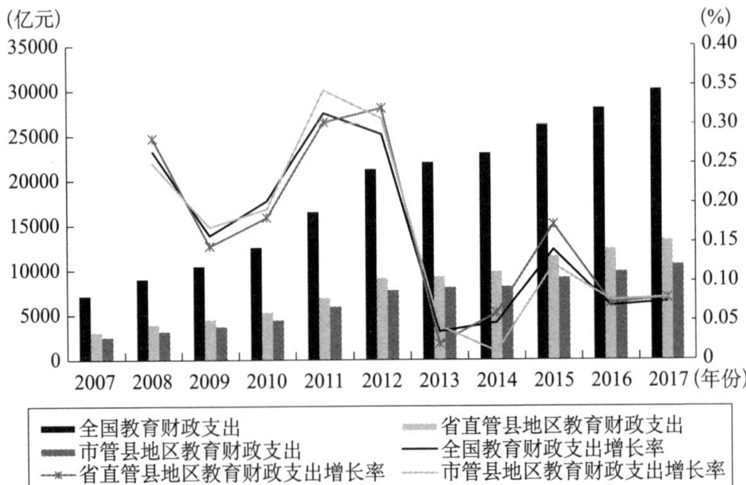

图4－7　教育财政支出总量与增速比较：财政“省直管县”地区、财政“市管县”地区

资料来源：《云南省人民政府关于开展省直管县财政改革试点的通知》。

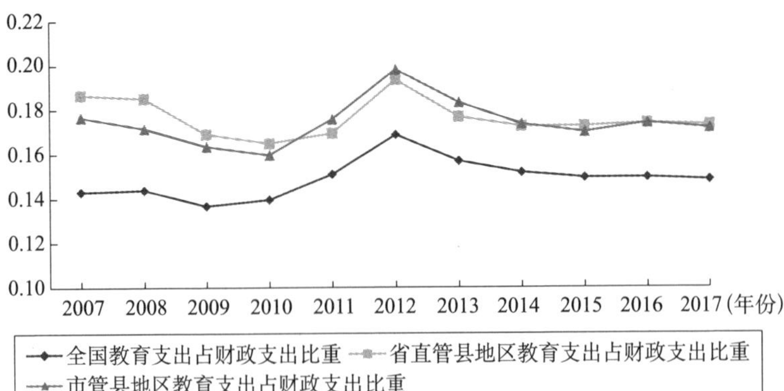

图4－8　教育支出占财政支出比重比较：财政“省直管县”地区、财政“市管县”地区

资料来源：《云南省人民政府关于开展省直管县财政改革试点的通知》。

（2）财政“省直管县”地区与财政“市管县”地区医疗卫生财政投入比较。

就两类地区医疗卫生财政投入总量和增速而言：财政“省直管县”、财政“市管县”施行地区医疗卫生财政支出总量均呈不断增长趋势。2007年，财政“省直管县”施行地区医疗卫生财政支出为858.31亿元，2017年，财政“省直管县”施行地区医疗卫生财政支出为6602.36亿元，2007～2017年，年均增长522.19亿元，年均增速为21.20%。财政“市管县”施行地区医疗卫生财政支出同样呈不断增长趋势，2007年，财政“市管县”施行地区医疗卫生财政支出为703.29亿元，2017年，财政“市管县”施行地区医疗卫生财政支出为5553.38亿元，2007～2017年，年均增长440.92亿元，年均增速为21.41%，略高于财政“省直管县”施行地区（见图4－9）。

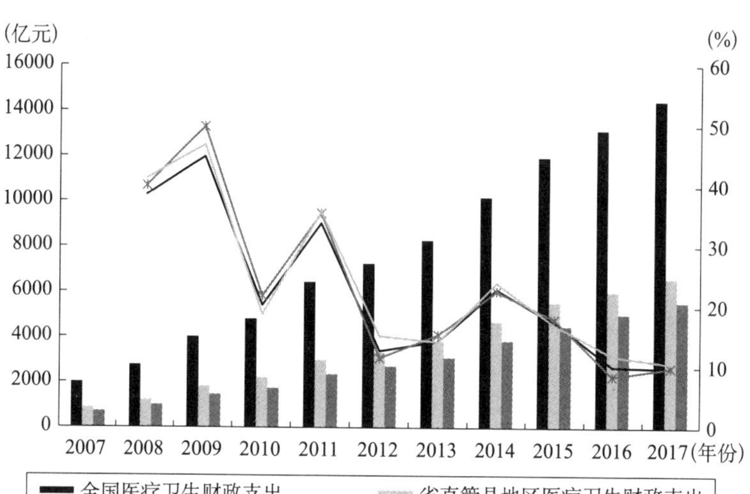

图4－9　医疗卫生财政支出总量与增速比较：财政“省直管县”地区、财政“市管县”地区

资料来源：《云南省人民政府关于开展省直管县财政改革试点的通知》。

就两类地区医疗卫生财政投入占财政支出比重而言：2007～2017年，财政“省直管县”施行地区医疗卫生财政支出占财政支出比重（7.25%）略高于财政“市管县”施行地区医疗卫生财政支出占财政支出比重（7.11%），两者均呈上升趋势，且均高于全国医疗卫生支出占财政支出比重（5.83%）（见图4－10）①。

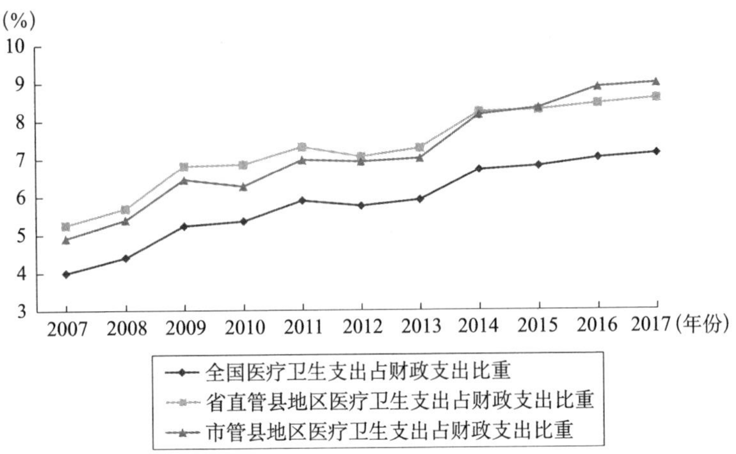

图4－10　医疗卫生支出占财政支出比重比较：财政“省直管县”地区、财政“市管县”地区

资料来源：《云南省人民政府关于开展省直管县财政改革试点的通知》。

4.3.3.2　财政“省直管县”下的财政投入结果分析

（1）财政“省直管县”地区与财政“市管县”地区教育财政投入结果比较。

就两类地区教育财政投入结果而言：2008～2017年，财政“省直管县”、财政“市管县”施行地区中小学师生比均呈上升

① 本部分“‘省直管县’财政管理体制绩效一般分析”样本中未考虑北京、上海、天津、重庆等直辖市和内蒙古、西藏、新疆等自治区。

趋势。2007 年，财政“省直管县”施行地区中小学师生比为 0.054113，2017 年，财政“省直管县”施行地区中小学师生比为 0.058685，2017 年相较 2008 年增长了 8.45%；2008 年，财政“市管县”施行地区中小学师生比为 0.054171，2017 年，财政“市管县”施行地区中小学生师比为 0.065147，2017 年相较 2008 年增长了 20.26%，高于财政“省直管县”施行地区。2008～2017 年，财政“市管县”施行地区中小学生师生比提高程度高于全国平均水平（9.93%）和财政“省直管县”施行地区。上述数据说明，财政“市管县”地区的中小学教育师资配备情况改善程度高于全国水平和财政“省直管县”地区（见图 4－11）。

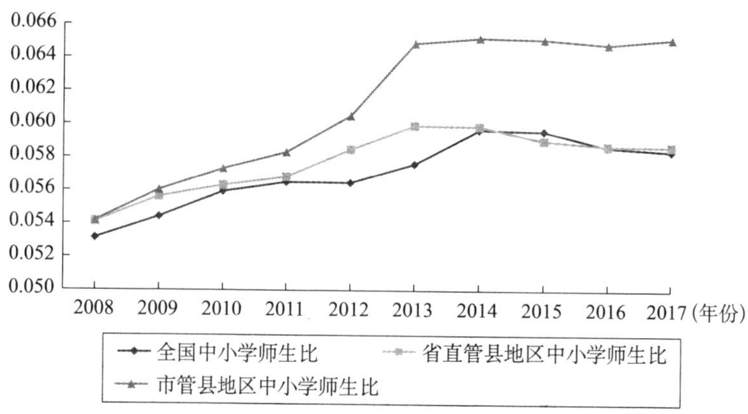

图 4－11　中小学师生比对比：财政“省直管县”地区、财政“市管县”地区

资料来源：《云南省人民政府关于开展省直管县财政改革试点的通知》。

（2）财政“省直管县”地区与财政“市管县”地区医疗卫生财政投入结果比较。

就两类地区医疗卫生财政投入带来的病床数变化而言：财政“省直管县”、财政“市管县”施行地区万人医疗机构病床数2008～2016年均呈上升趋势。2008年，财政“省直管县”施行地区万人医疗机构病床数为0.288张，2016年，财政“省直管县”施行地区万人医疗机构病床数为0.529张，2008～2016年，年均增长6.81%；2008年，财政“市管县”施行地区万人医疗机构病床数为0.311张，2016年，财政“市管县”施行地区万人医疗机构病床数0.542张，2008～2016年，年均增长7.83%。上述数据说明，财政“省直管县”地区与财政“市管县”地区的医疗机构基础设施情况均有所改善，且财政“市管县”地区的万人医疗机构基础设施改善程度高于财政“省直管县”地区和全国水平（年均万人医疗机构病床数0.497张，年均增长5.8%），财政“省直管县”地区（年均万人医疗机构病床数0.473张，年均增长6.81%）则低于全国水平（见图4－12）。

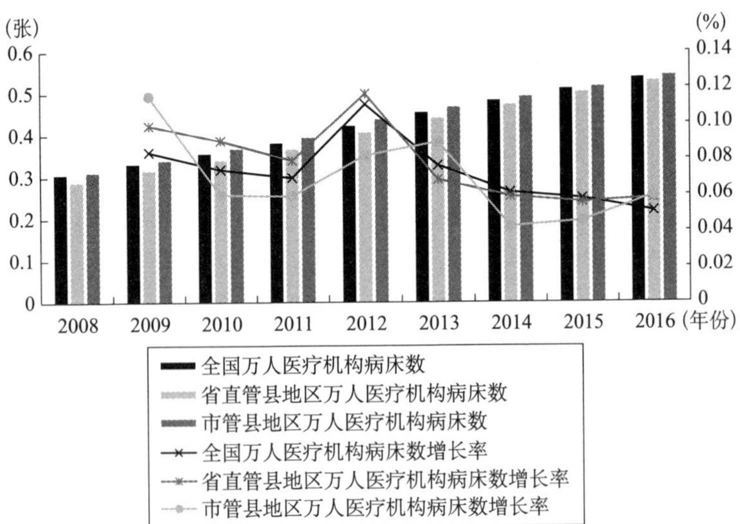

图4－12　万人医疗机构病床数比较：财政“省直管县”地区、财政“市管县”地区

资料来源：《云南省人民政府关于开展省直管县财政改革试点的通知》。

第5章　财政“省直管县”绩效存在性分析

基于前面财政“省直管县”绩效数理分析和一般分析，本部分就财政“省直管县”的激励效应、均等效应和福利效应三个方面影响进行存在性分析，针对激励效应、均等效应和福利效应的特点和本书获取到的数据，分别采用双重差分模型（DID）、基尼系数进行实证分析，并对双重差分模型实证结果通过截尾处理、时间期处理等方法进行稳健性检验，通过实证分析探究财政“省直管县”改革前后的激励效应、均等效应和福利效应是否存在以及政策效应是否存在持续性。

5.1　背景介绍与基本原理

5.1.1　背景介绍

财政部《关于推进省直接管理县财政改革的意见》提出财政“省直管县”改革总体思路为“理顺省以下政府间财政分配关系，推动市县政府加快职能转变，更好地提供公共服务，促进经济社会全面协调可持续发展”，主要内容为“在政府间收支划分、转移支付等方面，省财政与市、县财政直接联系，开展相关业务工作”。

随着改革的实施，财政“省直管县”在各地实践主要包括财政收入和财政支出的分权，同时，取消了市级与县级的资金往来管辖，实现省级财政与实施改革的县级财政直接联系。财政收入分权主要包括在省域范围内由省级主导划分省级与市级、县级的收入范围；财政支出分权主要包括在省域范围内由省级主导确定市级、县级财政各自的支出范围，并明确要求市级、县级不得互相分担应属自身事权范围内的支出责任。不难发现，财政“省直管县”相较财政“市管县”对县级财政收入规模、结构以及资金拨付的及时性都有了较大改革，为了财政“省直管县”的进一步完善，应全面地分析改革所产生的经济社会效果。

财政“省直管县”改革绩效评价多种多样，而我国财政“省直管县”改革的渐进性形成的财政“省直管县”和财政“市管县”同时存在，为分析地方财政体制改革对县级财政经济发展、财政收支、居民福利提供了进行“自然实验”的条件。通过“自然实验”来分析财政“省直管县”的经济发展、财政收支、居民福利效应，可以解决模型变量中的内生性问题和部分重要变量遗失问题。在财政“省直管县”经济社会影响“自然实验”研究中，学者们大多采用双重差分和改进的双重差分方法进行分析，为本书提供了重要的借鉴。在财政“省直管县”改革对县级政府经济发展影响方面，郑新业等（2011）、刘冲等（2014）、王立勇和高玉胭（2018）等学者认为，改革促进了县级政府经济发展；史桂芬和王立荣（2012）、王婧等（2016）、肖建华和陈楠（2017）则认为，改革对县级政府经济发展影响不显著，甚至抑制了县级政府经济发展。在财政“省直管县”改革对县级财政收支影响方面，刘佳等（2011）、王婧等

（2016）认为，改革促进了县级财政收入增长；史桂芬和王立荣（2012）认为，改革促进了县级财政支出增长，但县级财政收入增长不显著；刘志红和王艺明（2018）认为，改革促进了县级政府一般预算收入增长，但降低了县级财力总水平；王小龙和方金金（2014）则认为，改革对县级财政收支的影响与县级财政自给率相关，财政自给率不同的县级政府改革效应差异巨大甚至相反。在财政“省直管县”改革对县级政府居民福利影响方面，王小龙和方金金（2014）、谭之博等（2015）、肖建华和陈楠（2017）认为，改革对县级政府教育和医疗福利有显著正向影响；陈思霞和卢盛峰（2014）、宁静等（2015）、贾俊雪和宁静（2015）、李荣华和王文剑（2018）认为，改革对县级政府教育、医疗等社会民生服务产生了负面效应。

通过文献的梳理可以发现，学者们利用“自然实验法”对财政“省直管县”经济社会影响的实证结果存在争议的原因主要是由于采用省域县级数据和不同年份的全国性省级数据、市级数据和县级数据等样本数据差异以及变量差异。本部分在借鉴上述研究的基础上，利用DID方法通过双重差分可以控制住不可观测的共同冲击因素和个体间不可观测的差异等特点，采用全国性县级面板数据，以解决单个省级面板数据对实证结果的影响，同时，聚焦财政“省直管县”本身确定改革地区虚拟变量和改革时间虚拟变量来分析改革对县级政府经济发展、财政收入、居民福利的影响是否存在性，并利用基尼系数对比两类财政体制对财政收支差距的影响。

5.1.2　基本原理

5.1.2.1　双重差分模型基本原理

（1）理论推导。双重差分模型（DID）常用于公共政策和制度的量化评价，在近些年的计量经济学中应用很广泛。源于公共政策和制度的实施情况对于不同组别（“处理组”和“对照组”）的对象影响并非完全随机，在一般计量分析中可能导致有偏估计。DID 模型的应用证实基于这类政策实验的考量，利用其基础数据，基于模型构建的情况，有效控制公共政策和制度实施的事前差异，将其政策真实效应有效剥离出来，以作出更科学合理的结论判断。

在政策效应评价上，DID 模型是基于“政策前后差异”和“变量有无差异”来进行分析的，再加入一些控制变量的考量，尽可能模仿“自然实验”的现实情况，由此得出政策效应的真实情况。在 DID 模型构造上，需要满足的基本假设有三个：首先，“处理组”和“对照组”的相关变量影响是单一的；其次，政策实施期间，外部因素的影响是相同的（例如，经济发展水平对所有因素的影响是一致的）；最后，“处理组”和“对照组”的基本特征不会随时间而变化（例如，某一地区突然被取消行政区划，其实验对象消失），研究对象保持基本稳定。

DID 模型的核心在于构建估计量，对于政策实施前后的比较以及“处理组”和“对照组”的比较，基本公式为：

$$
\begin{aligned}
d_{ID} &= \Delta\overline{Y}_{treatment} - \Delta\overline{Y}_{control} \\
&= (\overline{Y}_{treatment,t1} - \overline{Y}_{treatment,t0}) - (\overline{Y}_{control,t1} - \overline{Y}_{control,t0}) \quad (5-1)
\end{aligned}
$$

其中，d 为估计量，Y 为结果变量，*treatment* 和 *control* 分别代表“处理组”和“对照组”，$t0$ 和 $t1$ 则是政策实施前后。确定了估计量之后就是利用各类参数检验方法进行建模。目前，较常采用的建模方式有三种类型。

第一，混合数据处理的 DID 模型。混合数据的主要特点在于其不同类型的数据集存在多个时间节点，形成了一个大样本的混合截面数据，需要加入时间变量予以控制，其基本 DID 模型为：

$$Y_{it} = a_0 + a_1 T_{it} + a_2 B_{it} + a_3 T_{it} B_{it} + e_{it} \tag{5-2}$$

其中，Y 为被解释变量，T 和 B 分别代表时间和分组的虚拟变量，$T \times B$ 即为二者交互项，i 和 t 分别表示个体和时间，e 为残差项。对于这一类情况，多数是可采用最小二乘法进行回归分析，可以得出相应的估计量，但具体还应该根据数据的检验来作判断，可能需要对数据进行二次处理进行具体的模型构建。

第二，综合数据的 DID 模型。综合数据包含了横截面数据和时间序列数据，或者叫综合面板数据，根据不同的时间点针对同一对象的分析。不同于混合数据，面板数据的观测值不是独立分布的，也就是说，还存在一些不随时间改变而改变的控制变量，其基本 DID 模型为：

$$Y_{it} = a_0 + a_1 T_{it} + a_2 B_{it} + a_3 T_{it} B_{it} + c_i + e'_{it} \tag{5-3}$$

与式（5-2）相比较，新增变量 c_i 代表了不同个体的自身影响因素，对这一变量的处理还需要进行差分以及简化，以保证估计量的无偏性。

第三，一般化的 DID 模型。式（5-1）和式（5-2）都是基于理想化的情况加入时间和组别的虚拟变量，但是对于其他影响因素的考量还不够，在实际情况中，需要对于其他变量进行考察，特别是对于非线性数据的处理（可采用对数化处理方式），从而提高 DID 模型的拟合度。

（2）模型假定。DID 模型的关键在于构建合理的“处理组”和“对照组”，本书在财政分权视角下研究财政“省直管县”的激励效应和福利效应情况，利用财政“省直管县”政策实施这一虚拟变量作为影响县级政府经济和财政收入增长、教育和医疗福利提升的主要因素。在本书中，财政“省直管县”改革实施地区（df）作为区域的虚拟变量，财政“省直管县”改革前赋值为0，体制改革后赋值为1；改革实施前后（dt）作为时间虚拟变量，体制改革前赋值为0，体制改革后赋值为1。根据 df 和 dt 的分组情况可以形成四类组合：政策实施前的“处理组”、政策实施后的“处理组”、政策实施前的“对照组”、政策实施后的“对照组”。DID 模型的基本公式为：

$$Y_{it} = a_0 + a_1 df_{it} + a_2 dt_{it} + a_3 df_{it} dt_{it} + a_4 G_{it} + \varepsilon_{it} \qquad (5-4)$$

其中，Y 代表经济增长、财政收入增长、教育福利、医疗福利，df、dt、$df \times dt$ 分别表示地区虚拟变量、时间虚拟变量和二者的交互项，i 代表某一县级政府，t 代表年份，G_{it} 代表控制变量，ε_{it} 代表误差项，a_3 即为政策效应系数。a_3 的推导过程如表 5-1 所示。

表 5-1　　　　政策效应系数推导

类型	$dt=1$（政策实施后）	$dt=0$（政策实施前）	一重差分系数
$df=1$（处理组）	$a_0+a_1+a_2+a_3$	a_0+a_1	a_2+a_3
$df=0$（对照组）	a_0+a_2	a_0	a_2
双重差分系数：$a_2+a_3-a_2=a_3$			

5.1.2.2　基尼系数基本原理

基尼系数由基尼（C. Gini）于 1912 年提出，现已被联合国规定为衡量收入分配差异程度的一种相对量统计指标。基尼系数（G）在［0，1］之间，当 $G=0$ 时，表明收入分配绝对平均；当 $G=1$ 时，表明收入分配状况绝对不平均。按照国际通常标准：收入分配的基尼系数在 0.3 以下属于最佳状态；在 0.3 ~ 0.4 之间为正常状态；超过 0.4 为警戒状态；0.6 以上就属于社会动乱随时发生的危险状态。一般来说，人们习惯于借助洛伦兹曲线给基尼系数以形象化的定义。用公式表示即为：

$$G = S_A / S_{A+B} \tag{5-5}$$

其中，G 表示基尼系数，S_A 表示洛伦兹曲线 L 和直线 OC 围成的面积，S_{A+B} 表示 ODC 的面积。如图5-1所示。

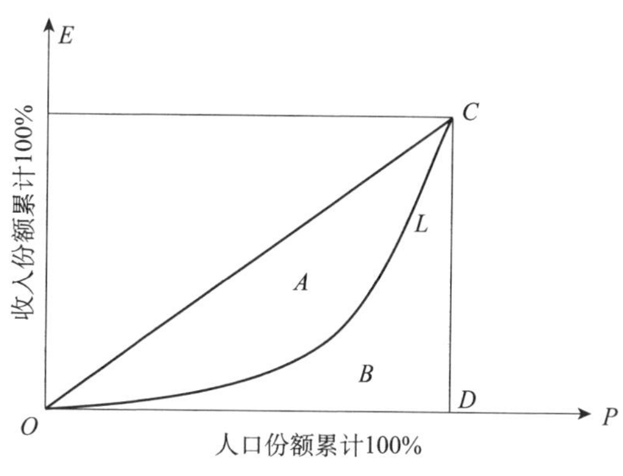

图5-1 洛伦兹曲线

式（5-5）虽然是一个很简洁的数学公式，但它的实际操作性比较差。目前，基尼系数的代表性计算方法一般有四种。第一种是基尼最早给出的无替换的基尼平均差计算公式，而且这种算法并不依赖于洛伦兹曲线，可以表示为：

$$\begin{aligned} G &= \frac{1}{n}\sum_{i=2}^{n}\sum_{j<1}(P_i - P_j) = \frac{1}{n}\sum\sum\left(\frac{I_i}{I} - \frac{I_j}{I}\right) \\ &= \frac{1}{nI}\sum\sum(I_i - I_j) \end{aligned} \tag{5-6}$$

但是这种算法对数据要求比较严格，需要完整均匀的人均收入分组数据。第二种是利用洛伦兹曲线函数关系式计算基尼系数的回归曲线方法，这种方法依赖于洛伦兹曲线是（或近似于）何种类型的函数和这个函数是否可积。第三种是人口等分方法，利用洛伦兹曲线分组求和把全部人口（或家庭）按收入从小到大的顺序排列，和第一种方法一样，这种算法也需要完整均匀的人均收入分组数据。第四种是城乡分解方法，科维尔（Cowell，1995）指出，基尼系数在不同人群组之间无法完全分解尽①，但桑卓姆（Sundrum，1990）介绍一种通过农村和城镇的基尼系数、农村人口和城镇人口占总人口的比重、农村城镇和总体的人均收入对一国（或地区）基尼系数进行分解的一种较适用的方法②。

世界银行所公布的有关各国的基尼系数，通常也是按照收入五分法并以传统计算方法计算得出的。由于计算县级人均财政收入的五分法统计资料数据比较困难，在数据不完全时不能根据通行的计算方法来测算。本书借鉴胡祖光（2004）采取的一种迂回的测算方法：以五分法中人均最高财政收入县级政府组与人均最低财政收入县级政府组各自所占全国县级财政收入比重之差来简易计算县级财政收入基尼系数③。

沿袭国内外学者利用收入分组五分法数据计算基尼系数的思路，并根据前面分析基尼系数理论最佳值的计算公式，可以有以下人均财政收入五分法背景下的数学推导：

$$G = \frac{1}{n}\sum_{i=2}^{5}\sum_{j<i}(I_i - I_j) = \frac{1}{5}[(I_2 - I_1) + (I_3 - I_1) + (I_3 - I_2) + (I_4 - I_1) + (I_4 - I_2) + (I_4 - I_3) + (I_5 - I_1) + (I_5 - I_2) + (I_5 - I_3) + (I_5 - I_4)] \quad (5-7)$$

将式（5-7）合并正、负项，可得：

---

① Cowell F.，1995，Measuring Inequality（Second Edition），Prentice Hall and Harvester Wheatsheaf [M]. London，Sen，A.，1997，On Economic Inequality，Clarendon Press，Oxford.

② Sundrum，M. Income Distribution in Less Developed Countries [M]. London：Routledge，1990.

③ 本书只引用了胡祖光（2004）简单的证明部分，更复杂的证明见：胡祖光. 基尼系数理论最佳值及其简易计算公式研究 [J]. 经济研究，2004（9）：60-69.

$$G=\frac{1}{5}(4I_5-4I_1+2I_4-2I_2) \qquad (5-8)$$

式（5－8）即收入五分法下的基尼系数的精确计算公式。为使计算更简单，将五大收入组称为最低收入组（I_1）、中下收入组（I_2）、中等收入组（I_3）、中上收入组（I_4）和最高收入组（I_5），并进一步假定五大组收入呈等差数列（记公差为 D），则有：

$$I_2=I_1+D;\ I_3=I_1+2D;\ I_4=I_1+3D;\ I_5=I_1+4D \qquad (5-9)$$

将式（5－9）代入式（5－8），得：

$$G=I_5-I_1 \qquad (5-10)$$

诚然，由于现实中五个人均财政收入组的财政收入之差并不一定存在同一的公差，本书以五大人均财政收入组的财政收入比重呈等差数列的假定所推导的基尼系数计算公式，只能是一个简易的近似公式。在以下的分析中，我们以 g 代替 G，并将基尼系数的近似计算公式表示为：$g=I_5-I_1$，其意义是：基尼系数近似地等于五分法中收入最高的那组人的收入百分比与收入最低的那组人的收入百分比之差。

为使计算与现实更加接近，本书在考虑组间公差为 D 的同时，再作以下假设：假设 s 是较小的数，假设 b 是较大的数，假设 m 是比 s 略大的介于 s 与 b 中间的数。引入 s 表示 I_1、I_2、I_3三个收入组的收入比重只是大致地呈现等差数列排列；引入 m 表示从 I_4组起收入在等差值 I_1+3D 的基础上开始扩大；引入 b 表示 I_5组的收入在等差数值 I_1+4D 的基础上出现“刀锋式”增长。在上述表述之下，由五分法的基尼系数的精确计算可得：

$$I_2=I_1+D;\ I_3=I_1+2D+s;\ I_4=I_1+3D+m;\ I_5=I_1+4D+b \qquad (5-11)$$

将式（5 - 11）代入式（5 - 10），得：

$$G = I_5 - I_1 - \frac{b - 2m}{5} \tag{5-12}$$

式（5 - 12）表示，用近似的基尼系数计算公式 $g = I_5 - I_1$ 计算所得的数值 g 要比用精确的基尼系数计算公式计算所得的数值 G 大（$b - 2m$）/5。此项中，b 与 $2m$ 相差不大，除以 5 则更小，故此项可以忽略不计。

5.2 数据来源与变量选取

5.2.1 数据来源与对照组选择

5.2.1.1 数据来源

本书是以财政“省直管县”改革所引起的经济发展、财政收支和居民福利政策效应进行分析，因此，在数据的时间期选择上确定为 2008 ~ 2016 年，数据的个体选择是基于河北、山西、辽宁、吉林、黑龙江、江苏、浙江、安徽、福建、江西、山东、河南、湖北、湖南、广东、广西、四川、贵州、云南、陕西、甘肃、青海、宁夏 23 个省、自治区的 882 个县级政府，样本总量为 7938 个。构成了本章实证分析的基础面板数据。具体数据来源如下：县级财政支出总额、教育支出、医疗支出数据来源于《全国地市县财政统计资料》（2003 ~ 2009 年），历年《县级财政预决算公开表》（2012 ~ 2017 年数据来源于县级政府网站公布的财政预决算数据，缺失数据主要通过申请政府信息公开方式获取），地区生产总值、人口、产业增加值等数据主要是根据历年《中国县域经济统计年鉴》。本书变量中以价格计量的都根据2009年居民价格消费指数进行调整（名义价格/实际价格），同时，为了消除异方差影响，对于非比率的变量均进行对数化处理。

5.2.1.2 对照组选择

在财政“省直管县”改革对照组选择上，本书借鉴并改进郑新业等（2011）对河南省财政“省直管县”改革和肖建华等（2017）对江西省财政“省直管县”改革影响等DID研究中对照组选择方法，以县级政府地区生产总值增长率指标来进行对照组的选择，剔除了一些经济发展偏离平均值较大的县级政府①②。具体方法为：首先，计算2008~2016年各年份县级政府地区生产总值增长率平均值，逐一排除偏离平均值80%的财政“省直管县”施行县级政府，直至所有县级政府地区生产总值增长率均在平均值80%上下；其次，计算2008~2016年各年份县级政府地区生产总值增长率平均值，逐一排除偏离平均值80%的财政“市管县”施行县级政府，直至所有县级政府地区生产总值增长率均在平均值80%上下。根据上述方法，本章共采用改革组县级政府数为562个（样本量为5058个），对照组县级政府数为320个（样本量为2880个）。

5.2.2 变量选取

5.2.2.1 被解释变量

在财政“省直管县”激励效应存在性分析中，选取县级政

① 郑新业，王晗，赵益卓．“省直管县”能促进经济增长吗？——双重差分方法［J］．管理世界，2011（8）：34－44，65.

② 肖建华，陈楠．基于双重差分法的“省直管县”政策的效应分析——以江西省为例［J］．财经理论与实践，2017，38（3）：97－103.

府人均地区生产总值增长率（rgdp）、财政收入增长率（rpfr）作为被解释变量，反映控制了人口（劳动力）因素对上述变量影响下的财政“省直管县”对县级财政发展经济、增加财政收入的影响情况和程度。

在财政“省直管县”均等效应存在性分析中，选取人均财政收入（pfr）、人均财政支出（pfe）作为被解释变量，人均财政收入反映财政收入在政府间初次分配的结果，人均财政支出反映经过多种形式的转移支付后财政资金在政府间再分配的结果。

在财政“省直管县”福利效应存在性分析中，选取中小学师生比（Pstu）、万人医院和卫生院病床数（phbed）作为被解释变量，以反映财政“省直管县”改革对县级政府辖区居民教育和医疗福利的改善程度。

5.2.2.2 解释变量

在财政“省直管县”激励效应和福利效应存在性分析中，设置两类虚拟变量：改革实施地区（df）作为区域的虚拟变量，财政“市管县”县级政府赋值为0，财政“省直管县”县级政府赋值为1；改革实施前后（dt）作为时间虚拟变量，改革前赋值为0，改革后赋值为1。

5.2.2.3 控制变量

在财政“省直管县”激励效应和福利效应存在性分析中，本书选取县级政府城镇固定资产投资占县级政府地区生产总值的比重来控制投资增长对被解释变量的影响，书中用rcinv表示；选取县级政府第一产业增加值、第二产业增加值、第三产业增加值占县级政府地区生产总值的比重来反映地区经济结构，以控制经济结构对被解释变量的影响，书中分别用rvpi、rvsi、 rvti 来表示。

财政“省直管县”激励效应、均等效应和福利效应存在性分析所选取变量的内容和具体计算过程如表 5 –2、表 5 –3 和表 5 –4 所示。

表 5 –2　　财政“省直管县”激励效应双重差分模型相关变量解释

变量名称	变量解释
人均经济增长率（rgdp）	（当年县级政府人均地区生产总值 – 上年度县级政府人均地区生产总值）/上年度县级政府人均地区生产总值
人均财政收入增长率（rpfr）	（当年县级政府人均年度一般预算收入 – 上年度县级政府人均一般预算收入）/上年度县级政府人均一般预算收入
改革实施地区（df）	虚拟变量，财政“省直管县”县级政府赋值为 1，财政“市管县”县级政府赋值为 0
改革实施前后（dt）	虚拟变量，财政“省直管县”改革后赋值为 1，财政“省直管县”改革前赋值为 0
交互项（df × dt）	二分虚拟变量
城镇固定资产投资占生产总值比重（rcinv）	当年县级政府全社会固定资产投资/当年县级政府地区生产总值
第一产业增加值占比（rvpi）	县级政府第一产业增加值/县级政府地区生产总值
第二产业增加值占比（rvsi）	县级政府第二产业增加值/县级政府地区生产总值
第三产业增加值占比（rvti）	县级政府第三产业增加值/县级政府地区生产总值

表 5 –3　　财政“省直管县”均等效应基尼系数分析相关变量解释

变量名称	变量解释
人均财政收入（pfr）	县级政府一般预算收入/县级政府总人口（人）
人均财政支出（pfe）	县级政府一般预算支出/县级政府总人口（人）

表 5-4　财政“省直管县”福利效应双重差分模型相关变量解释

变量名称	变量解释
中小学师生比（pstu）	县级政府中小学专任教师数/县级政府中小学在校生数
万人医院和医疗机构病床数（phbed）	县级政府医院及卫生机构床位数/县级政府年末总人口（万人）
政策实施地区（df）	虚拟变量，财政“省直管县”县级政府赋值为1，财政“市管县”县级政府赋值为0
政策实施前后（dt）	虚拟变量，财政“省直管县”改革后赋值为1，财政“省直管县”改革前赋值为0
交互项（df×dt）	二分虚拟变量
城镇固定资产投资占生产总值比重（rcinv）	当年县级政府全社会固定资产投资/当年县级政府地区生产总值
第一产业增加值占比（rvpi）	县级政府第一产业增加值/县级政府地区生产总值
第二产业增加值占比（rvsi）	县级政府第二产业增加值/县级政府地区生产总值
第三产业增加值占比（rvsi）	县级政府第三产业增加值/县级政府地区生产总值

5.3　财政“省直管县”激励效应存在性分析

本部分以财政“省直管县”施行县级政府作为“改革组”与财政“市管县”施行县级政府作为“对照组”，采用双重差分模型（DID）实证分析财政“省直管县”改革对县级政府人均地区生产总值增长率为代表的经济发展和县级政府人均财政收入增长率为代表的财政增收的影响，并通过截尾处理、时间期处理进行稳健性检验，通过实证分析进一步探究财政“省直管县”改革对县级政府经济发展、财政收入增长等产生的影响。

5.3.1 适用性检验

本书研究利用双重差分（DID）模型分析财政“省直管县”改革在经济发展、财政增收等方面是否产生了激励效应，为剔除其他因素对实施改革的县级政府激励效应的影响，需确认财政“省直管县”改革的县级政府选择是否为随机以及“对照组”县级政府和“改革组”县级政府在改革前后是否有相似特征。因此，本书借鉴相关研究中双重差分方法适用性检验的随机性假设和共同趋势假设检验方法，进行了随机性假设检验和“实验组”与“对照组”差别分析，以确认双重差分（DID）模型在财政“省直管县”改革激励效应实证分析中的适用性。

5.3.1.1 随机性假设检验

DID 模型的随机性假设，要求“改革组”的选择过程是随机的，才能进行后续分析，也就是要验证“改革组”选择的随机性。为检验财政“省直管县”改革地区选择是否随机，本书借鉴郑新业等（2011）、王小龙和方金金（2014、2015）、肖建华和陈楠（2017）、王立勇和高玉胭（2018）等随机性假设检验方法，采用 Binary（二元选择模型）中的 Logit 模型，以财政“省直管县”改革区域虚拟变量（df）为被解释变量，以县级政府人均经济增长率（rgdp）、县级政府人均财政收入增长率（rpfr）、县级政府城镇固定资产投资占生产总值比重（rcinv）、县级政府第一产业增加值占比（rvpi）、县级政府第二产业增加值占比（rvsi）、县级政府第三产业增加值占比（rvti）等变量为解释变量，一一进行回归分析，考察这些变量是否为财政“省直管县”改革地区选择的影响因素，即这些变量是否内生于财政“省直管县”改革（见表5-5）。

表 5-5　财政“省直管县”激励效应变量随机性假设检验回归结果

解释变量	回归（1）	回归（2）	回归（3）	回归（4）	回归（5）	回归（6）
人均经济增长率（rgdp）	0.0711541 （1.19）					
人均财政收入增长率（rpfr）		-0.1066866 （-1.33）				
城镇固定资产投资占生产总值比重（rcinv）			-0.1276709 （-1.14）			
第一产业增加值占比（rvpi）				-0.6332664 （-11.42）***		
第二产业增加值占比（rvsi）					0.2031649 （1.47）	
第三产业增加值占比（rvti）						0.1329192 （1.52）
常数项（_cons）	0.494383 （70.72）***	0.5291332 （79.17）***	0.6105442 （61.94）***	0.6375025 （49.10）***	0.4131006 （23.68）***	0.4578898 （25.90）***
Number of obs	7938	7938	7938	7938	7938	7938
Number of groups	882	882	882	882	882	882

注：结果由 Stata14.1 软件计算得出。括号内的数值为 t 统计值，*** 表示在 1% 的水平下通过显著性检验。

从表5-5回归结果可以发现，除第一产业增加值占比（rvpi）外（在1%程度上显著为正），本书的研究样本满足DID模型对改革变量的外生性要求。第一产业增加值占比（rvpi）外的其他变量与财政“省直管县”改革区域虚拟变量（df）无相关关系，即财政“省直管县”改革区域选择（df）内生于第一产业增加值占比（rvpi），而与县级政府人均经济增长率（rgdp）、县级政府城镇固定资产投资占生产总值比重（rcinv）、县级政府第二产业增加值占比（rvsi）、县级政府第三产业增加值占比（rvti）不存在内生性关系，这一结果意味着农业大县（第一产业增加值占比高）更容易被选中为财政“省直管县”改革地区。这一回归结果与《关于推进省直接管理县财政改革意见》提出的“将粮食、油料、棉花、生猪生产大县全部纳入改革范围”的要求相一致。

5.3.1.2　共同趋势假设检验

DID模型的共同趋势假设，要求“改革组”和“对照组”在政策实施前后的发展趋势基本一致，才能进行后续分析，也就是要验证“对照组”选择的科学合理性。前面图4-3和图4-5显示，财政“省直管县”、财政“市管县”施行地区人均经济增长率（rgdp）、人均财政收入增长率（rpfr）变化趋势较为一致。为检验“改革组”与“对照组”在改革前后是否有相似特征，本书借鉴郑新业等（2011）、肖建华和陈楠（2017）等共同趋势假设检验方法，将人均经济增长率（rgdp）的差分值（drgdp）、人均财政收入增长率（rpfr）的差分值（drpfr）作为被解释变量，以区域虚拟变量（df）为解释变量进行回归分析，仍采用Logit回归方法，回归分析结果如表5-6所示。

表5-6　　财政“省直管县”激励效应变量共同趋势假设检验回归结果

解释变量	模型1 drgdp	模型2 drpfr
df	0.0046743 (0.82)	-0.0064965 (-0.60)
常数项 _cons	-0.0126969 (-3.07)***	-0.0222539 (-2.85)***
Number of obs	7938	7938
Number of groups	882	882

注：结果由Stata14.1软件计算得出。括号内的数值为t统计值，***表示在1%的水平下通过显著性检验。

表5-6结果显示，人均经济增长率（rgdp）的差分值（drgdp）、人均财政收入增长率（rpfr）的差分值（drpfr）与区域虚拟变量（df）不存在显著的相关关系，说明政策实施前，“改革组”和“对照组”之间的人均经济增长率、人均财政收入增长率水平趋势差异并不显著，存在共同趋势，验证了本书的假设条件。

5.3.2　实证分析

为了分析财政“省直管县”改革激励效应，本书首先对包含“改革组”和“对照组”的样本进行经济发展效应和财政收入效应实证分析，后续进行政策效应的动态持续性实证分析，最后进行稳健检验，以确保政策效应实证分析的稳健性。

5.3.2.1　描述性统计分析

变量的描述性统计量如表5-7所示。

表5－7　　财政“省直管县”激励效应变量的描述性统计量

变量名称	样本量	均值	标准差	最小值	最大值
人均经济增长率（rg-dp）	7938	0.1260984	0.0964052	－0.063219	0.164537
人均财政收入增长率（rpfr）	7938	0.2355621	0.2682274	－1	0.613561
政策实施地区（df）	7938	0.544484	0.4714511	0	1
政策实施前后（dt）	7938	0.6666667	0.4980665	0	1
城镇固定资产投资占生产总值比重（rcinv）	7938	0.7933256	0.5136464	0.0108716	11.54126
第二产业增加值占比（rvsi）	7938	0.453664	0.1280347	0.0532	0.8855333
第三产业增加值占比（rvti）	7938	0.3376647	0.0882539	0.249411	0.806

注：结果由Stata14.1软件计算得出。

由表5－7的描述性统计量可以发现式（5－4）中所选被解释变量、解释变量和控制变量的情况。例如，经济增长率（rg-dp）在2010年后呈整体下降趋势，反映了我国经济逐步进入新常态后的经济增长速度由高速增长转变为中高速增长但更加注重质量而非速度的现实；人均财政收入增长率（rpfr）由于部分地区财政收入和支出数据虚假带来的“挤水分”①，审计部门检查后带来的财政收入和支出调减②，出现部分年度增长为负情况；第二产业增加值和第三产业增加值占地区生产总值比重（rvsi、rvti）呈整体上升趋势，反映了经济结构的逐步优化；城镇固定资产投资占地区生产总值的比重均值和标准差较大，反

① 新华社. 辽宁内蒙古等多地自曝GDP“注水”：弄虚作假歪招多［EB/OL］. http://industry.people.com.cn/n1/2018/0122/c413883－29777846.html.

② 审计署. 2017年第三季度国家重大政策措施贯彻落实情况跟踪审计结果［EB/OL］. http://www.audit.gov.cn/n5/n25/c117878/content.html.

映了部分县级政府经济发展对投资依赖。

5.3.2.2 经济发展效应实证分析

（1）DID 模型存在性检验。为验证财政“省直管县”改革经济发展效应结果，在未考虑其他控制变量的情况下，进行了DID 结果分析估计，发现改革前后经济发展效应不显著。进一步加入控制变量城镇固定资产投资占地区生产总值比重（rcinv）、第二产业增加值占地区生产总值比重（rvsi）、第三产业增加值占地区生产总值比重（rvti）等后，再进行 DID 结果分析估计，发现改革前后经济发展效应同样不显著，结果如表 5－8 所示。

表 5－8　经济发展效应 DID 模型估计结果

变量		未加入控制变量				加入控制变量			
		rgdp	误差项	t 值	P 值	rgdp	误差项	t 值	P 值
Before	Control	0.153				0.211			
	Treated	0.158				0.215			
	Diff(T-C)	-0.005	0.007	-0.79	0.429	-0.004	0.007	-0.65	0.519
After	Control	0.105				0.162			
	Treated	0.123				0.179			
	Diff(T-C)	-0.018	0.005	-3.86	0.000***	-0.017	0.005	-3.53	0.000***
Diff-in-Diff		-0.013	0.008	-1.56	0.119	-0.013	0.008	-1.51	0.131

注：结果由 Stata14.1 软件计算得出；*** 表示在 1% 的水平下通过显著性检验。

（2）政策效应的动态持续性。上述实证分析仅仅对财政“省直管县”改革前后的情况进行了分析，对于改革效应的动态持续性如何还未能给出结论，基于此，本书进一步设置时间虚拟变量，对于财政“省直管县”改革之后的年度进行分析。结果发现，财政“省直管县”改革对县级政府经济发展负向影响的动态持续性在改革后第 4 年仍然保持，结果如表 5－9 所示。

表 5－9　　经济发展效应动态持续性 DID 模型回归结果

解释变量	模型 1 FE rgdp	模型 2 FE rgdp	模型 3 FE rgdp	模型 4 FE rgdp
df	0.0906475 (8.69)***	0.0768043 (7.61)***	0.0619008 (6.20)***	0.0514121 (5.20)***
dt	－0.0080137 (－1.69)*	－0.018703 (－4.00)***	－0.0295172 (－6.52)***	－0.0356642 (－8.03)***
$df \times d_{t+1}$	－0.0956028 (－14.11)***			
$df \times d_{t+2}$		－0.0854077 (－14.22)***		
$df \times d_{t+3}$			－0.0676875 (－11.39)***	
$df \times d_{t+4}$				－0.0614845 (－9.55)***
控制变量	控制	控制	控制	控制
常数项 _cons	0.1184672 (22.14)***	0.1240547 (23.66)***	0.1300702 (24.91)***	0.1343037 (25.86)***
Hausman Test	0.0000	0.0000	0.0000	0.0000
R-sq	0.0420	0.0424	0.0328	0.0276
Number of obs	7938	7938	7938	7938
Number of groups	882	882	882	882
F-statistic	103.13	104.17	79.68	66.63

注：结果由 Stata14.1 软件计算得出。括号内的数值为 t 统计值，*** 和 * 分别表示在 1% 和 10% 的水平下通过显著性检验。

前面经济发展效应 DID 估计结果中，财政“省直管县”改革与县级政府人均经济增长率（rgdp）相关关系不显著。但根据表 5－9 的结果（根据 Hausman Test 结果选择固定效应模型）①

---

① 本书尝试采用固定效应模型和随机效应模型来进行实证分析，至于最终确定哪一种模型效果更好，需要根据检验结果来判断，多数学者采用了豪斯曼检验（Hausman Test），如果豪斯曼检验的 P 值结果小于 0.05 的话，则在 5% 的水平上拒绝了随机效应的假设条件，选择固定效应模型。反之，在 5% 水平上接受了随机效应的假设条件，则选择随机效应模型。

可以发现，财政“省直管县”改革经济发展效应在动态持续性上存在显著性（根据t值判断在1%的水平上通过显著性检验），且动态持续性在改革后第4年仍然保持。表中模型1结果显示，在改革后第1年的改革经济发展效应系数为-0.0956028，在1%的水平上显著，说明财政“省直管县”改革在实施1年之后仍能够抑制经济增长，且提高比率达到了9.56%；模型2结果显示，在改革后第2年的政策效应系数为-0.0854077，在1%的水平上显著，说明改革在实施两年之后仍能够抑制8.54%的经济增长；模型3结果显示，在改革后第3年的政策效应系数为-0.0676875，在1%的水平上显著，说明改革在实施3年之后仍能够抑制6.77%的经济增长；模型4结果显示，在改革后第4年的政策效应系数为-0.0614845，在1%的水平上显著，说明改革在实施3年之后仍能够抑制6.15%的经济增长。上述结果说明，财政“省直管县”改革经济发展效应的动态持续性在改革后4年内都是稳定的，说明财政“省直管县”改革在较长时期内抑制了县级政府经济增长。

根据上述结果可以发现，财政“省直管县”改革前后未显著促进经济发展，而从动态持续性上观察，改革对县级政府经济发展产生了较为长期的负向影响。

5.3.2.3 财政收入效应实证分析

（1）DID模型存在性检验。为验证财政“省直管县”改革财政收入激励效应结果，在未考虑其他控制变量的情况下，进行了DID结果分析估计，发现财政“省直管县”改革的财政收入效应在5%的水平上通过了显著性检验，且政策效应显著，政策实施后较政策实施前提高了0.042，这一结果与刘冲等（2014）实证结果一致。进一步加入控制变量城镇固定资产投资占地区生产总值比重（rcinv）、第二产业增加值占地区生产总值比重（rvsi）、第三产业增加值占地区生产总值比重（rvti）等后，再进行 DID 结果分析估计，发现改革前后财政收入效应同样显著，政策实施后较政策实施前提高了 0.038，结果如表 5－10 所示。

表 5－10　　财政收入效应 DID 模型估计结果

变量		未加入控制变量				加入控制变量			
		rpfr	误差项	t 值	P 值	Rpfr	误差项	t 值	P 值
Before	Control	0.339				0.235			
	Treated	0.266				0.172			
	Diff(T-C)	−0.073	0.014	−5.06	0.000 ***	−0.063	0.015	−4.31	0.000 ***
After	Control	0.222				0.122			
	Treated	0.192				0.098			
	Diff(T-C)	−0.031	0.010	3.07	0.002 ***	−0.024	0.010	2.38	0.017 **
Diff-in-Diff		0.042	0.018	2.39	0.017 **	0.038	0.018	2.19	0.029 **

注：结果由 Stata14.1 软件计算得出；*** 和 ** 分别表示在 1% 和 5% 的水平下通过显著性检验。

（2）政策效应的动态持续性。为分析财政“省直管县”改革财政收入效应的持续性，进一步设置时间虚拟变量，对财政“省直管县”改革之后的年度进行分析。可以发现，财政“省直管县”改革对县级财政收入正向影响的动态持续性在改革后第 4 年仍然保持，结果如表 5－11 所示。

表 5－11　　财政收入效应动态持续性 DID 模型回归结果

解释变量	模型 1（FE） rpfr	模型 2（FE） rpfr	模型 3（FE） rpfr	模型 4（FE） rpfr
df	−0.0278756 （−1.25）	−0.0447373 （−2.09）**	−0.0690513 （−3.31）**	−0.0306248 （−1.47）
dt	0.0782814 （7.29）***	0.0687917 （6.92）***	0.0572107 （6.05）***	0.079731 （8.55）***

续表

解释变量	模型 1（FE） rpfr	模型 2（FE） rpfr	模型 3（FE） rpfr	模型 4（FE） rpfr
$df \times d_{t+1}$	0.0628478 (4.35)***			
$df \times d_{t+2}$		0.0915816 (8.59)***		
$df \times d_{t+3}$			0.0974166 (15.92)***	
$df \times sd_{t+4}$				0.0939461 (11.05)***
控制变量	控制	控制	控制	控制
常数项 _cons	0.2980495 (26.12)***	0.2912436 (26.14)***	0.2814298 (25.82)***	0.2969398 (27.21)***
Hausman Test	0.0000	0.0000	0.0000	0.0000
R-sq	0.0228	0.0303	0.0541	0.0368
Number of obs	7938	7938	7938	7938
Number of groups	882	882	882	882
F-statistic	54.81	73.46	134.55	89.89

注：结果由 Stata14.1 软件计算得出。括号内的数值为 t 统计值，*** 和 ** 分别表示在 1% 和 5% 的水平下通过显著性检验。

根据表 5－11 的结果（根据 Hausman Test 结果选择固定效应模型）[①] 可以发现，财政“省直管县”改革财政收入效应的动态持续性在改革后第 4 年仍然保持。表中模型 1 结果显示，在改革后第 1 年的改革财政收入效应系数为 0.0628478，在 1% 的水平上显著，说明财政“省直管县”改革在实施 1 年之后仍

① 本书尝试采用固定效应模型和随机效应模型来进行实证分析，至于最终确定哪一种模型效果更好，需要根据检验结果来判断，多数学者采用了豪斯曼检验（Hausman Test），如果豪斯曼检验的 P 值结果小于 0.05 的话，则在 5% 的水平上拒绝了随机效应的假设条件，选择固定效应模型。反之，在 5% 水平上接受了随机效应的假设条件，则选择随机效应模型。

能够提高财政收入增长，且提高比率达到了 6. 28%，更优于改革后政策效应；模型 2 结果显示，在改革后第 2 年的政策效应系数为 0. 0915816，在 1% 的水平上显著，说明改革在实施两年之后仍能够提高 9. 16% 的财政收入增长；模型 3 结果显示，在改革后第 3 年的政策效应系数为 0. 0974166，在 1% 的水平上显著，说明改革在实施 3 年之后仍能够提高 9. 74% 的财政收入增长；模型 4 结果显示，在改革后第 4 年的政策效应系数为 0. 0939461，在 1% 的水平上显著，说明改革在实施 3 年之后仍能够提高 9. 40% 的财政收入增长。证明了财政“省直管县”改革财政收入效应的动态持续性在改革后 4 年内都是稳定的，验证了财政“省直管县”改革在“理顺省以下政府间财政分配关系”目标下，随着省与市、县的收入范围的进一步规范划分和财政层级的减少，县级财政增收的积极性得到了提高。

5. 3. 3　稳健性检验

为了验证财政“省直管县”改革前后和动态持续性 DID 模型回归结果的可靠性，本书还将进行稳健性检验，借鉴刘冲等（2014）利用 DID 模型分析财政分权的经济增长效应、谭之博等（2015）利用 DID 模型分析财政“省直管县”改革对民生的影响等研究使用的 DID 模型稳健性检验方法，选择了截尾处理、时间期处理等方法，以进一步反映财政“省直管县”的政策经济发展和财政收入效应。稳健性检验结果如表 5 – 12 和表 5 – 13 所示。

5. 3. 3. 1　经济发展效应稳健性检验

为了验证县级政府人均地区生产总值增长率影响因素 DID 模型回归结果的可靠性，选择了截尾处理、时间期处理等方法，以进一步反映财政“省直管县”的经济发展效应。

表 5-12 经济发展效应 DID 模型结果的稳健性检验

解释变量	截尾处理				时间期处理			
	模型 1 RE 截尾	模型 2 FE 截尾	模型 3 RE 截尾	模型 4 FE 截尾	模型 1 RE 2009～2016 年	模型 2 FE 2009～2016 年	模型 3 RE 2008～2015 年	模型 4 FE 2008～2015 年
df	0. 0393949 (5. 69)***	0. 095324 (8. 73)***	0. 0372524 (7. 65)***	0. 0713808 (10. 48)***	0. 0788903 (10. 55)***	0. 1254035 (13. 40)***	0. 0566444 (8. 76)***	0. 1098585 (13. 05)***
dt	-0. 017838 (-3. 08)***	-0. 0315829 (-4. 88)***	-0. 0164121 (-4. 17)***	-0. 0350893 (-7. 98)	0. 0193269 (3. 42)	-0. 0016264 (-0. 25)	0. 021461 (4. 07)***	0. 0152355 (2. 64)***
df × dt	-0. 0199796 (-2. 39)**	-0. 0198899 (-2. 27)**	-0. 0184243 (-3. 12)***	-0. 014484 (-2. 39)**	-0. 0610027 (-6. 89)***	-0. 0568348 (-6. 18)***	-0. 0431648 (-5. 24)***	-0. 0319354 (-3. 73)***
控制变量	控制	控制	控制	控制	控制	控制	控制	控制
常数项 _cons	0. 1233492 (9. 33)***	0. 2449028 (11. 38)***	0. 1209205 (12. 73)***	0. 2249762 (15. 64)***	0. 1497151 (11. 40)***	0. 31901 (14. 98)***	0. 1318099 (10. 44)***	0. 211115 (10. 65)***
Hausman Test	0. 0000	0. 0000	0. 0000	0. 0000	0. 0000	0. 0000	0. 0000	0. 0000
R-sq	0. 0140	0. 0284	0. 0292	0. 0599	0. 0321	0. 0582	0. 0413	0. 0552
Number of obs	7542	7542	7542	7542	7056	7056	7056	7056
Number of groups	838	838	838	838	882	882	882	882
F-statistic	99. 12	34. 39	171. 71	74. 89	173. 23	72. 65	133. 74	68. 63

注：结果由 Stata14. 1 软件计算得出。括号内的数值为 t 统计值，*** 和 ** 分别表示在 1% 和 5% 的水平下通过显著性检验。

表5-13　财政收入效应DID模型结果的稳健性检验

解释变量	截尾处理				时间期处理			
	模型1（RE）截尾	模型2（FE）截尾	模型3（RE）截尾	模型4（FE）截尾	模型1（RE）2009～2016年	模型2（FE）2009～2016年	模型3（RE）2008～2015年	模型4（FE）2008～2015年
df	0.0050664 （0.37）	0.1075451 （5.72）***	0.012752 （1.67）*	0.0553445 （5.19）***	0.095544 （6.05）***	0.1821234 （9.14）***	0.0475149 （4.46）***	0.1278313 （9.25）***
dt	0.0026489 （0.24）	0.001076 （3.09）***	0.0396878 （6.38）***	0.0443539 （6.51）***	0.0340239 （2.86）***	0.0004272 （0.03）	0.0255012 （2.94）***	0.0008435 （0.09）
df×dt	0.0307927 （1.86）*	0.0106381 （2.62）***	0.0380293 （4.14）***	0.0237138 （2.51）**	0.1178012 （6.30）***	0.0957943 （4.89）***	0.0648272 （4.78）***	0.0169683 （2.46）**
控制变量	控制	控制	控制	控制	控制	控制	控制	控制
常数项 _cons	0.1517225 （5.65）***	0.0565642 （1.37）	0.1333425 （8.81）***	0.0758789 （3.35）***	0.0965554 （3.48）***	0.1140663 （2.51）***	0.0930891 （4.48）***	-0.0268961 （-2.83）***
Hausman Test	0.0000	0.0000	0.0000	0.0000	0.0000	0.0000	0.0000	0.0000
R-sq	0.0042	0.0208	0.0760	0.0902	0.0047	0.0217	0.0250	0.0514
Number of obs	7542	7542	7542	7542	7056	7056	7056	7056
Number of groups	838	838	838	838	882	882	882	882
F-statistic	75.92	24.92	468.42	116.52	71.71	26.08	133.74	63.66

注：结果由Stata14.1软件计算得出。括号内的数值为t统计值，***、**和*分别表示在1%、5%、10%的水平下通过显著性检验。

（1）截尾处理。如表5－12中截尾处理模型2和模型4所示（根据Hausman Test结果选择固定效应模型），对原始数据中人均经济增长率（rgdp）水平排名前5%的高值和排名后5%的低值分别进行截尾处理，样本量为7542个。截尾处理模型2和模型4的结果在显著性上（在5%的水平上通过了显著性检验）高于估计结果（未通过显著性检验），回归系数低于估计结果，且与动态持续性DID模型估计结果在系数上一致，均为财政“省直管县”改革对县级政府经济发展具有负向影响。说明财政“省直管县”改革前后未对经济发展产生显著性影响，但从动态持续性和经济增速处于中间90%的县级政府产生了负向影响。

（2）时间期处理。如表5－12中时间期处理模型2和模型4（根据Hausman Test结果选择固定效应模型）所示，将基础数据的时间序列进行变换，分别选择了2008～2015年和2009～2016年两个新的面板数据时期，样本量均为7056个。表中时间期处理模型2和模型4的结果在显著性上（在1%的水平上通过了显著性检验）高于估计结果（未通过显著性检验），回归系数低于估计结果，且与动态持续性DID模型回归结果在系数上一致，均为财政“省直管县”改革对县级政府经济发展具有负向影响。说明财政“省直管县”改革对经济发展的影响从动态持续性和2008～2015年与2009～2016年两个时间期上产生了负向影响。

5.3.3.2 财政收入效应稳健性检验

为了验证县级政府人均财政收入增长影响因素DID模型回归结果的可靠性，本书选择了截尾处理、时间期处理等方法，以进一步反映财政“省直管县”改革的财政收入效应。

（1）截尾处理。如表5－13中截尾处理模型2和模型4（根据Hausman Test结果选择固定效应模型）所示，对原始数据中人均财政收入增长率（rpfr）排名前 5% 的高值和排名后 5% 的低值分别进行截尾处理（样本量均为 7542 个）。截尾处理模型 2 的结果在显著性上得到了提高（在 1% 的水平上通过了显著性检验），回归系数略低于估计结果；截尾处理模型 4 的结果也是在显著性上（仍在 5% 的水平上显著）未出现明显变动，回归系数略有调整（比原回归结果略有下降，但整体效应结果并未受到冲击），说明财政“省直管县”改革的财政收入效应结果是稳定的。

（2）时间期处理。如表 5 - 13 中时间期处理模型 2 和模型 4（根据 Hausman Test 结果选择固定效应模型）所示，将基础数据的时间序列进行变换，分别选择了 2008 ~ 2015 年和 2009 ~ 2016 年两个新的面板数据时期，样本量均为 7056 个。通过模型分析来判断政策效应是否会发生较大变动。表中时间期处理模型 2 的结果显示，政策效应系数仍然为正数（系数为 0.0957943，在 1% 的水平上显著），在相关关系上并未发生逆转，其政策效应结果甚至还优于 DID 模型结果，说明原回归结果是稳定的。时间期处理模型 4 结果显示，政策效应系数保持稳定，比之前的结果略有降低（政策效应系数为 0.0169683），相关变量的显著性水平也没有太大变动，仍然保持在 5% 的水平上显著，说明财政“省直管县”改革的财政收入效应结果是稳定的。

5.4　财政“省直管县”均等效应存在性分析

本部分以财政“省直管县”、财政“市管县”施行县级政府作为研究对象，采用基尼系数实证分析财政“省直管县”、财政“市管县”实施对人均县级财政收入、财政支出县域差异的影响，通过对比分析探究财政“省直管县”改革对县级财政收支均等效应的影响。

5.4.1 财政收入基尼系数比较分析

5.4.1.1 财政“省直管县”县级政府人均财政收入基尼系数

本书利用基尼系数的简单计算方法，对全国2008～2016年财政“省直管县”施行县级政府人均财政收入差异进行了测算。结果显示（见表5－14）：财政“省直管县”施行县级政府人均财政收入基尼系数由2008年的0.5204下降到2016年的0.4754，县级政府人均财政收入差距仍比较悬殊。其间，财政“省直管县”施行县级政府人均财政收入基尼系数最低的2015年为0.4704，最高的2008年为0.5204。同时，不同区域之间的财政“省直管县”施行县级政府人均财政收入基尼系数显示了较强的地域差异，财政“省直管县”施行县级政府人均财政收入基尼系数由高到低依次为中部地区县级政府、东部地区县级政府、西部地区县级政府和东北部地区县级政府。

表5－14　财政“省直管县”县级政府人均财政收入极值和基尼系数

年份	县级政府数量	县级政府人均财政收入							
		最高值	最低值	最低值占最高值比例（%）	基尼系数	东部基尼系数	中部基尼系数	西部基尼系数	东北部基尼系数
2008	867	16766.20	45.0000	37258	0.5204	0.5832	0.672	0.4832	0.4417
2009	1012	19019.01	54.3448	34997	0.5059	0.5282	0.6555	0.4755	0.4137
2010	1015	22976.49	64.6271	35552	0.5014	0.5148	0.6616	0.4777	0.4298

续表

年份	县级政府数量	县级政府人均财政收入							
		最高值	最低值	最低值占最高值比例（%）	基尼系数	东部基尼系数	中部基尼系数	西部基尼系数	东北部基尼系数
2011	1063	27654.53	70.5577	39194	0.4933	0.5002	0.6332	0.4681	0.4537
2012	1111	29766.89	154.741	19237	0.4862	0.4861	0.6734	0.4831	0.4457
2013	1126	32469.17	183.289	17715	0.4757	0.4788	0.6355	0.4922	0.4313
2014	1154	34241.47	214.556	15959	0.4756	0.4889	0.6675	0.4761	0.4028
2015	1160	36045.43	208.424	17294	0.4704	0.4921	0.6396	0.4323	0.3785
2016	1160	40369.47	230.364	17524	0.4754	0.5039	0.6318	0.4271	0.4048

资料来源：历年《中国统计年鉴》《中国财政年鉴》《全国地市县财政统计资料》《中国区域经济统计年鉴》并计算。

5.4.1.2 财政“市管县”县级政府人均财政收入基尼系数

本书利用基尼系数的简单计算方法，对全国2008～2016年财政“市管县”施行县级政府人均财政收入差异进行了测算。结果显示（见表5－15）：财政“市管县”施行县级政府人均财政收入基尼系数由2008年的0.5247下降到2016年的0.2639，县级政府人均财政收入差距变小到非常平均水平。其间，财政“市管县”施行县级政府人均财政收入基尼系数最低的2014年为0.4911，最高的2008年为0.5247。同时，不同区域之间的财政“市管县”施行县级政府人均财政收入基尼系数显示了较强的地域差异，财政“市管县”施行县级政府人均财政收入基尼系数由高到低依次为西部地区县级政府、中部地区县级政府、东部地区县级政府和东北部地区县级政府。

表5-15　财政“市管县”县级政府人均财政收入极值和基尼系数

年份	县级政府数量	县级政府人均财政收入							
		最高值	最低值	最低值占最高值比例（%）	基尼系数	东部基尼系数	中部基尼系数	西部基尼系数	东北部基尼系数
2008	965	11421.54	41.21	27714	0.5247	0.4010	0.5177	0.5532	0.2811
2009	772	14729.00	49.29	29885	0.5220	0.3696	0.4947	0.5558	0.2726
2010	679	21935.00	68.70	31929	0.5230	0.3598	0.4917	0.5490	0.2731
2011	603	25941.43	98.10	26443	0.5023	0.3624	0.4878	0.5264	0.2754
2012	581	29130.00	118.33	24617	0.4933	0.3518	0.4543	0.5079	0.2553
2013	566	105151.00	173.47	60617	0.5222	0.3358	0.4620	0.5639	0.2983
2014	538	34795.00	187.12	18595	0.4911	0.3479	0.4335	0.5222	0.2954
2015	532	26591.33	258.04	10305	0.2620	0.3504	0.4274	0.5073	0.2578
2016	532	32948.00	251.44	13103	0.2639	0.3577	0.4236	0.5196	0.305

资料来源：历年《中国统计年鉴》《中国财政年鉴》《全国地市县财政统计资料》《中国区域经济统计年鉴》并计算。

5.4.1.3　财政管理体制差异下的县级政府人均财政收入基尼系数比较分析

由前面分析可以发现：财政“省直管县”、财政“市管县”下县级政府人均财政收入基尼系数均呈缩小趋势。其中，财政“省直管县”施行县级政府人均财政收入基尼系数由2008年的0.5204下降到2016年的0.4754；财政“市管县”施行县级政府人均财政收入基尼系数由2008年的0.5247下降到2016年的0.2639。说明财政“省直管县”的运行在缩小县级政府人均财政收入差距的作用弱于财政“市管县”。当然，财政“省直管县”施行县级政府数量一直呈扩大趋势，而财政“市管县”施行县级政府数量一直呈减少趋势，在一定程度上会扩大县级政府人均财政收入的差异化，影响财政“省直管县”施行县级政府人均财政收入基尼系数。同时，根据财政部规定，民族自治地区县级政府不要求进行财政“省直管县”改革，而民族自治地区县级政府人均财政收入普遍偏低，也会缩小财政“市管县”施行县级政府人均财政收入的差异化，影响人均财政收入基尼系数[①]。

5.4.2　财政支出基尼系数比较分析

5.4.2.1　财政“省直管县”县级政府人均财政支出基尼系数

本书利用基尼系数的简单计算方法，对全国 2008～2016 年财政“省直管县”施行县级政府人均财政支出差异进行了测算。结果显示（见表 5－16）：财政“省直管县”施行县级政府人均财政支出基尼系数由 2008 年的 0.2714 下降到 2016 年的 0.2555，县级政府人均财政支出差距变小到非常平均水平。其间，财政“省直管县”施行县级政府人均财政支出基尼系数最低的 2012 年为 0.2537，最高的 2013 年、2014 年为 0.2756。同时，不同区域之间的财政“省直管县”施行县级政府人均财政支出基尼系数显示了较强的地域差异，财政“省直管县”施行县级政府人均财政支出基尼系数由高到低依次为东北部地区县级政府、西部地区县级政府、东部地区县级政府和中部地区县级政府。

表 5－16　财政“省直管县”县级政府人均财政支出极值和基尼系数

年份	县级政府数量	县级政府人均财政支出							
		最高值	最低值	最低值占最高值比例（%）	基尼系数	东部基尼系数	中部基尼系数	西部基尼系数	东北部基尼系数
2008	867	14920.79	613.8081	2431	0.2714	0.3068	0.2135	0.2612	0.2914
2009	1012	20806.33	531.8400	3912	0.2619	0.2673	0.2092	0.2632	0.3094

① 《关于推进省直接管理县财政改革的意见》。

续表

年份	县级政府数量	县级政府人均财政支出							
		最高值	最低值	最低值占最高值比例（%）	基尼系数	东部基尼系数	中部基尼系数	西部基尼系数	东北部基尼系数
2010	1015	25112.00	765.34	3281	0.2705	0.2642	0.2149	0.2795	0.3032
2011	1063	43095.83	802.42	5371	0.2654	0.2718	0.2129	0.3155	0.3052
2012	1111	43588.00	1058.28	4119	0.2537	0.2597	0.2172	0.3017	0.3010
2013	1126	70872.00	1354.65	5232	0.2756	0.2690	0.2183	0.3087	0.2929
2014	1154	78502.00	1297.78	6049	0.2756	0.2624	0.2092	0.3287	0.2805
2015	1160	79428.00	2001.84	3968	0.2617	0.2626	0.1951	0.3062	0.2661
2016	1160	66494.00	2445.98	2719	0.2555	0.2668	0.1841	0.2861	0.2635

资料来源：历年《中国统计年鉴》《中国财政年鉴》《全国地市县财政统计资料》《中国区域经济统计年鉴》并计算。

5.4.2.2 财政“市管县”县级政府人均财政支出基尼系数

本书利用基尼系数的简单计算方法，对全国2008～2016年财政“市管县”施行县级政府人均财政支出差异进行了测算。结果显示（见表5－17）：财政“市管县”施行县级政府人均财政支出基尼系数由2008年的0.3544上升到2016年的0.3593，县级政府人均财政支出差距扩大但仍处于较为平均水平。其间，财政“市管县”施行县级政府人均财政支出基尼系数最低的2008年为0.3544，最高的2010年为0.3948。同时，不同区域之间的财政“市管县”施行县级政府人均财政支出基尼系数显示了较强的地域差异，财政“市管县”施行县级政府人均财政支出基尼系数由高到低依次为西部地区县级政府、东部地区县级政府、中部地区县级政府和东北部地区县级政府。

表5－17 财政“市管县”县级政府人均财政支出极值和基尼系数

年份	县级政府数量	县级政府人均财政支出							
		最高值	最低值	最低值占最高值比例（%）	基尼系数	东部基尼系数	中部基尼系数	西部基尼系数	东北部基尼系数
2008	965	26496.67	687.29	3855	0.3544	0.2387	0.2109	0.3898	0.1262
2009	772	29015.00	772.16	3758	0.3631	0.2405	0.1938	0.3870	0.1234
2010	679	40181.00	857.03	4688	0.3948	0.2273	0.2060	0.4061	0.1407
2011	603	51622.86	1120.41	4607	0.3804	0.2260	0.2185	0.3821	0.1533
2012	581	62701.00	1614.53	3884	0.3617	0.2196	0.1671	0.3571	0.1519
2013	566	67324.00	1894.49	3554	0.3728	0.2266	0.1734	0.3623	0.1548
2014	538	174484.00	1988.63	8774	0.3870	0.2313	0.1890	0.3815	0.1447
2015	532	59598.50	1875.09	3178	0.3627	0.2096	0.2094	0.3509	0.1219
2016	532	59733.00	1236.92	4829	0.3593	0.2060	0.2073	0.3447	0.1095

资料来源：历年《中国统计年鉴》《中国财政年鉴》《全国地市县财政统计资料》《中国区域经济统计年鉴》并计算。

5.4.2.3 财政管理体制差异下的县级政府人均财政支出基尼系数比较分析

由前面分析可以发现：财政“省直管县”下县级政府人均财政支出基尼系数均呈缩小趋势，而财政“市管县”下县级政府人均财政支出基尼系数均呈扩大趋势。其中，财政“省直管县”施行县级政府人均财政收入基尼系数由2008年的0.2714下降到2016年的0.2555；财政“市管县”施行县级政府人均财政支出基尼系数由2008年的0.3544上升到2016年的0.3593。说明财政“省直管县”的运行在缩小县级政府人均财政支出差距的作用强于财政“市管县”。考虑到财政“省直管县”施行县级政府数量一直呈扩大趋势，而财政“市管县”施行县级政府数量一直呈减少趋势，财政“省直管县”在缩小县级政府人均财政支出基尼系数的作用比财政“市管县”应该更为显著。同时，考虑到民族自治地区县级政府普遍享受相较于非民族自治地区县级政府更大的转移支付，财政“省直管县”在缩小县级政府人均财政支出基尼系数的作用比财政“市管县”应该更为显著。

5.5 财政“省直管县”福利效应存在性分析

5.5.1 适用性检验

按照本书5.3.1的思路，本部分进行随机性假设检验和“实验组”与“对照组”差别分析，以确认双重差分（DID）模型在财政“省直管县”改革福利效应分析中的适用性。

5.5.1.1 随机性假设检验

按照本书5.3.1的思路，采用Binary（二元选择模型中）的Logit模型，以财政“省直管县”改革地区变量（df）为被解释变量，以中小学师生比（pstu）、万人医院病床数（phbed）、城镇固定资产投资占生产总值比重（rcinv）、第一产业增加值占比（rvpi）、第二产业增加值占比（rvsi）、第三产业增加值占比（rvti）等变量为解释变量，一一进行回归分析，考察这些变量是否为财政“省直管县”改革的影响因素，即这些变量是否内生于财政“省直管县”改革。

从表5-18回归结果可以发现，除第一产业增加值占比（在1%程度上显著为正）外，本书的研究样本满足双重差分法

表5-18　　福利效应变量随机性假设检验回归结果

解释变量	回归（1）	回归（2）	回归（3）	回归（4）	回归（5）	回归（6）
中小学师生比（pstu）	0.2757783 （1.25）					
万人医院病床数的对数（phbed）		0.184797 （1.33）				
城镇固定资产投资占生产总值比重（rcinv）			-0.1276709 （-1.14）			
第一产业增加值占比（rvpi）				-0.6332664 （-11.42）***		
第二产业增加值占比（rvsi）					0.2031649 （1.47）	
第三产业增加值占比（rvti）						0.1329192 （1.52）
常数项（_cons）	1.281932 （32.45）***	-0.2391385 （-4.34）***	0.6105442 （61.94）***	0.6375025 （49.10）***	0.4131006 （23.68）***	0.4578898 （25.90）***
Number of obs	7938	7938	7938	7938	7938	7938
Number of groups	882	882	882	882	882	882

注：结果由Stata14.1软件计算得出。括号内的数值为t统计值，***表示在1%的水平下通过显著性检验。

对改革变量的外生性要求。除第一产业增加值占比，其他变量与财政“省直管县”改革无相关关系，即财政“省直管县”改革区域选择并未内生于中小学师生比、万人医院病床数的对数。而按照《关于推进省直接管理县财政改革的意见》的总体思路，财政“省直管县”的目标在于“推动市县政府加快职能转变，更好地提供公共服务”。

5.5.1.2 共同趋势假设检验

前面图 4－11 和图 4－12 显示，财政“省直管县”、财政“市管县”施行地区中小学师生比、万人医院病床数变化趋势较为一致。按照本书 5.3.1 的思路，为检验财政“省直管县”改革县级政府与对照组（财政“市管县”）县级政府在改革前后是否有相似特征，本书将中小学师生比的差分值（dpstu）、万人医院病床数的差分值（dphbed）作为被解释变量，以 df 为解释变量进行回归分析，仍采用 Logit 回归方法，回归分析结果如表 5－19 所示。

表 5－19　福利效应变量共同趋势假设检验回归结果

解释变量	模型 1 drgdp	模型 2 drpfr
df	0.0044901 (1.63)	0.0088995 (1.45)
常数项 _cons	－0.0120609 (－6.06)***	0.0782953 (25.37)***
Number of obs	7938	7938
Number of groups	882	882

注：结果由 Stata14.1 软件计算得出。括号内的数值为 t 统计值，*** 表示在 1% 的水平下通过显著性检验。

表 5－19 结果显示，中小学生师比的差分值（dpstu）、万人医院病床数的差分值（dphbed）与 df 不存在显著的相关关系，

说明政策实施前，“改革组”和“对照组”之间的中小学师生比、万人医院病床数水平趋势差异并不显著，存在共同趋势，验证了本书的假设条件。

5.5.2　实证分析

为了分析财政“省直管县”改革福利效应，本书首先对包含“改革组”和“对照组”的样本进行教育福利效应和医疗福利效应实证分析，接着进行政策效应的动态持续性实证分析，最后进行稳健检验以确保政策效应实证分析的稳健性。

5.5.2.1　描述性统计分析

变量的描述性统计量如表 5－20 所示。

表 5－20　　财政“省直管县”福利效应变量的描述性统计量

变量名称	样本量	均值	标准差	最小值	最大值
中小学师生比（pstu）	7938	0.050485	0.082049	0.856409	0.004842
万人医院及医疗机构病床数（phbed）	7938	28.27619	11.86643	1.201957	104.3587
政策实施地区（df）	7938	0.544484	0.4714511	0	1
政策实施前后（dt）	7938	0.6666667	0.4980665	0	1
城镇固定资产投资占生产总值比重（rcinv）	7938	0.7933256	0.5136464	0.0108716	11.54126
第二产业增加值占比（rvsi）	7938	0.453664	0.1280347	0.0532	0.8855333
第三产业增加值占比（rvti）	7938	0.3376647	0.0882539	0.249411	0.806

注：结果由 Stata14.1 软件计算得出。

由表 5－20 的描述性统计量可以发现公式（5－4）中所选被解释变量、解释变量和控制变量在财政“省直管县”施行地区的情况。例如，中小学师生比、万人医院及卫生机构床位数地区之间差异巨大，这种教育、卫生等地方公共品供给效率水平较低，而且存在严重的地区化差异的问题得到很多学者的关注（张军等，2003；Hoffman，2004）。

5.5.2.2 教育福利效应实证分析

（1）DID模型存在性检验。为验证财政“省直管县”政策的教育福利效应结果，在未考虑其他控制变量的情况下，进行了DID结果分析估计，发现财政“省直管县”政策的教育福利效应在1%的水平上通过了显著性检验，且政策效应十分显著，政策实施后较政策实施前县级政府中小学师生比提高了0.053。进一步加入控制变量城镇固定资产投资占地区生产总值比重、第二产业增加值占地区生产总值比重、第三产业增加值占地区生产总值比重等后，再进行DID结果分析估计，发现同样存在财政“省直管县”政策的教育福利效应，结果发现，加入控制变量后，财政“省直管县”政策教育福利效应更加显著，如表5-21所示。

表5-21　教育福利效应DID模型估计结果

变量		未加入控制变量				加入控制变量			
		pstu	误差项	t值	P值	pstu	误差项	t值	P值
Before	Control	2.941				2.927			
	Treated	2.736				2.701			
	Diff(T-C)	0.204	0.015	13.38	0.000***	0.226	0.015	14.79	0.000***
After	Control	2.888				2.921			
	Treated	2.737				2.750			
	Diff(T-C)	0.151	0.011	14.18	0.000***	0.171	0.011	16.00	0.000***
Diff-in-Diff		0.053	0.019	2.86	0.004***	0.055	0.018	2.98	0.003***

注：结果由Stata14.1软件计算得出。***表示在1%的水平下通过显著性检验。

（2）政策效应的动态持续性。上述实证分析仅仅对财政“省直管县”改革前后的情况进行了分析，对于改革效应的动态持续性如何还未能给出结论，基于此，本书进一步设置时间虚拟变量，对于财政“省直管县”改革之后的年度进行分析。结果如表 5－22 所示（根据 Hausman Test 结果选择固定效应模型），说明财政“省直管县”改革对县级政府教育福利影响仅在改革当年显著，在后续 4 个年份中均不显著，未起到促进教育福利改善的长期效应。

表 5－22　　教育福利效应动态持续性 DID 模型回归结果

解释变量	模型 1 FE pstu	模型 2 FE pstu	模型 3 FE pstu	模型 4 FE pstu
df	-0.0320684 (-3.74)***	-0.034109 (-4.11)***	-0.0339374 (-4.16)***	-0.0358842 (-4.46)***
dt	-0.0463145 (-11.20)***	-0.0477166 (-12.42)***	-0.0476667 (-12.89)***	-0.0488077 (-13.50)***
$df \times d_{t+1}$	0.0052756 (0.95)			
$df \times d_{t+2}$		-0.0020853 (-0.42)		
$df \times d_{t+3}$			-0.0030158 (-0.62)	
$df \times d_{t+4}$				0.0029096 (0.55)
控制变量	控制	控制	控制	控制
常数项 _cons	2.871268 (653.71)***	2.872092 (667.01)***	2.872023 (673.26)***	2.872808 (678.78)***
Hausman Test	0.0000	0.0000	0.0000	0.0000
R-sq	0.0384	0.0383	0.0383	0.0383
Number of obs	7938	7938	7938	7938
Number of groups	882	882	882	882
F-statistic	93.83	93.58	93.66	93.63

注：结果由 Stata14.1 软件计算得出。括号内的数值为 t 统计值，*** 表示在 1% 的水平下通过显著性检验。

5.5.2.3 医疗福利效应实证分析

（1）DID 模型存在性检验。为验证财政“省直管县”政策的医疗福利效应结果，在未考虑其他控制变量的情况下，进行了 DID 结果分析估计，发现财政“省直管县”政策的医疗福利效应在 1% 的水平上通过了显著性检验，且政策效应存在较为显著的负向作用，政策实施后较政策实施前降低了 0.049。进一步加入控制变量城镇固定资产投资占地区生产总值比重、第二产业增加值占地区生产总值比重、第三产业增加值占地区生产总值比重等后，再进行 DID 结果分析估计，发现改革前后医疗福利效应显著性有所降低，政策实施后较政策实施前降低了 0.029，结果如表 5－23 所示。

表 5－23　　医疗福利效应 DID 模型估计结果

变量		未加入控制变量				加入控制变量			
		Phbed	误差项	t 值	P 值	Phbed	误差项	t 值	P 值
Before	Control	2.989				3.434			
	Treated	3.109				3.534			
	Diff(T-C)	0.120	0.015	7.80	0.000 ***	0.100	0.014	6.96	0.000 ***
After	Control	3.395				3.740			
	Treated	3.466				3.812			
	Diff(T-C)	0.071	0.011	6.63	0.000 ***	0.071	0.010	7.08	0.000 ***
Diff-in-Diff		－0.049	0.019	－2.60	0.009 ***	－0.029	0.017	－1.66	0.096 *

注：结果由 Stata14.1 软件计算得出，*** 和 * 分别表示在 1% 和 10% 的水平下通过显著性检验。

（2）政策效应的动态持续性。上述实证分析仅仅对政策实施前后的情况进行了分析，对于政策效应的动态持续性如何还未能给出结论，基于此，本书进一步设置时间虚拟变量，对于政策实施之后的年度进行分析，结果如表 5－24 所示。

表 5-24　　医疗福利效应动态持续性 DID 模型回归结果

解释变量	模型 1 FE phbed	模型 2 FE phbed	模型 3 FE phbed	模型 4 FE phbed
df	0.1267982 (9.71)***	0.1239617 (10.18)***	0.1477988 (12.35)***	0.1821104 (15.17)***
dt	-0.2811172 (-44.58)***	-0.2833285 (-50.22)***	-0.3033575 (-55.93)***	-0.3234662 (-60.00)***
$df\times d_{t+1}$	-0.0203944 (-24.04)***			
$df\times d_{t+2}$		-0.0248814 (-34.35)***		
$df\times d_{t+3}$			-0.0247031 (-34.70)***	
$df\times d_{t+4}$				-0.0203954 (-30.64)***
控制变量	控制	控制	控制	控制
常数项 _cons	2.986528 (445.70)***	2.987673 (472.44)***	2.978052 (476.04)***	2.964203 (469.84)***
Hausman Test	0.0000	0.0000	0.0000	0.0000
R-sq	0.5028	0.5391	0.5405	0.5252
Number of obs	7938	7938	7938	7938
Number of groups	882	882	882	882
F-statistic	2377.09	2750.22	2765.37	2600.88

注：结果由Stata14.1软件计算得出。括号内的数值为t统计值，*** 表示在1%的水平下通过显著性检验。

根据表 5-24 的结果可以发现（根据 Hausman Test 结果选择固定效应模型），政策效应的动态持续性在改革后第 4 年仍然保持。表中模型 1 结果显示，在改革后第 1 年的政策效应系数为 -0.2039442，在 1% 的水平上显著，说明财政"省直管县"改革在实施 1 年之后仍能够降低医疗福利水平，且降低比率达到了 2.04%，更优于改革后政策效应；模型 2 结果显示，在改革后第2年的政策效应系数为 -0.0248814，在1%的水平上显著，说明改革在实施两年之后仍能够降低2.49%的医疗福利水平；模型3结果显示，在改革后第3年的政策效应系数为 -0.0247031，在1%的水平上显著，说明改革在实施3年之后仍能够降低2.47%的医疗福利水平；模型4结果显示，在改革后第4年的政策效应系数为 -0.0203954，在1%的水平上显著，说明改革在实施3年之后仍能够降低2.04%的医疗福利水平。证明了财政“省直管县”改革的动态持续性在改革后4年内都是稳定的，说明改革在较长时期内降低了医疗福利水平。

5.5.3 稳健性检验

为了验证上述DID模型回归结果的可靠性，本书还将进行稳健性检验，选择了截尾处理、时间期处理等方法，以进一步反映财政“省直管县”的政策教育福利和医疗福利效应。

5.5.3.1 教育福利效应稳健性检验

为了验证县级政府中小学师生比影响因素DID模型回归结果的可靠性，本书选择了截尾处理、时间期处理等方法，以进一步反映财政“省直管县”的教育福利效应。

（1）截尾处理。如表5-25中截尾处理模型2和模型4所示（根据Hausman Test结果选择固定效应模型），对原始数据中中小学师生比水平排名前5%的高值和排名后5%的低值分别进行截尾处理，样本量为7542个。截尾处理模型2在显著性上（在1%的水平上通过了显著性检验）未发生变化，回归系数略有调整（系数调整发现政策效应还更好一些）；截尾处理模型4在显著性上（在5%的水平上通过了显著性检验）低于估计结果（在1%的水平上通过了显著性检验），回归系数比原回归结

表5－25 教育福利效应 DID 模型结果的稳健性检验

解释变量	截尾处理				时间期处理			
	模型1 RE 截尾	模型2 FE 截尾	模型3 RE 截尾	模型4 FE 截尾	模型1 RE 2009～2016年	模型2 FE 2009～2016年	模型3 RE 2008～2015年	模型4 FE 2008～2015年
df	0.3827324 (16.87)***	0.5265465 (21.38)***	0.036517 (3.64)***	0.0166952 (1.60)	1.32628 (38.55)***	1.889684 (49.02)***	0.866918 (27.80)***	1.481227 (43.58)***
dt	0.3755939 (23.28)***	0.2796945 (18.22)***	0.0235071 (3.91)***	0.026939 (4.46)***	1.204288 (47.07)***	0.8724987 (32.96)***	1.069458 (44.19)***	0.9154196 (39.34)***
df × dt	0.3498064 (15.29)***	0.2703386 (12.89)***	0.0018827 (2.51)**	0.0024515 (2.03)**	1.301622 (33.06)***	1.119601 (29.56)***	0.877195 (23.31)***	0.6343897 (18.34)***
控制变量	控制	控制	控制	控制	控制	控制	控制	控制
常数项 _cons	2.276005 (46.36)***	2.173928 (43.18)***	2.833615 (124.03)***	2.825687 (140.52)***	1.653978 (24.67)***	1.993378 (22.71)***	1.100235 (12.37)***	0.3185598 (3.98)***
Hausman Test	0.0000	0.0000	0.0000	0.0000	0.0000	0.0000	0.0000	0.0000
R-sq	0.0965	0.1098	0.0295	0.0301	0.4050	0.4521	0.4179	0.4868
Number of obs	7542	7542	7542	7542	7056	7056	7056	7056
Number of groups	838	838	838	838	882	882	882	882
F-statistic	859.34	144.97	240.60	36.47	4110.27	969.40	3671.10	1114.45

注：结果由 Stata14.1 软件计算得出。括号内的数值为 t 统计值，*** 和 ** 分别表示在1%和5%的水平下通过显著性检验。

果略有下降，但在相关关系上并未发生逆转，整体效应结果并未受到冲击。说明财政“省直管县”改革前后对教育福利产生显著性正向影响。

（2）时间期处理。如表5－25中时间期处理模型2和模型4所示（根据Hausman Test结果选择固定效应模型），将基础数据的时间序列进行变换，分别选择了2008～2015年和2009～2016年两个新的面板数据时期，样本量均为7056个，通过模型分析来判断政策效应是否会发生较大变动。表中时间期处理模型2和模型4的结果显示，政策效应系数仍然为正数（系数为1.119601、0.6343897，在1%的水平上显著），在相关关系上并未发生逆转，其政策效应结果甚至还优于DID模型结果，说明原回归结果是稳定的，说明财政“省直管县”改革前后对教育福利影响的结果是稳定的。

5.5.3.2　医疗福利效应稳健性检验

为了验证县级政府万人病床数影响因素DID模型回归结果的可靠性，本书选择了截尾处理、时间期处理等方法，以进一步反映财政“省直管县”改革的财政收入激励效应。

（1）截尾处理。如表5－26中截尾处理模型2和模型4所示（根据Hausman Test结果选择固定效应模型），对原始数据中万人病床数排名前5%的高值和排名后5%的低值分别进行截尾处理，样本量为7542个。截尾处理模型2、模型4的结果在显著性上（仍然在1%的水平上通过了显著性检验）高于估计结果，回归系数略有调整（系数调整发现政策效应还更好一些），说明财政“省直管县”改革前后对医疗福利效应影响的结果是稳定的。

（2）时间期处理。如表5－26中时间期处理模型2和模型4

表 5-26　　医疗福利效应 DID 模型结果的稳健性检验

解释变量	截尾处理				时间期处理			
	模型 1 RE 截尾	模型 2 FE 截尾	模型 3 RE 截尾	模型 4 FE 截尾	模型 1 RE 2009～2016 年	模型 2 FE 2009～2016 年	模型 3 RE 2008～2015 年	模型 4 FE 2008～2015 年
df	0.8505576 (32.52)***	1.161911 (38.98)***	0.6903664 (26.99)***	1.013441 (33.18)***	1.32628 (38.55)***	1.889684 (49.02)***	0.866918 (27.80)***	1.481227 (43.58)***
dt	0.6690927 (36.45)***	0.5682127 (31.34)***	0.8092046 (40.82)***	0.5671349 (29.35)***	1.204288 (47.07)***	0.8724987 (32.96)***	1.069458 (44.19)***	0.9154196 (39.34)***
df × dt	-0.4005622 (-15.39)***	-0.2965741 (-11.92)***	-0.4530651 (-15.57)***	-0.2240813 (-8.43)***	-1.301622 (-33.06)***	-1.119601 (-29.56)***	-0.877195 (-23.31)***	-0.6343897 (-18.34)***
控制变量	控制	控制	控制	控制	控制	控制	控制	控制
常数项 _cons	2.82114 (50.91)***	2.753176 (45.95)***	1.999711 (37.65)***	2.051544 (32.50)***	1.653978 (24.67)***	1.993378 (22.71)***	1.065993 (16.18)***	0.3185598 (3.98)***
Hausman Test	0.0000	0.0000	0.0000	0.0000	0.0000	0.0000	0.0000	0.0000
R-sq	0.4343	0.4509	0.2607	0.2978	0.4050	0.4521	0.4179	0.4868
Number of obs	7542	7542	7542	7542	7056	7056	7056	7056
Number of groups	838	838	838	838	882	882	882	882
F-statistic	5128.73	964.82	3043.47	498.42	4110.27	969.40	3671.10	1114.45

注：结果由 Stata14.1 软件计算得出。括号内的数值为 t 统计值，*** 表示在 1% 的水平下通过显著性检验。

所示（根据 Hausman Test 结果选择固定效应模型），将基础数据的时间序列进行变换，分别选择了 2008 ~ 2015 年和 2009 ~ 2016 年两个新的面板数据时期，样本量均为 7056 个，通过模型分析来判断政策效应是否会发生较大变动。表中时间期处理模型 2 和模型 4 的结果显示，政策效应系数仍然为负数（系数为 -1. 119601、-0. 6343897，在 1% 的水平上显著）且显著性水平并未降低，在相关关系上并未发生逆转，其政策效应结果甚至还优于 DID 模型结果，说明原回归结果是稳定的，说明财政“省直管县”改革前后对医疗福利效应影响的结果是稳定的。

第6章　财政“省直管县”绩效影响因素分析

在前面通过双重差分模型（DID）、基尼系数进行财政“省直管县”绩效实证分析的基础上，针对激励效应、均等效应和福利效应的特点和本书获取到的数据，本部分采用多元回归模型进行实证分析，并设置3类样本组进行稳健性检验，通过实证分析探究财政“省直管县”的激励效应、均等效应和福利效应的影响因素和影响程度。

6.1　背景介绍与理论推导

6.1.1　背景介绍

帕顿和沙维奇（Patton & Sawicki，1993）认为，20世纪80~90年代公共政策评估和绩效评价中专家先后采用了100种以上的方法[①]。因此，公共政策绩效评价过程中为了保证准确性，必

① Patton Carl, Sawicki, David S. Basic Methods of Policy Analysis and Planning [J]. International Journal of Globalisation & Small Business, 1993, 6 (3/4): 844-856.

须综合利用多种方法，并进行对比分析以得出客观的绩效评价结论（马国贤、任晓辉，2012）①。在财政“省直管县”改革对县级政府经济社会研究中，李一花和李齐云（2014，采用多元回归和双重差分方法）、王婧等（2016，采用经济活力指数分析和双重差方法）②、赵建吉等（2017，采用DEA模型和多元回归方法）均采用多维度实证分析方法对财政“省直管县”改革效应分析以得出客观的绩效评价结论。

前面通过“自然实验”来分析财政“省直管县”的经济发展、财政收支、居民福利效应，为了进行对比分析和更全面地反映财政“省直管县”改革绩效，本部分采用多元回归方法进行财政管理体制的经济发展、财政收支、居民福利效应分析，以进行改革绩效对比分析，形成财政“省直管县”改革的客观绩效评价结论。

在财政“省直管县”经济社会影响多元回归方法分析中，学者们普遍采用构建财政收入、财政支出分权指标作为解释变量进行分析。在财政“省直管县”改革对县级政府经济发展影响方面：肖文和周明海（2008）、李夏影（2010）、才国伟和黄亮雄（2010）、赖玥（2013）、贾俊雪等（2013）、李丹（2013）、赵建吉等（2017）认为，改革促进了县级政府经济发展；而刘小勇（2008）、高军和王晓丹（2012）、李猛（2012）、李一花和李齐云（2014）认为，改革对县级政府经济发展影响不显著甚至抑制了县级政府经济发展。在财政“省直管县”改革对县级财政收支影响方面：才国伟和黄亮雄（2010）认为，改革促进了县

① 马国贤，任晓辉．公共政策分析与评估［M］．上海：复旦大学出版社，2012：152.

② 王婧，乔陆印，李裕瑞．“省直管县”财政体制改革对县域经济影响的多维测度——以山西省为例［J］．经济经纬，2016，33（2）：1－6.

级财政支出增长而对县级财政收入影响不显著；贾俊雪等（2013）认为，改革促进了县级财政收入增长而对县级财政支出影响不显著；李丹（2013）则认为，改革同时促进了县级财政收入、财政支出增长。在财政“省直管县”改革对县级政府居民福利影响方面：王德祥和李建军（2008）认为，改革改善了县级政府公共服务供给，提高了居民福利水平；刘佳等（2012）认为，改革后县级财政轻视服务性地方公共品供给，未有效改善居民福利；宗晓华和叶萌（2016）认为，改革在东部地区改善了农村教育福利，在中部地区降低了农村教育福利，且在西部地区改革对农村教育福利影响不显著。

通过文献的梳理可以发现，学者们对财政“省直管县”经济社会影响结果存在争议，主要由于使用不同范围的省级、市级和县级样本数据差异和采用财政收入分权度、财政支出分权度等解释变量差异。因此，本部分采用全国性县级面板数据，以解决单个省级面板数据对实证结果的影响，同时，设置政策虚拟变量、优化财政收入和财政支出分权度指标，来分析改革对县级政府经济发展、财政收入、居民福利的影响。

6.1.2 理论推导

本书尝试通过多元回归分析模型来研究财政“省直管县”改革的激励效应、均等效应和福利效应等方面政策效应的影响因素，根据本书研究的面板数据来看，数学统计分析上的线性分析方法能够一定程度上反映本书所需要的研究结论，基于先前研究学者的研究成果，在面板数据分析过程中较多采用的多元回归分析方法有最小二乘法、固定效应模型和随机效应模型。

一般认为，最小二乘法最早应用于天体运动中预测天体轨迹，高斯是较为公认的最小二乘法的发明者，其证明了最小二乘法在数据拟合上优于其他方法。在经济学上，最小二乘法的应用也非常广泛，其一元回归模型的设定比较简单，在此不作过多描述。对于多元回归分析而言，最小二乘法常常成为选择最多的应用方法，但对于线性拟合的要求较高。以一个简单的二元回归分析模型设定来看，最小二乘法的公式为：

$$Y=\beta_0+\beta_1X_1+\beta_2X_2+\delta \tag{6-1}$$

其中，Y 代表因变量，β_0 表示常数项，X_1 和 X_2 代表两个自变量，β_1 和 β_2 分别表示 X_1 和 X_2 的回归系数，δ 代表残差项。

最小二乘法的结果是理想性、唯一性的，实际应用过程中对于原始数据的要求较高。

固定效应模型是基于面板数据分析较常采用的一种回归分析方法。固定效应模型对于所研究对象要求其具有共同的真实效应量，仅仅对于抽样所带来的误差表示可接受，也就是说，其异质性应该是较低的（《科克伦手册》指出，异质性低于40%的情况下才可以采用固定效应模型）。固定效应模型的应用早在1976年就出现了，其在系统评价分析领域有着非常广泛的应用。其模型基本公式为：

$$Y_{it}=\beta_{1i}+\sum_{k=2}^{K}\beta_kX_{kit}+\mu_{it} \tag{6-2}$$

其中，Y 为因变量，X 表示自变量，i 和 t 分别表示横截面和时间序列数据，在多个研究对象的基础上，β_{1i}表示每个研究对象的截距项，β_k 表示回归系数，u_{it}表示误差项。模型的假定条件包含回归系数不会随着研究对象或者时间的变化而变化。

随机效应模型是在固定效应模型基础上演变而来的，由于针对研究对象同质性的假定在一些研究中难以满足，因此，通过干扰项的方式来解决，主要是针对截距项的处理。其模型基本公式为：

$$Y_{it} = \beta_1 + \sum_{k=2}^{K} \beta_k X_{kit} + w_{it} \qquad (6-3)$$

其中，Y 为因变量，X 表示自变量，i 和 t 分别表示横截面单位（个体）和时间，在多个研究对象的基础上，β_1 表示一个固定的截距项，β_k 表示回归系数，w_{it}表示合成误差项。随机效应模型与固定效应模型的主要区分就是截距项上，随机效应模型的截距项是一个固定值，而 w_{it}误差项则是由 u_{it}和 ε_{it}共同组成的合成误差项，既随着截面单位变化而变化，也随着时间变化而变化。

固定效应模型和随机效应模型还包含个体和时间上的差异所带来的区别，这一点在实证分析过程中可以加以区分。至于这两种模型的选择，则取决于误差项和 X 之间的相关性，可以利用多种检验方法加以区分，本书实证分析中会进一步介绍。

6.2 变量选取与数据来源

6.2.1 变量选取

本章主要进行财政“省直管县”激励效应、均等效应和福利效应的影响因素检验和分析，采用多元回归模型实证分析财政“省直管县”改革对县级政府激励效应、均等效应和福利效应的影响因素和影响程度。

6.2.1.1 被解释变量

（1）在财政“省直管县”改革激励效应中，主要采用多元回归实证分析财政“省直管县”改革对经济发展和地方财政收入的影响，主要采用经济增长、财政收入增长等指标，因此，本书选取人均县级政府地区生产总值增长率（rgdp）、人均县级财政收入增长率（rpfr）作为被解释变量，反映控制了人口（劳动力）因素对上述变量影响下的财政“省直管县”改革对县级财政发展经济、增加财政收入是否产生了激励效应。

（2）在财政“省直管县”均等效应中，本书主要采用多元回归实证分析财政“省直管县”改革对县级财政收入偏离平均程度（pfrd）、财政支出偏离平均程度（pfrd）的影响，主要采用财政收入、财政支出偏离值等指标，因此，本书选取县级政府人均财政收入、财政支出偏离年度县级政府平均值作为被解释变量，反映上述变量影响下的财政“省直管县”改革对县级财政收入、财政支出均等化是否产生了激励效应。

（3）在财政“省直管县”福利效应中，本书主要采用多元回归实证分析财政“省直管县”改革对县级政府教育、医疗等基本公共服务的影响，主要采用中小学生师资配备、医院基本设施配备等指标，因此，本书选取中小学师生比（pstu）、万人医院及医疗机构病床数（phbed）作为被解释变量，反映上述变量影响下的财政“省直管县”改革对县级政府教育和医疗福利是否产生了政策效应。

6.2.1.2 解释变量

在财政“省直管县”绩效影响因素分析中，部分学者选择地方财政收入分权、财政支出分权指标来分析财政“省直管县”改革对经济社会发展影响。但是鉴于我国地方财政体制的多维度特征，单一指标往往无法全部反映地方财政体制的分权程度（龚锋和雷欣，2010）。在财政“省直管县”影响因素分析中，本书在解释变量中设置政策虚拟变量（d）、财政收入分权度（fed_r）和财政支出分权度（fed_e）。

财政“省直管县”绩效影响因素需要设置能直接代表财政

“省直管县”改革的解释变量，同时，还要处理指标间的内生性问题。因此，本书利用财政“省直管县”改革这一外生制度冲击构建政策虚变量（d）作为解释变量，不仅建立了被解释变量与改革的直接联系，还避免了计量回归的内生性问题，这一变量也被李夏影（2010）、才国伟等（2011）、张永杰和耿强（2011）、贾俊雪等（2011、2013）、刘佳等（2011、2012）、宗晓华和叶萌（2016）等学者广泛采用。财政“省直管县”改革前赋值为0，改革后赋值为1，以分析改革对财政“省直管县”激励效应、均等效应和福利效应的具体影响。

财政分权是政府间就税权、事权、转移支付等所建立的契约组合（毛捷等，2018）①。财政“省直管县”作为地方财政管理体制的一种形式，其举措是构建省级财政与县级财政的直接联系，这一举措无疑扩大了县级财政收入和财政支出的自主性。现有的大多数研究财政“省直管县”改革的文献，均认为相较原有的财政“市管县”，改革是提高地方财政分权的一种方式（郑新业等，2011；高军和王晓丹，2012；贾俊雪等，2013；刘冲等，2014）。由于我国地方财政管理体制只具有地方财政收支的部分分配权而不具有严格法律意义上的分权，因此只是一种“事实分权”（周业安、章泉，2008）②。财政分权的测量指标一般从“收入”“支出”等角度加以测量。如果仅采用财政支出分权，将高估地方财政分权程度；采用财政收入分权，将低估地方财政分权程度（龚锋、雷欣，2010）。因此，本书采用财政收入分权度和财政支出分权度两种分权度来分析地方财政分权

① 毛捷，吕冰洋，陈佩霞. 分税的事实：度量中国县级财政分权的数据基础［J］. 经济学，2018，17（2）：499－526.

② 周业安，章泉. 财政分权、经济增长和波动［J］. 管理世界，2008（3）：6－15，186.

解释变量的影响。同时，由于地方财政分权指标的不同，会得出差异很大甚至相反的结论，本书在借鉴国内财政分权指标的基础上，在收入分权指标上选用了龚锋和雷欣（2010）[①] 加入GDP缩减系数的地方财政收入分权指标（消除了地方经济规模对财政分权的影响），在支出分权指标上选用了张晏和龚六堂（2005）[②] 的人均预算内本级财政支出平均指标（在横截面和时间序列两个方向上都更具有稳定性，且与其他财政分权指标相关系数平均值最大），这两个分权指标经张芬和赵晓军（2016）[③] 验证为最能反映政府分权度的收入分权指标和支出分权指标。

6.2.1.3　控制变量

（1）选取人口密度来控制劳动力增长对被解释变量的影响，书中用 dp 表示。

（2）县级政府城镇固定资产投资占地区生产总值的比重来控制投资增长对被解释变量的影响，书中用 rcinv 表示。

（3）选取县级政府第二产业增加值、第三产业增加值来反映地区经济结构，以控制经济结构对被解释变量的影响，书中分别用 vsi、vti 表示。

（4）选取县级财政收入以控制财政收入约束对被解释变量的影响，书中用 pfr 表示。

（5）人均地区生产总值来控制经济发展对被解释变量的影

① 龚锋，雷欣．中国式财政分权的数量测度［J］．统计研究，2010，27（10）：47－55.

② 张晏，龚六堂．分税制改革、财政分权与中国经济增长［J］．经济学（季刊），2005（4）：75－108.

③ 张芬，赵晓军．中国财政分权度量指标的比较研究［J］．经济研究参考，2016（34）：44－59.

响，书中用 pgdp 表示。

各回归模型所选取变量的内容和具体计算过程如表6－1至表6－5所示。

表6－1　　财政“省直管县”经济发展效应多元回归模型相关变量解释

变量名称	变量解释
人均地区生产总值增长率（rgdp）	（当年县级政府人均地区生产总值－上年度县级政府人均地区生产总值）/上年度县级政府人均地区生产总值
政策虚拟变量（d）	虚拟变量，政策实施后赋值为1，政策实施前赋值为0
财政收入分权度（fed_r）	本县级政府人均预算内外财政收入×（1－本县级政府地区生产总值/全省地区生产总值）/（本县级政府人均预算内外财政收入＋上一财政层级人均预算内外财政收入）
财政支出分权度（fed_e）	[（本县级政府人均预算内外支出/上一财政层级政府人均预算内外财政总支出）＋（本县级政府人均预算内财政支出－本县级政府人均净转移支付）/上一财政层级政府人均预算内本级支出]/2
人口密度（dp）	年末县级政府常住人口数/县级政府行政区域土地面积
城镇固定资产投资占生产总值比重（rcinv）	当年县级政府全社会固定资产投资/当年地区生产总值
第二产业增加值占比（rvsi）	县级政府第二产业增加值/县级政府地区生产总值
第三产业增加值占比（rvti）	县级政府第三产业增加值/县级政府地区生产总值

表6－2　　财政“省直管县”财政收入效应多元回归模型相关变量解释

变量名称	变量解释
人均财政收入增长率（rpfr）	（当年县级政府人均一般预算收入－县级政府人均上年度一般预算收入）/县级政府人均上年度一般预算收入
政策虚拟变量（d）	虚拟变量，改革实施后赋值为1，改革实施前赋值为0
人口密度（dp）	年末县级政府常住人口数/县级政府行政区域土地面积
城镇固定资产投资占生产总值比重（rcinv）	当年县级政府全社会固定资产投资/当年县级政府地区生产总值

续表

变量名称	变量解释
第二产业增加值占比（rvsi）	县级政府第二产业增加值/县级政府地区生产总值
第三产业增加值占比（rvti）	县级政府第三产业增加值/县级政府地区生产总值

表6－3　财政“省直管县”财政收入均等效应多元回归模型相关变量解释

变量名称	变量解释
人均财政收入偏离值（pfrd）	县级政府当年人均财政收入－当年全国县级政府人均财政收入均值
政策虚拟变量（d）	虚拟变量，改革实施后赋值为1，改革实施前赋值为0
人口规模（p）	年末常住人口数
城镇固定资产投资额（cinv）	县级政府当年城镇固定资产投资额
第二产业增加值（vsi）	县级政府第二产业增加值
第三产业增加值（vti）	县级政府第三产业增加值

表6－4　财政“省直管县”财政支出均等效应多元回归模型相关变量解释

变量名称	变量解释
人均财政支出偏离值（pfed）	县级政府人均财政支出－当年全国县级政府人均财政支出均值
政策虚拟变量（d）	虚拟变量，改革实施后赋值为1，改革实施前赋值为0
中小学生在校学生数（stu）	县级政府普通中学、普通小学在校学生数
医院及卫生机构病床数（hbed）	县级政府医院及卫生机构病床数
人口规模（p）	县级政府年末常住人口数
城镇固定资产投资额（cinv）	县级政府城镇固定资产投资额

续表

变量名称	变量解释
第二产业增加值(vsi)	县级政府第二产业增加值
第三产业增加值(vti)	县级政府第三产业增加值

表6-5 财政“省直管县”福利效应多元回归模型相关变量解释

变量名称	变量解释
中小学师生比(pstu)	县级政府中小学专任教师数/县级政府中小学在校生数
万人医院及卫生机构病床数(phbed)	县级政府每万人医院及卫生机构床位数
政策虚拟变量(d)	虚拟变量，改革实施后赋值为1，改革实施前赋值为0
财政收入分权度(fed_r)	县级政府人均预算内外财政收入×(1-本县级政府地区生产总值/全省地区生产总值)/(本县级政府人均预算内外财政收入+上一财政层级人均预算内外财政收入)
财政支出分权度(fed_e)	[(本县级政府人均预算内外支出/上一财政层级政府人均预算内外财政总支出)+(本县级政府人均预算内财政支出-本县级政府人均净转移支付)/上一财政层级政府人均预算内本级支出]/2
人口密度(pd)	县级政府年末常住人口总数/县级政府行政区划面积
人均地区生产总值(pgdp)	县级政府地区生产总值/县级政府年末常住人口总数

6.2.2 数据来源

本书是以财政“省直管县”改革所引起的经济发展、财政收支和居民福利政策效应进行分析，因此，在数据的时间期选择上确定为2008~2016年，数据的个体选择是基于河北、山西、辽宁、吉林、黑龙江、江苏、浙江、安徽、福建、江西、山东、河南、湖北、湖南、广东、广西、四川、贵州、云南、陕西、甘肃、青海、宁夏等23个省、自治区的882个县级政府，样本总量为7938个。构成了本章实证分析的基础面板数据。具体数据来源如下：县级财政支出总额、教育支出、医疗支出数据来源于《全国地市县财政统计资料》（2003～2009 年）、历年《县级财政预决算公开表》（2012～2017 年数据来源于县级政府网站公布的财政预决算数据，缺失数据主要通过申请政府信息公开方式获取），地区生产总值、人口、产业增加值等数据主要是根据历年《中国县域经济统计年鉴》。本书变量中以价格计量的都根据 2009 年居民价格消费指数进行调整（名义价格/实际价格），同时，为了消除异方差影响，对于非比率的变量均进行对数化处理。

本书将上述数据分为财政“省直管县”施行地区样本组（共 562 个县级政府，样本总量为 5058 个，以下简称“样本组”）、财政“省直管县”施行地区剔除民族自治地区样本组（共 533 个县级政府，样本总量为 4797 个，以下简称“稳健检验样本组 1”）、财政“省直管县”施行地区加入财政“市直县”施行地区样本组（共 882 个县级政府，样本总量为 7938 个，以下简称“稳健检验样本组 2”）、财政“省直管县”施行地区加入财政“市直县”施行地区再剔除民族自治地区样本组（共 829 个县级政府，样本总量为 7461 个，以下简称“稳健检验样本组 3”）进行实证分析。

6.3 财政“省直管县”激励效应影响因素分析

本部分以财政“省直管县”县级政府作为研究对象，采用多元回归模型实证分析财政“省直管县”改革对人均地区生产总值为代表的经济发展、人均财政收入为代表的财政增收的影响，并设置 3 类样本组进行稳健性检验，通过实证分析进一步探究改革对经济发展、财政收入增长等产生的影响。

6.3.1　实证分析

6.3.1.1　经济发展效应回归结果与解释

（1）基本模型与描述性统计。根据前面理论推导和变量选取情况，财政“省直管县”经济发展效应的实证分析基本经济模型设定如下：

$$rgdp_{it} = \beta_{1i} + \beta_{2i}d + \beta_{3i}fed\_r_{it} + \beta_{4i}fed\_e_{it} + \beta_{5i}\ln dp_{it} + \beta_{6i}rcinv_{it} + \beta_{7i}rvpi_{it} + \beta_{8i}rvsi_{it} + u_{it} \qquad (6-4)$$

其中，i 代表县级政府，t 代表时间，u_{it} 代表误差项，因进行检验之前不确定具体模型，因此 u_{it} 误差项中可能包含特异项。变量的描述性统计量如表 6－6 所示。

表 6－6　　经济发展效应回归模型变量的描述性统计量

变量名称	样本量	均值	标准差	最小值	最大值
人均地区生产总值增长率（rgdp）	5058	0.1260984	0.0964052	－0.063219	0.164537
政策虚拟变量（d）	5058	0.6666667	0.4714511	0	1
财政收入分权率（fed_r）	5058	0.2744581	0.1363041	0.138154	0.8404754
财政支出分权率（fed_e）	5058	0.4318359	0.2774684	0.154368	3.641608
人口密度（dp）	5058	404.5602	292.5335	0.26	2808.99
城镇固定资产投资占生产总值比重（rcinv）	5058	0.7933256	0.5136464	0.0108716	11.54126
第二产业增加值占比（rvsi）	5058	0.453664	0.1280347	0.0532	0.8855333
第三产业增加值占比（rvti）	5058	0.3376647	0.0882539	0.249411	0.806

注：结果由 Stata14.1 软件计算得出。

（2）共线性检验。多元线性回归模型的假定之一就是解释变量之间不存在多重共线性。如果解释变量存在多重共线性且解释变量之间存在高度相关，就会使普通最小二乘法失效。然而，在实际经济分析中多重共线性普遍存在，这就要求对构建多元线性回归模型中的解释变量进行多重共线性检验，如存在多重共线性应采取删减和整合解释变量、先验信息参数约束、分布估计参数等方法予以消除。

本书利用方差膨胀因子方法进行经济发展效应多元回归模型的解释变量共线性检验，结果如表6-7所示。经济发展效应多元回归模型解释变量的方差膨胀因子（variance inflation factor，VIF）均小于4，且方差膨胀因子平均值（mean VIF）为2.15，因此解释变量间不存在多重共线性[①]。

表6-7　经济发展效应多元回归模型的解释变量共线性检验结果

变量名称	VIF	1/VIF
政策虚拟变量（d）	1.19	0.837801
财政收入分权率（fed_r）	3.69	0.271221
财政支出分权率（fed_e）	2.74	0.365275
城镇固定资产投资占生产总值比重（rcinv）	1.24	0.806546
人口密度（lndp）	1.16	0.862664
第二产业增加值占比（rvsi）	2.26	0.442211
第三产业增加值占比（rvti）	2.79	0.358984
mean VIF	2.15	

注：结果由Stata14.1软件计算得出。

（3）实证分析结果。根据表6-8中模型2的结果显示，财政“省直管县”对经济发展影响的回归模型选择应该是固定效应模型（模型1的豪斯曼检验结果显示P值为0.0000，在1%

① 经验判断方法表明：当0 < VIF < 10，不存在多重共线性；当10≤VIF < 100，存在较强的多重共线性；当VIF≥100，存在严重多重共线性。

的水平上拒绝随机效应假设）。

表6-8　　经济发展效应回归结果

解释变量	模型1 FE rgdp	模型2 FE rgdp	模型3 FE rgdp
人口密度 lndp	-0.1266094 (-4.19)***	-0.1316295 (-4.36)***	-0.1323326 (-4.37)***
城镇固定资产投资占生产总值比重 rcinv	0.0608396 (13.52)***	0.0615093 (13.69)***	0.0606851 (13.49)***
第二产业增加值占比 rvsi	0.2664133 (7.84)***	0.2484406 (7.28)***	0.2560397 (7.49)***
第三产业增加值占比 rvpi	0.1671838 (2.89)***	0.1442146 (2.49)**	0.1595732 (2.76)***
财政收入分权度 fed_r	-0.0922608 (-2.20)**	-0.0179944 (-0.40)	-0.0827016 (-1.97)**
财政支出分权度 fed_e	-0.0018985 (-0.10)	0.005258 (0.26)	0.0135173 (0.65)
政策虚拟变量 d	-0.015435 (-4.35)***	-0.0111591 (-1.67)*	-0.0038263 (-1.68)*
交互项1 fed_r×d		-0.097754 (-4.70)***	
交互项2 fed_e×d			-0.0270249 (-2.69)***
常数项 _cons	0.8480439 (4.80)***	0.8580157 (4.87)***	0.8747535 (4.95)***
Hausman Test	0.0000	0.0000	0.0000
R-sq	0.1003	0.1047	0.1017
Number of obs	5058	5058	5058
Number of groups	562	562	562
F-statistic	71.46	65.58	63.51

注：结果由Stata14.1软件计算得出。括号内的数值为t统计值，***、**和*分别表示在1%、5%、10%的水平下通过显著性检验。

解释变量中政策虚拟变量（d）与县级政府人均地区生产总值增长率（rgdp）存在显著负相关关系（回归系数为-0.015435，根据t值判断在1%的水平上通过显著性检验），说明财政“省直管县”改革抑制了县级政府经济增长，这与财政“省直管县”改革经济发展效应存在性DID模型实证分析的结论一致。解释变量中财政收入分权度（fed_r）与人均地区生产总值增长率（rgdp）存在明显的负相关关系（回归系数为-0.0922608，根据t值判断在5%的水平上通过显著性检验），说明公共品供给中县级财政的自主程度提高，存在将财政资源更多用于行政管理支出，以及追求“政绩工程”而谋求更多财政收入增长和配置更多资源倾向。解释变量中财政支出分权度（fed_e）与人均地区生产总值增长率（rgdp）不存在统计意义上的显著相关性（未能在10%的水平上通过检验），但根据回归系数（-0.0018985）判断，二者的相关关系也是负向的。

控制变量中人口密度与人均地区生产总值增长率（rgdp）存在明显的负相关关系（回归系数为-0.1266094，根据t值判断在1%的水平上通过显著性检验）；城镇固定资产投资增长与人均地区生产总值增长率（rgdp）存在明显的正相关关系（回归系数为0.0608396，根据t值判断在1%的水平上通过显著性检验）；第二产业增加值占地区生产总值比重与人均地区生产总值增长率（rgdp）存在明显的正相关关系（回归系数为0.2664133，根据t值判断在1%的水平上通过显著性检验）；第三产业增加值占地区生产总值比重与人均地区生产总值增长率（rgdp）存在明显的正相关关系（0.1671838，根据t值判断在1%的水平上通过显著性检验）。

为进一步明确解释变量间的协调关系，本书还选取了政策虚拟变量与财政收入分权度（模型2）、政策虚拟变量与财政支出分权度（模型3）进行交互项分析。增加交互项后的财政“省直管县”对经济发展影响的回归模型选择应该是固定效应模型（模型2、模型3的豪斯曼检验结果显示P值为0.0000，在1%的水平上拒绝随机效应假设）。模型2显示政策虚拟变量（d）与财政收入分权度（fed_r）的交互项与县级政府人均地区生产总值增长率（rgdp）存在明显的负相关关系，且根据回归系数（-0.097754）判断，在二者的交互作用下，能够更显著抑制县级政府经济增长，而且模型2中其他变量与被解释变量的相关关系结果并未出现明显变化。模型3显示政策虚拟变量（d）与财政支出分权度（fed_e）的交互项与县级政府人均地区生产总值增长率（rgdp）存在明显的负相关关系，且根据回归系数（-0.0270249）判断，在二者的交互作用下，同样能够更显著抑制县级政府经济增长，而且模型3中其他变量与被解释变量的相关关系结果并未出现明显变化。

根据上述结果可以发现，财政“省直管县”改革抑制了县级政府经济增长，这与财政“省直管县”改革经济发展效应存在性的结论一致。同时，财政“省直管县”改革提高财政收入分权度（fed_r）抑制县级政府经济增长的程度高于财政“省直管县”改革提高财政支出分权度（fed_e）抑制县级政府经济增长的程度。

6.3.1.2 财政收入效应回归结果与解释

（1）基本模型与描述性统计。根据前面理论推导和变量选取情况，财政“省直管县”财政收入激励效应的实证分析基本经济模型设定如下：

$$rpfr_{it} = \beta_{1i} + \beta_{2i}d + \beta_{3i}\ln dp_{it} + \beta_{4i}rcinv_{it} + \beta_{5i}rvpi_{it} + \beta_{6i}rvsi_{it} + u_{it} \quad (6-5)$$

其中，i 代表县级政府，t 代表时间，u_{it}代表误差项，因未进行检验之前不确定具体模型，因此 u_{it} 误差项中可能包含特异项。变量的描述性统计量如表6－9所示。

表6－9　　财政收入效应变量的描述性统计量

变量名称	样本量	均值	标准差	最小值	最大值
人均财政收入增长率（rpfr）	5058	0.2355621	0.2682274	－1	0.613561
政策虚拟变量（d）	5058	0.6666667	0.4714511	0	1
人口密度（dp）	5058	404.5602	292.5335	0.26	2808.99
城镇固定资产投资占生产总值比重（rcinv）	5058	0.7933256	0.5136464	0.0108716	11.54126
第二产业增加值占比（rvsi）	5058	0.453664	0.1280347	0.0532	0.8855333
第三产业增加值占比（rvti）	5058	0.3376647	0.0882539	0.249411	0.806

注：结果由Stata14.1软件计算得出。

（2）共线性检验。利用前面思路，通过方差膨胀因子方法，进行经济发展效应多元回归模型的解释变量共线性检验，结果如表6－10所示。经济发展效应多元回归模型解释变量的方差膨胀因子（VIF）均小于3，且方差膨胀因子平均值（mean VIF）为1.57，因此解释变量间不存在多重共线性①。

表6－10　财政收入效应多元回归模型的解释变量共线性检验结果

变量名称	VIF	1/VIF
政策虚拟变量（d）	1.19	0.837801
城镇固定资产投资占生产总值比重（rcinv）	1.24	0.806546
人口密度（lndp）	1.08	0.862664
第三产业增加值占比（rvti）	2.22	0.358984
第二产业增加值占比（rvsi）	2.15	0.442211
mean VIF	1.57	

注：结果由Stata14.1软件计算得出。

① 经验判断方法表明：当0 < VIF < 10，不存在多重共线性；当10≤VIF < 100，存在较强的多重共线性；当VIF≥100，存在严重多重共线性。

（3）实证分析结果。根据表6－11中模型1、模型2的结果显示，财政“省直管县”对财政收入影响的回归模型选择应该是固定效应模型（模型1的豪斯曼检验结果显示P值为0.0000，在1%的水平上拒绝随机效应假设）。

表6－11　　财政收入效应多元回归结果

解释变量	模型1 RE rpfr	模型2 FE rpfr	模型3 FE rpfr
人口密度 lndp	－0.0058555 （－1.33）	－0.3374924 （－3.82）***	－0.3293412 （－3.71）***
城镇固定资产投资占生产总值比重 rcinv	－0.011318 （－1.43）	－0.0765845 （－5.86）***	－0.0778209 （－5.92）***
第二产业增加值占比 rvsi	0.2415163 （5.69）***	1.029873 （10.38）***	1.024333 （10.30）***
第三产业增加值占比 rvpi	0.4504748 （7.63）***	0.7976941 （4.84）***	0.7932532 （4.81）***
政策虚拟变量 d	0.0727209 （8.48）***	0.0388242 （3.79）***	0.0036379 （3.07）***
交互项3 lndp×d			0.0074016 （2.32）**
常数项 _cons	0.1229014 （3.05）***	1.616368 （3.15）***	1.574155 （3.05）***
Hausman Test	0.0000	0.0000	0.0000
R-sq	0.0429	0.0672	0.0674
Number of obs	5058	5058	5058
Number of groups	562	562	562
F-statistic	191.95	64.72	54.04

注：结果由Stata14.1软件计算得出。括号内的数值为t统计值，***和**分别表示在1%和5%的水平下通过显著性检验。

解释变量中，政策虚拟变量（d）与人均财政收入增长率（rpfr）存在显著正相关关系（回归系数为0.0388242，根据t值判断在1%的水平上通过显著性检验），说明财政“省直管县”改革显著促进了县级财政收入增长，这与财政“省直管县”改革财政收入效应存在性 DID 模型实证分析的结论一致。

控制变量中，人口密度（lndp）与人均财政收入增长率（rpfr）存在明显的负相关关系（回归系数为 -0.3374924，根据 t 值判断在 1% 的水平上通过显著性检验）。城镇固定资产投资占生产总值比重（rcinv）与人均财政收入增长率（rpfr）存在显著的负相关关系（回归系数为 -0.0765845，根据 t 值判断在 1% 的水平上通过显著性检验）；第三产业增加值占比（rvti）与人均财政收入增长率（rpfr）存在显著的正相关关系（回归系数为 0.7976941，根据 t 值判断在 1% 的水平上通过显著性检验），第二产业增加值占比（rvsi）与人均财政收入增长率（rpfr）存在显著的正相关关系（回归系数为 1.029873，根据 t 值判断在 1% 的水平上通过显著性检验）。

为进一步明确解释变量间的协调关系，本书还选取了人口密度（dp）与政策虚拟变量（d）进行交互项分析。模型 3 显示，增加交互项后的财政“省直管县”对财政收入影响的回归模型选择应该是固定效应模型（模型 3 的豪斯曼检验结果显示 P 值为 0.0000，在 1% 的水平上拒绝随机效应假设）。模型 3 显示政策虚拟变量（d）与人口密度（dp）的交互项与县级政府人均财政收入增长率（rpfr）存在明显的正相关关系，且根据回归系数（0.0074016）判断，在二者的交互作用下，能够更显著促进县级财政收入增长，而且模型 3 中其他变量与被解释变量的相关关系结果并未出现明显变化。

6.3.2 稳健性检验

为了验证县级政府经济发展效应、财政收入效应多元回归模型回归结果的可靠性，本书设置了 3 个不同的稳健性检验组，分别引入财政“市管县”施行县级政府等未进行财政“省直管县”改革的样本，剔除进行了财政“省直管县”改革的民族自治地区（《关于推进省直接管理县财政改革的意见》中明确指出可不进行财政“省直管县”改革等民族自治地区）等样本，验证前面财政“省直管县”改革样本组经济发展、财政收入效应多元回归模型回归结果的可靠性和稳定性。

6.3.2.1　经济发展效应稳健性检验

（1）在稳健检验组1中，本书对4797个样本进行稳健性检验（样本组中剔除了261个民族自治地区县级政府样本）。根据表6－12中稳健检验组1多元回归模型固定效应结果（模型1、模型2、模型3的豪斯曼检验结果显示P值为0.0000，在1%的水平上拒绝随机效应假设），可以发现各解释变量和控制变量显著性上未发生变化，各解释变量、控制变量与被解释变量在相关关系上并未发生逆转。部分回归系数略有调整，其中：人口密度（dp）、城镇固定资产投资占生产总值比重（rcinv）、第三产业增加值占比（rvpi）等变量回归系数调整，发现政策效应较样本组回归结果更高一些；第二产业增加值占比（rvsi）、财政收入分权度（fed_r）、政策虚拟变量（d）、财政收入分权度与政策虚拟变量交互项（fed_r×d）、财政支出分权度与政策虚拟变量交互项（fed_e×d）等变量回归系数在部分模型下回归系数调整，发现政策效应较样本组回归结果更低一些。财政支出分权度（fed_e）与人均地区生产总值增长率（rgdp）仍不存在统计意义上的显著相关性（未能在10%的水平上通过检验）。

（2）在稳健检验组2中，本书对7938个样本进行稳健性检验（样本组中增加了2880个财政“市管县”县级政府样本）。根据表6－12中稳健检验组2多元回归模型固定效应结果（模型4、模型5、模型6的豪斯曼检验结果显示P值为0.0000，在

表 6－12　　经济发展效应影响因素回归结果稳健性检验

解释变量	稳健检验样本组 1			稳健检验样本组 2			稳健检验样本组 3		
	模型 1 FE rgdp	模型 2 FE rgdp	模型 3 FE rgdp	模型 4 FE rgdp	模型 5 FE rgdp	模型 6 FE rgdp	模型 7 FE rgdp	模型 8 FE rgdp	模型 9 FE rgdp
人口密度 lndp	－0. 1295905 （－4. 24）***	－0. 1346178 （－4. 41）***	－0. 1385331 （－4. 53）***	－0. 212855 （－4. 58）***	－0. 2207025 （－4. 77）***	－0. 2157986 （－4. 63）***	－0. 2249478 （－4. 62）***	－0. 2356952 （－4. 87）***	－0. 2235705 （－4. 58）***
城镇固定资产投资占生产总值比重 rcinv	0. 0630578 （13. 76）***	0. 0638003 （13. 95）***	0. 0631187 （13. 79）***	0. 0300905 （5. 47）***	0. 0317133 （5. 79）***	0. 0298918 （5. 43）***	0. 0245882 （4. 28）***	0. 0267445 （4. 67）***	0. 0246095 （4. 28）***
第二产业增加值占比 rvsi	0. 2313204 （6. 60）***	0. 2117345 （6. 01）***	0. 2158382 （6. 12）***	0. 0061404 （2. 23）**	0. 019709 （2. 74）***	0. 0078703 （2. 29）**	0. 0417739 （3. 53）***	0. 0563877 （3. 07）***	0. 0410593 （2. 85）***
第三产业增加值占比 rvti	0. 1751502 （2. 92）***	0. 1533451 （2. 56）**	0. 1659791 （2. 77）***	0. 7643801 （12. 51）***	0. 7205505 （11. 81）***	0. 7615659 （12. 46）***	0. 7002894 （10. 97）***	0. 6533981 （10. 25）***	0. 7012688 （10. 98）***
财政收入分权度 fed_r	－0. 0527113 （－2. 12）**	－0. 0001885 （－0. 20）	－0. 0547116 （－1. 98）**	－1. 297423 （－30. 81）***	－1. 121652 （－23. 85）***	－1. 296261 （－30. 77）***	－1. 370583 （－31. 12）***	－1. 1821 （－23. 94）***	－1. 371669 （－31. 07）***
财政支出分权度 fed_e	0. 0046854 （0. 21）	0. 001015 （0. 05）	0. 0112449 （0. 50）	0. 2395224 （12. 16）***	0. 240377 （12. 26）***	0. 2454657 （11. 91）***	0. 2674097 （11. 95）***	0. 2650606 （11. 91）***	0. 2656231 （11. 58）***

续表

解释变量	稳健检验样本组1			稳健检验样本组2			稳健检验样本组3		
	模型1 FE rgdp	模型2 FE rgdp	模型3 FE rgdp	模型4 FE rgdp	模型5 FE rgdp	模型6 FE rgdp	模型7 FE rgdp	模型8 FE rgdp	模型9 FE rgdp
政策虚拟变量 d	-0.0171205 (-4.73)***	-0.0098852 (-1.97)**	-0.0001626 (-1.75)*	-0.0214304 (-4.45)***	-0.0489176 (-5.00)***	-0.0153098 (-4.95)***	-0.0199346 (-3.97)***	-0.0549134 (-5.32)***	-0.0226209 (-2.48)**
交互项1 fed_r×d		-0.0984188 (-4.59)***			-0.2348668 (-8.24)***			-0.2487094 (-8.28)***	
交互项2 fed_e×d			-0.0403121 (-3.67)***			-0.0126118 (-7.98)***			-0.0055746 (-3.35)***
常数项 _cons	0.8863229 (4.93)***	0.8978536 (5.00)***	0.9308913 (5.17)***	1.770974 (6.90)***	1.760303 (6.89)***	1.783926 (6.95)***	1.854952 (6.86)***	1.858667 (6.91)***	1.848416 (6.82)***
Hausman Test	0.0000	0.0000	0.0000	0.0000	0.0000	0.0000	1.0000	0.0000	0.0000
R-sq	0.1020	0.1064	0.1048	0.1481	0.1563	0.1483	0.1546	0.1633	0.1546
Number of obs	4797	4797	4797	7938	7938	7938	7461	7461	7461
Number of groups	533	533	533	882	882	882	829	829	829
F-statistic	69.09	63.37	62.31	175.11	163.18	153.35	173.10	161.58	151.46

注：结果由Stata14.1软件计算得出。括号内的数值为t统计值，***、**和*分别表示在1%、5%、10%的水平下通过显著性检验。

1%的水平上拒绝随机效应假设)，可以发现各解释变量和控制变量显著性上优于样本组回归结果显著性，各解释变量、控制变量与被解释变量在相关关系上并未发生逆转。部分回归系数略有调整，其中：人口密度（dp)、财政支出分权度与政策虚拟变量交互项（fed_e×d）等变量回归系数调整，发现政策效应较样本组回归结果更高一些；城镇固定资产投资占生产总值比重（rcinv)、第二产业增加值占比（rvsi)、第三产业增加值占比(rvpi)、财政收入分权度（fed_r)、财政收入分权度与政策虚拟变量交互项（fed_r×d)、财政支出分权度与政策虚拟变量交互项（fed_e×d）等变量回归系数在部分模型下回归系数调整，发现政策效应较样本组回归结果更低一些。财政支出分权度(fed_e）和政策虚拟变量（d）等变量的显著性得到了提高，财政支出分权度（fed_e）与人均地区生产总值增长率（rgdp）存在明显的正相关关系（模型4、模型5、模型6的回归系数分别为0.2395224、0.240377、0.2454657，根据t值判断在1%的水平上通过显著性检验)，说明财政支出分权度（fed_e）较财政收入分权度（fed_r）在促进县级政府经济发展上更具政策效应。

（3）在稳健检验组3中，本书对7461个样本进行稳健性检验（稳健检验样本组3中剔除了477个民族自治地区样本县级政府)。根据表6-12中稳健检验组3多元回归模型固定效应结果（模型7、模型8、模型9的豪斯曼检验结果显示P值为0.0000，在1%的水平上拒绝随机效应假设)，可以发现各解释变量和控制变量显著性上相较样本组回归结果显著性并未降低，各解释变量、控制变量与被解释变量在相关关系上并未发生逆转。部分回归系数略有调整，其中：人口密度（dp)、第三产业增加值占比（rvpi)、财政支出分权度与政策虚拟变量交互项(fed_e×d）等变量回归系数调整，发现政策效应较样本组回归结果更高一些；城镇固定资产投资占生产总值比重（rcinv）、第二产业增加值占比（rvsi）、财政收入分权度（fed_r）、财政收入分权度与政策虚拟变量交互项（fed_r×d）等变量回归系数在部分模型下回归系数调整，发现政策效应较样本组回归结果更低一些。财政支出分权度（fed_e）和政策虚拟变量（d）等变量的显著性得到了提高，财政支出分权度（fed_e）与人均地区生产总值增长率（rgdp）存在明显的正相关关系（模型7、模型8、模型9的回归系数分别为0.2674097、0.2650606、0.2656231，根据t值判断在1%的水平上通过显著性检验），说明财政支出分权度（fed_e）较财政收入分权度（fed_r）在促进县级政府经济发展上更具政策效应。

综观3个经济发展效应稳健性检验组，多元回归模型固定效应结果中各解释变量、控制变量与被解释变量在相关关系上并未发生逆转，财政“省直管县”改革样本组经济发展效应多元回归模型回归结果并未受到冲击，具有可靠性和稳定性。

6.3.2.2　财政收入效应稳健性检验

（1）在稳健检验组1中，本书对4797个样本进行稳健性检验（样本组中剔除了261个民族自治地区县级政府样本）。根据表6-13中稳健检验组1多元回归模型固定效应结果（模型1、模型2、模型3的豪斯曼检验结果显示P值为0.0000，在1%的水平上拒绝随机效应假设），可以发现各解释变量和控制变量显著性上未发生变化，各解释变量、控制变量与被解释变量在相关关系上并未发生逆转。部分回归系数略有调整，其中：人口密度（dp）、第一产业增加值占比（rvpi）、政策虚拟变量（d）、人口密度与政策虚拟变量交互项（dp×d）等变量回归系数调整，发现政策效应较样本组回归结果更高一些；城镇固定资产

表 6－13 财政收入效应影响因素回归结果稳健性检验

解释变量	稳健检验样本组 1			稳健检验样本组 2			稳健检验样本组 3		
	模型 1 RE rpfr	模型 2 FE rpfr	模型 3 FE rpfr	模型 4 RE rpfr	模型 5 FE rpfr	模型 6 FE rpfr	模型 7 RE rpfr	模型 8 FE rpfr	模型 9 FE rpfr
人口密度 lndp	－0. 0050551 （－1. 12）	－0. 3648677 （－4. 37）***	－0. 3562371 （－4. 24）***	－0. 0200506 （－5. 01）***	－0. 3721318 （－3. 56）***	－0. 3745555 （－3. 58）***	－0. 0224823 （－5. 25）***	－0. 3588243 （－3. 34）***	－0. 3602591 （－3. 36）***
城镇固定资产投资占生产总值比重 rcinv	－0. 0118283 （－1. 58）	－0. 0754248 （－6. 07）***	－0. 0763989 （－6. 12）***	0. 0086426 （1. 09）	－0. 0636718 （－5. 17）***	－0. 0622885 （－5. 04）***	0. 0084676 （1. 04）	－0. 0625583 （－4. 96）***	－0. 0619358 （－4. 90）***
第二产业增加值占比 rvsi	0. 245942 （5. 98）***	0. 9901449 （10. 33）***	0. 98535 （10. 26）***	0. 081429 （2. 28）**	0. 3338901 （5. 60）***	0. 3371927 （5. 65）***	0. 0809432 （2. 24）**	0. 302341 （5. 04）***	0. 3042849 （5. 07）***
第三产业增加值占比 rvti	0. 4665787 （8. 26）***	0. 8272198 （5. 18）***	0. 825943 （5. 17）***	0. 2486078 （－0. 10）	0. 0136674 （4. 53）***	0. 0116051 （4. 06）***	0. 2589009 （4. 65）***	0. 0624389 （0. 45）	0. 061866 （0. 44）
时间虚拟变量 d	0. 0718697 （8. 80）***	0. 037571 （3. 84）***	0. 0078496 （3. 15）***	0. 0990682 （10. 69）***	0. 0739038 （6. 86）***	0. 1299277 （2. 96）***	0. 0946607 （10. 05）***	0. 068818 （6. 25）***	0. 1001044 （2. 15）**

续表

解释变量	稳健检验样本组1			稳健检验样本组2			稳健检验样本组3		
	模型1 RE rpfr	模型2 FE rpfr	模型3 FE rpfr	模型4 RE rpfr	模型5 FE rpfr	模型6 FE rpfr	模型7 RE rpfr	模型8 FE rpfr	模型9 FE rpfr
交互项3 lndp×d			0.0078527 (2.05)**			0.0101514 (3.32)***			0.0056157 (1.99)**
常数项 _cons	0.1107619 (2.77)***	1.79515 (3.67)***	1.748589 (3.55)***	0.3196646 (8.89)***	2.232795 (3.89)***	2.243246 (3.91)***	0.3288246 (8.86)***	2.1699 (3.65)***	2.176696 (3.66)***
Hausman Test	1.0000	0.0000	0.0000	1.0000	0.0000	0.0000	1.0000	0.0000	0.0000
R-sq	0.0486	0.0745	0.0746	0.0207	0.0301	0.0301	0.0200	0.0282	0.0283
Number of obs	4797	4797	4797	7938	7938	7938	7461	7461	7461
Number of groups	533	533	533	882	882	882	829	829	829
F-statistic	213.50	68.55	57.25	215.00	36.48	36.48	208.73	38.50	32.16

注：结果由Stata14.1软件计算得出。括号内的数值为t统计值，***和**分别表示在1%和5%的水平下通过显著性检验。

投资占生产总值比重（rcinv）、第二产业增加值占比（rvsi）等变量回归系数在部分模型下回归系数调整，发现政策效应较样本组回归结果更低一些。

（2）在稳健检验组2中，本书对7938个样本进行稳健性检验（样本组中增加了2880个财政“市管县”县级政府样本）。根据表6-13中稳健检验组2多元回归模型固定效应结果（模型4、模型5、模型6的豪斯曼检验结果显示P值为0.0000，在1%的水平上拒绝随机效应假设），可以发现各解释变量和控制变量显著性上相较样本组回归结果显著性并未降低，各解释变量、控制变量与被解释变量在相关关系上并未发生逆转。部分回归系数略有调整，其中：人口密度（dp）、城镇固定资产投资占生产总值比重（rcinv）、政策虚拟变量（d）、人口密度与政策虚拟变量交互项（dp×d）等变量回归系数调整，发现政策效应较样本组回归结果更高一些；第一产业增加值占比（rvpi）、第二产业增加值占比（rvsi）等变量回归系数在部分模型下回归系数调整，发现政策效应较样本组回归结果更低一些。

（3）在稳健检验组3中，本书对7461个样本进行稳健性检验（稳健检验样本组3中剔除了477个民族自治地区县级政府样本）。根据表6-13中稳健检验组2多元回归模型固定效应结果（模型7、模型8、模型9的豪斯曼检验结果显示P值为0.0000，在1%的水平上拒绝随机效应假设），可以发现各解释变量和控制变量显著性上相较样本组回归结果显著性并未降低，各解释变量、控制变量与被解释变量在相关关系上并未发生逆转。部分回归系数略有调整，其中：人口密度（dp）、城镇固定资产投资占生产总值比重（rcinv）、政策虚拟变量（d）等变量回归系数调整，发现政策效应较样本组回归结果更高一些；第一产业增加值占比（rvpi）、第二产业增加值占比（rvsi）、人口密度与政策虚拟变量交互项（dp×d）等变量回归系数在部分模型下回归系数调整，发现政策效应较样本组回归结果更低一些。

综观3个经济发展效应稳健性检验组，多元回归模型固定效应结果中各解释变量、控制变量与被解释变量在相关关系上并未发生逆转，财政“省直管县”改革样本组财政收入效应多元回归模型回归结果并未受到冲击，具有可靠性和稳定性。

6.4　财政“省直管县”均等效应影响因素分析

本部分以财政“省直管县”施行县级政府作为研究对象，采用多元回归模型实证分析财政“省直管县”改革对县级政府人均财政收入、支出偏离年度县级政府平均值为代表的财政收入、支出均等化指标的影响，并设置3类样本组进行稳健性检验，通过实证分析进一步探究改革对财政收入、支出均等化效应等产生的影响。

6.4.1　实证分析

6.4.1.1　财政收入均等效应回归结果与解释

（1）基本模型与描述性统计。根据前面理论推导和变量选取情况，财政“省直管县”财政收入均等效应的实证分析基本经济模型设定如下：

$$pfrd_{it} = \beta_{1i} + \beta_{2i}d + \beta_{3i}\ln p_{it} + \beta_{4i}\ln cinv_{it} + \beta_{5i}\ln vpi_{it} + \beta_{6i}\ln vsi_{it} + \beta_{7i}\ln vti_{it} + u_{it} \quad (6-6)$$

其中，i代表县级政府，t代表时间，u_{it}代表误差项，因未进行检验之前不确定具体模型，因此 u_{it} 误差项中可能包含特异项。模型变量的描述性统计量如表6-14所示。

表6-14　　财政收入均等效应变量的描述性统计量

变量名称	样本量	均值	标准差	最小值	最大值
人均财政收入偏离值（pfrd）	5058	1674.055	2424.013	-1629.06	38695.42
政策虚拟变量（d）	5058	0.6666667	0.4714511	0	1
人口规模（p）	5058	58.53611	34.56413	0.8	200
城镇固定资产投资额（cinv）	5058	1097559	1320079	8559	2.77e+07
第二产业增加值（vsi）	5058	807375.6	1345734	7082	1.71e+07
第三产业增加值（vti）	5058	556196.4	954727.3	5466.5	1.42e+07

注：结果由Stata14.1软件计算得出。

（2）共线性检验。利用前面6.3.1思路，通过方差膨胀因子方法，进行财政收入均等效应多元回归模型的解释变量共线性检验，结果如表6-15所示。财政收入均等效应多元回归模型解释变量的方差膨胀因子（VIF）均小于6，且方差膨胀因子平均值（mean VIF）为3.71，因此解释变量间不存在多重共线性①。

表6-15　　财政收入均等效应多元回归模型的解释变量共线性检验结果

变量名称	VIF	1/VIF
人口规模（lnp）	5.73	0.174419
城镇固定资产投资额（lncinv）	4.79	0.208699
第二产业增加值（lnvsi）	3.39	0.294987
第三产业增加值（lnvti）	2.49	0.401593
政策虚拟变量（d）	1.62	0.617251
mean VIF	3.71	

注：结果由Stata14.1软件计算得出。

① 经验判断方法表明：当0 < VIF < 10，不存在多重共线性；当10≤VIF < 100，存在较强的多重共线性；当VIF≥100，存在严重多重共线性。

（3）实证分析结果。根据表6－16中模型2的结果显示，财政“省直管县”对财政收入均等效应影响的回归模型选择应该是固定效应模型（模型1的豪斯曼检验结果显示P值为0.0000，在1%的水平上拒绝随机效应假设）。

表6－16　　　　财政收入均等效应回归结果

解释变量	模型1 RE pfrd	模型2 FE pfrd	模型3 FE pfrd
人口规模 lnp	－1.112465 （－32.25）***	－0.4285865 （－4.00）***	－0.3563387 （－3.32）***
城镇固定资产投资额 lncinv	0.1168606 （11.47）***	0.0868242 （8.07）***	0.0911211 （8.49）***
第二产业增加值 lnvsi	0.4422853 （26.67）***	0.4610846 （23.19）***	0.4656477 （23.50）***
第三产业增加值 lnvti	0.4800321 （26.83）***	0.4561371 （23.69）***	0.4552639 （23.74）***
政策虚拟变量 d	0.2362427 （19.73）***	0.2006289 （15.46）***	0.4525629 （10.44）***
交互项4 lncinv×d			0.0649605 （6.09）***
常数项 _cons	－3.322693 （－16.05）***	－7.006298 （－16.29）***	－7.176436 （－16.71）***
Hausman Test	0.0000	0.0000	0.0000
R-sq	0.8574	0.8597	0.8609
Number of obs	5058	5058	5058
Number of groups	562	562	562
F-statistic	28191.55	4586.37	3968.04

注：结果由Stata14.1软件计算得出。括号内的数值为t统计值，***表示在1%的水平下通过显著性检验。

解释变量中政策虚拟变量（d）与县级政府人均财政收入偏离值（pfrd）存在显著正相关关系（回归系数为0.2006289，根据t值判断在1%的水平上通过显著性检验），说明财政“省直管县”改革扩大了县级政府人均财政收入差距。

控制变量中人口规模（lnp）与人均财政收入偏离值（lnpfrd）存在显著的负相关关系（回归系数为-0.4285865，根据t值判断在1%的水平上通过显著性检验）；城镇固定资产额（lncinv）与人均财政收入偏离值（lnpfrd）存在明显的正相关关系（回归系数为0.0868242，根据t值判断在1%的水平上通过显著性检验）；第二产业增加值（lnvsi）、第三产业增加值（lnvti）与人均财政收入偏离值（pfrd）存在明显的正相关关系（回归系数分别为0.206075、0.4610846、0.4561371，根据t值判断在1%的水平上通过显著性检验）。

为进一步明确解释变量间的协调关系，本书还选取了政策虚拟变量（d）与城镇固定资产投资额（lncinv）（模型3）进行交互项分析。增加交互项后的财政“省直管县”对财政收入均等效应影响的回归模型选择应该是固定效应模型（模型3的豪斯曼检验结果显示P值为0.0000，在1%的水平上拒绝随机效应假设）。模型3显示政策虚拟变量（d）与城镇固定资产投资额（lncinv）的交互项与县级政府人均财政收入偏离值（lnpfrd）存在显著的正相关关系，且根据回归系数（0.0649605）判断，在二者的交互作用下，能够更显著扩大了县级政府人均财政收入差距。而且模型3中其他变量与被解释变量的相关关系结果并未出现明显变化。

6.4.1.2 财政支出均等效应回归结果与解释

（1）基本模型与描述性统计。根据前面理论推导和变量选取情况，财政“省直管县”财政支出均等效应的实证分析基本经济模型设定如下：

$$pfed_{it} = \beta_{1i} + \beta_{2i}d + \beta_{3i}\ln p_{it} + \beta_{4i}\ln stu_{it} + \beta_{5i}\ln hbed_{it} + \beta_{6i}\ln cinv_{it} + \beta_{7i}\ln vpi_{it} + \beta_{8i}\ln vsi_{it} + \beta_{9i}\ln vti_{it} + u_{it} \quad (6-7)$$

其中，i 代表县级政府，t 代表时间，u_{it} 代表误差项，因未进行检验之前不确定具体模型，因此 u_{it} 误差项中可能包含特异项。变量的描述性统计量如表 6－17 所示。

表 6－17　　财政支出均等效应变量的描述性统计量

变量名称	样本量	均值	标准差	最小值	最大值
人均财政支出偏离值（pfed）	5058	2677.86	4182.3	－5794.7	67466.14
政策虚拟变量（d）	5058	0.6666667	0.4714511	0	1
中小学生在校学生数（stu）	5058	69621.89	46573.42	1238	363877
医院及卫生机构病床数（hbed）	5058	1607.698	1166.667	75	9601
人口规模（p）	5058	58.53611	34.56413	0.8	200
城镇固定资产投资额（cinv）	5058	1097559	1320079	8559	2.77e＋07
第二产业增加值（vsi）	5058	807375.6	1345734	7082	1.71e＋07
第三产业增加值（vti）	5058	556196.4	954727.3	5466.5	1.42e＋07

注：结果由 Stata14.1 软件计算得出。

（2）共线性检验。利用前面 6.3.1 思路，通过方差膨胀因子方法，进行财政支出均等效应多元回归模型的解释变量共线性检验，结果如表 6－18 所示。财政支出均等效应多元回归模型解释变量的方差膨胀因子（VIF）均小于 9，且方差膨胀因子平均值（mean VIF）为 6.94，因此解释变量间不存在多重共线性。

表 6－18　　财政支出均等效应变量共线性检验结果

变量名称	VIF	1/VIF
人口规模（lnp）	8.95	0.111732
中小学生在校学生数（lnstu）	8.73	0.114548
第三产业增加值（lnvti）	7.25	0.137931
第二产业增加值（lnvsi）	5.73	0.174520
医院及卫生机构病床数（lnhbed）	5.13	0.194932
城镇固定资产投资额（lncinv）	4.46	0.224215
政策虚拟变量（d）	1.83	0.546448
mean VIF	6.94	

注：结果由 Stata14.1 软件计算得出。

（3）实证分析结果。根据表 6－19 中模型 2 的结果显示，财政“省直管县”对财政支出均等效应影响的回归模型选择应该是固定效应模型（模型 1 的豪斯曼检验结果显示 P 值为 0.0000，在 1% 的水平上拒绝随机效应假设）。

表 6－19　　财政支出均等效应回归结果

解释变量	模型 1 RE lnpfe	模型 2 FE lnpfe	模型 3 FE lnpfe
人口规模 lnp	－0.4403823 （－5.76）***	－0.0107857 （－0.12）	－0.0297457 （－0.34）
城镇固定资产投资额 lncinv	0.1525168 （18.27）***	0.145282 （17.62）***	0.1463645 （17.79）***
第二产业增加值 lnvsi	0.145305 （9.64）***	0.1574051 （10.53）***	0.1587756 （10.64）***
第三产业增加值 lnvti	0.3259085 （21.77）***	0.3210762 （21.73）***	0.3174561 （21.51）***
中小学在校学生数 lnstu	0.1799328 （7.33）***	0.1629013 （6.73）***	0.1602676 （6.63）***
医院及卫生机构病床数 lnhbed	0.1039021 （7.36）***	0.0992269 （7.13）***	0.1123556 （7.94）***

续表

解释变量	模型1 RE lnpfe	模型2 FE lnpfe	模型3 FE lnpfe
政策虚拟变量 d	0.1355244 (13.78)***	0.1272419 (13.09)***	0.2781429 (8.39)***
交互项4 lncinv×d			0.3884033 (4.76)***
常数项 _cons	−3.802183 (−10.62)***	−5.270058 (−14.08)***	−5.307824 (−14.21)***
Hausman Test	0.0000	0.0000	0.0000
R-sq	0.8988	0.8801	0.8807
Number of obs	5058	5058	5058
Number of groups	562	562	562
F-statistic	38891.89	4116.38	3679.19

注：结果由Stata14.1软件计算得出。括号内的数值为t统计值，***表示在1%的水平下通过显著性检验。

解释变量中，政策虚拟变量（d）与县级政府人均财政支出偏离值（lnpfe）存在显著正相关关系（回归系数为0.1272419，根据t值判断在1%的水平上通过显著性检验），说明财政“省直管县”改革扩大了县级政府人均财政支出差距。

控制变量中，城镇固定资产投资额（lncinv）与人均财政支出偏离值（lnpfe）存在明显的正相关关系（回归系数为0.145282，根据t值判断在1%的水平上通过显著性检验）；第二产业增加值（lnvsi）、第三产业增加值（lnvti）与人均财政支出偏离值（lnpfe）存在明显的正相关关系（回归系数分别为0.3344311、0.1574051、0.3210762，根据t值判断在1%的水平上通过显著性检验）；中小学生在校学生数（lnstu）、医院及卫生机构病床数（lnhbed）与人均财政支出偏离值（lnpfe）存在明显的正相关关系（回归系数分别为0.1629013、0.0992269，根据t值判断在1%的水平上通过显著性检验）；人口规模

（lnp）与县级政府人均财政支出偏离值（lnpfe）不存在统计意义上的显著相关性（未能在10%的水平上通过检验），但根据回归系数-0.0107857判断相关关系是负向的。

为进一步明确解释变量间的协调关系，本书还选取了政策虚拟变量（d）与城镇固定资产投资额（lncinv）（模型3）进行交互项分析。增加交互项后的财政“省直管县”对财政支出均等效应影响的回归模型选择应该是固定效应模型（模型3的豪斯曼检验结果显示P值为0.0000，在1%的水平上拒绝随机效应假设）。模型3显示，政策虚拟变量（d）与城镇固定资产投资额（lncinv）的交互项与县级政府人均财政支出偏离值（lnpfe）存在显著的正相关关系，且根据回归系数（0.0388403）判断，在二者的交互作用下，能够更显著扩大了县级政府人均财政支出差距，而且模型3中其他变量与被解释变量的相关关系结果并未出现明显变化。

6.4.2 稳健性检验

按照6.3.2稳健性检验思路，本部分将继续通过上述3个不同的稳健性检验组，验证县级财政收入、财政支出均等效应多元回归模型回归结果的可靠性。

6.4.2.1 财政收入均等效应稳健性检验

（1）在稳健检验组1中，本书对4797个样本进行稳健性检验（样本组中剔除了261个民族自治地区县级政府样本）。根据表6-20中稳健检验组1多元回归模型固定效应结果（模型1、模型2、模型3的豪斯曼检验结果显示P值为0.0000，在1%的水平上拒绝随机效应假设），可以发现各解释变量和控制变量显著性上未发生变化，各解释变量、控制变量与被解释变量在相

表 6－20　　财政收入均等效应回归结果稳健性检验

解释变量	稳健检验样本组 1			稳健检验样本组 2			稳健检验样本组 3		
	模型 1 RE pfrd	模型 2 FE pfrd	模型 3 FE pfrd	模型 4 RE pfrd	模型 5 FE pfrd	模型 6 FE pfrd	模型 7 RE pfrd	模型 8 FE pfrd	模型 9 FE pfrd
人口规模 lnp	－1.118996 (－30.66)***	－0.4253682 (－3.92)***	－0.3485293 (－3.20)***	－1.174796 (－47.72)***	－0.7724993 (－8.91)***	－0.7675267 (－8.85)***	－1.188101 (－45.65)***	－0.7672592 (－8.41)***	－0.7613567 (－8.34)***
城镇固定资产投资额 lncinv	0.1213023 (11.74)***	0.0936048 (8.62)***	0.0986485 (9.09)***	0.141634 (17.49)***	0.1165892 (13.66)***	0.1172347 (13.72)***	0.1468765 (17.70)***	0.122819 (14.08)***	0.1236107 (14.15)***
第二产业增加值 lnvsi	0.4596507 (26.46)***	0.4664737 (22.77)***	0.4705181 (23.04)***	0.4493151 (37.23)***	0.4873213 (33.16)***	0.4864111 (33.08)***	0.4577406 (35.77)***	0.4875037 (31.57)***	0.4863914 (31.47)***
第三产业增加值 lnvti	0.4612104 (25.54)***	0.4364034 (22.59)***	0.4353944 (22.63)***	0.4242611 (29.20)***	0.3927357 (24.53)***	0.3945103 (24.59)***	0.4109232 (27.81)***	0.3751307 (23.14)***	0.3770873 (23.20)***
政策虚拟变量 d	0.2284377 (18.70)***	0.1960973 (14.90)***	0.4550962 (10.03)***	0.2247662 (23.21)***	0.1808345 (17.09)***	0.2289699 (7.42)***	0.2191625 (22.01)***	0.1777579 (16.38)***	0.2261592 (7.05)***
交互项 4 lncinv × d			0.0664633 (5.96)***			0.0126263 (3.66)***			0.0126007 (3.06)***
常数项 _cons	－3.433099 (－15.68)***	－7.111179 (－16.25)***	－7.294381 (－16.70)***	－2.714527 (－18.62)***	－5.511465 (－16.15)***	－5.492292 (－16.09)***	－2.812646 (－18.41)***	－5.667515 (－15.88)***	－5.645898 (－15.81)***
Hausman Test	0.0000	0.0000	0.0000	0.0000	0.0000	0.0000	0.0000	0.0000	0.0000
R-sq	0.8605	0.8629	0.8640	0.8394	0.8412	0.8412	0.8426	0.8443	0.8444
Number of obs	4797	4797	4797	7938	7938	7938	7461	7461	7461
Number of groups	533	533	533	882	882	882	829	829	829
F-statistic	27324.43	4466.56	3864.60	39154.83	6222.86	5335.60	37465.23	5989.20	5135.19

注：结果由 Stata14.1 软件计算得出。括号内的数值为 t 统计值，*** 表示在 1% 的水平下通过显著性检验。

关关系上并未发生逆转。部分回归系数略有调整，其中：人口规模（lnp）、城镇固定资产投资额（lncinv）、交互项（lncinv × d）等变量回归系数调整，发现政策效应较样本组回归结果更高一些；第二产业增加值（lnvsi）、第三产业增加值（lnvti）、政策虚拟变量（d）等变量回归系数在部分模型下回归系数调整，发现政策效应较样本组回归结果更低一些。

（2）在稳健检验组 2 中，本书对 7938 个样本进行稳健性检验（样本组中增加了 2880 个财政“市管县”县级政府样本）。根据表 6 – 20 中稳健检验组 2 多元回归模型固定效应结果（模型 4、模型 5、模型 6 的豪斯曼检验结果显示 P 值为 0.0000，在 1% 的水平上拒绝随机效应假设），可以发现各解释变量和控制变量显著性上优于样本组回归结果显著性，各解释变量、控制变量与被解释变量在相关关系上并未发生逆转。部分回归系数略有调整，其中：城镇固定资产投资额（lncinv）、第二产业增加值（lnvsi）等变量回归系数调整，发现政策效应较样本组回归结果更高一些；人口规模（lnp）、第三产业增加值（lnvti）、政策虚拟变量（d）、交互项（lncinv × d）等变量回归系数在部分模型下回归系数调整，发现政策效应较样本组回归结果更低一些。

（3）在稳健检验组 3 中，本书对 7461 个样本进行稳健性检验（稳健检验样本组 3 中剔除了 477 个民族自治地区县级政府样本）。根据表 6 – 20 中稳健检验组 3 多元回归模型固定效应结果（模型 7、模型 8、模型 9 的豪斯曼检验结果显示 P 值为 0.0000，在 1% 的水平上拒绝随机效应假设），可以发现各解释变量和控制变量显著性上相较样本组回归结果显著性并未降低，各解释变量、控制变量与被解释变量在相关关系上并未发生逆转。部分回归系数略有调整，其中：城镇固定资产投资额（lncinv）、第二产业增加值（lnvsi）等变量回归系数调整，发现政策效应较样本组回归结果更高一些；人口规模（lnp）、第三产业增加值（lnvti）、政策虚拟变量（d）、交互项（lncinv × d）等变量回归系数在部分模型下回归系数调整，发现政策效应较样本组回归结果更低一些。

综观3个财政收入均等化效应稳健性检验组，多元回归模型固定效应结果中各解释变量、控制变量与被解释变量在相关关系上并未发生逆转，财政“省直管县”改革样本组财政收入均等化效应多元回归模型回归结果并未受到冲击，具有可靠性和稳定性。

6.4.2.2　财政支出均等效应稳健性检验

（1）在稳健检验组1中，本书对4797个样本进行稳健性检验（样本组中剔除了261个民族自治地区县级政府样本）。根据表6－21中稳健检验组1多元回归模型固定效应结果（模型1、模型2、模型3的豪斯曼检验结果显示P值为0.0000，在1%的水平上拒绝随机效应假设），可以发现各解释变量和控制变量显著性上未发生变化，各解释变量、控制变量与被解释变量在相关关系上并未发生逆转。部分回归系数略有调整，其中：城镇固定资产投资额（lncinv）、中小学在校学生数（lnstu）、医院及卫生机构病床数（lnhbed）、交互项4（lncinv × d）等变量回归系数调整，发现政策效应较样本组回归结果更高一些；第二产业增加值（lnvsi）、第三产业增加值（lnvti）等变量回归系数在部分模型下回归系数调整，发现政策效应较样本组回归结果更低一些。政策虚拟变量（d）在模型2中回归系数较样本组回归结果更低一些，而在模型3中回归系数较样本组回归结果更高一些。人口规模（lnp）与县级政府人均财政支出偏离值（ln-pfe）仍不存在统计意义上的显著相关性（未能在10%的水平上

表 6-21　财政支出均等效应回归结果稳健性检验

解释变量	稳健检验样本组 1			稳健检验样本组 2			稳健检验样本组 3		
	模型 1 RE pfed	模型 2 FE pfed	模型 3 FE pfed	模型 4 RE pfed	模型 5 FE pfed	模型 6 FE pfed	模型 7 RE pfed	模型 8 FE pfed	模型 9 FE pfed
人口规模 lnp	-0. 4770659 (-6. 06) ***	-0. 0620099 (-0. 70)	-0. 0167354 (-0. 19)	-0. 4501479 (-7. 55) ***	-0. 0546515 (-0. 77)	-0. 0489119 (-0. 69)	-0. 4240637 (-6. 69) ***	-0. 1469523 (-1. 96) *	-0. 1393038 (-1. 85) *
城镇固定资产投资额 lncinv	0. 1549414 (18. 29) ***	0. 1488914 (17. 76) ***	0. 1506548 (18. 01) ***	0. 1568153 (23. 40) ***	0. 1494747 (22. 48) ***	0. 1489491 (22. 42) ***	0. 1559976 (22. 64) ***	0. 1484549 (21. 75) ***	0. 1475572 (21. 64) ***
第二产业增加值 lnvsi	0. 1490148 (9. 56) ***	0. 1571357 (10. 14) ***	0. 1582709 (10. 25) ***	0. 0643635 (5. 68) ***	0. 0678469 (6. 02) ***	0. 0699941 (6. 21) ***	0. 0712326 (5. 95) ***	0. 0722795 (6. 08) ***	0. 0753023 (6. 33) ***
第三产业增加值 lnvti	0. 3097612 (20. 58) ***	0. 3055254 (20. 52) ***	0. 301774 (20. 31) ***	0. 3232199 (25. 48) ***	0. 3185949 (25. 35) ***	0. 3171161 (25. 26) ***	0. 3113888 (24. 17) ***	0. 3064314 (24. 05) ***	0. 3042686 (23. 89) ***
中小学在校学生数 lnstu	0. 1961024 (7. 90) ***	0. 1786288 (7. 28) ***	0. 1773762 (7. 25) ***	0. 1516884 (7. 36) ***	0. 1447689 (7. 10) ***	0. 1447379 (7. 10) ***	0. 1532838 (7. 26) ***	0. 1400693 (6. 71) ***	0. 1395986 (6. 70) ***
医院及卫生机构病床数 lnhbed	0. 1101745 (7. 53) ***	0. 1060306 (7. 33) ***	0. 1198609 (8. 17) ***	0. 1265823 (10. 75) ***	0. 1211849 (10. 41) ***	0. 1123981 (9. 51) ***	0. 1299442 (10. 67) ***	0. 1236754 (10. 28) ***	0. 1136708 (9. 31) ***

续表

解释变量	稳健检验样本组 1			稳健检验样本组 2			稳健检验样本组 3		
	模型 1 RE pfed	模型 2 FE pfed	模型 3 FE pfed	模型 4 RE pfed	模型 5 FE pfed	模型 6 FE pfed	模型 7 RE pfed	模型 8 FE pfed	模型 9 FE pfed
政策虚拟变量 d	0. 1246777 (12. 46) ***	0. 1181869 (11. 93) ***	0. 2878183 (8. 28) ***	0. 1715134 (20. 96) ***	0. 163121 (20. 09) ***	0. 0680392 (2. 84) ***	0. 1636305 (19. 41) ***	0. 1559599 (18. 68) ***	0. 048767 (1. 95) ***
交互项 4 lncinv × d			0. 0434632 (5. 09) ***			0. 0249364 (4. 22) ***			0. 0278929 (4. 55) ***
常数项 _cons	-4. 302337 (-11. 74) ***	-5. 670854 (-14. 89) ***	-5. 734487 (-15. 09) ***	-1. 526349 (-5. 23) ***	-3. 333676 (-10. 64) ***	-3. 395622 (-10. 84) ***	-1. 97207 (-6. 55) ***	-3. 913432 (-12. 11) ***	-3. 986469 (-12. 34) ***
Hausman Test	0. 0000	0. 0000	0. 0000	0. 0000	0. 0000	0. 0000	0. 0000	0. 0000	0. 0000
R-sq	0. 8814	0. 8821	0. 8828	0. 8570	0. 8570	0. 8573	0. 8573	0. 8588	0. 8592
Number of obs	4797	4797	4797	7938	7938	7938	7461	7461	7461
Number of groups	533	533	533	882	882	882	829	829	829
F-statistic	30854. 71	3981. 27	3562. 48	5278. 56	5278. 56	4705. 21	39004. 27	5034. 54	4490. 75

注：结果由 Stata14. 1 软件计算得出。括号内的数值为 t 统计值，*** 和 * 分别表示在 1% 和 10% 的水平下通过显著性检验。

通过检验），但根据回归系数（-0.0620099、-0.0167354）判断相关关系是负向的。

（2）在稳健检验组2中，本书对7938个样本进行稳健性检验（样本组中增加了2880个财政“市管县”县级政府样本）。根据表6-21中稳健检验组2多元回归模型固定效应结果（模型4、模型5、模型6的豪斯曼检验结果显示P值为0.0000，在1%的水平上拒绝随机效应假设），可以发现各解释变量和控制变量显著性上优于样本组回归结果显著性，各解释变量、控制变量与被解释变量在相关关系上并未发生逆转。部分回归系数略有调整，其中：城镇固定资产投资额（lncinv）、第三产业增加值（lnvti）、中小学在校学生数（lnstu）、医院及卫生机构病床数（lnhbed）等变量回归系数调整，发现政策效应较样本组回归结果更高一些；第二产业增加值（lnvsi）、交互项4（lncinv × d）等变量回归系数在部分模型下回归系数调整，发现政策效应较样本组回归结果更低一些。政策虚拟变量（d）在模型5中回归系数较样本组回归结果更高一些，而在模型6中回归系数较样本组回归结果更低一些。第二产业增加值（lnvsi）在模型5中回归系数较样本组回归结果更低一些，而在模型6中回归系数较样本组回归结果更高一些。人口规模（lnp）与县级政府人均财政支出偏离值（lnpfe）仍不存在统计意义上的显著相关性（未能在10%的水平上通过检验），但根据回归系数（-0.0546515、-0.0489119）判断相关关系是负向的。

（3）在稳健检验组3中，本书对7461个样本进行稳健性检验（稳健检验样本组3中剔除了477个民族自治地区县级政府样本）。根据表6-21中稳健检验组3多元回归模型固定效应结果（模型7、模型8、模型9的豪斯曼检验结果显示P值为0.0000，在1%的水平上拒绝随机效应假设），可以发现各解释变量和控制变量显著性上相较样本组回归结果显著性并未降低，各解释变量、控制变量与被解释变量在相关关系上并未发生逆转。部分回归系数略有调整，其中：城镇固定资产投资额（lncinv）、医院及卫生机构病床数（lnhbed）等变量回归系数调整，发现政策效应较样本组回归结果更高一些；第二产业增加值（lnvsi）、第三产业增加值（lnvti）、交互项（lncinv ×d）等变量回归系数在部分模型下回归系数调整，发现政策效应较样本组回归结果更低一些。政策虚拟变量（d）在模型8中回归系数较样本组回归结果更高一些，而在模型9中回归系数较样本组回归结果更低一些。人口规模（lnp）与县级政府人均财政支出偏离值（lnpfe）在模型8中在10%的水平上通过检验，回归系数为-0.1469523，但人口规模（lnp）与县级政府人均财政支出偏离值（lnpfe）在模型9中仍不存在统计意义上的显著相关性（未能在10%的水平上通过检验），但根据回归系数（-0.1393038）判断相关关系是负向的。

综观3个财政支出均等化效应稳健性检验组，多元回归模型固定效应结果中各解释变量、控制变量与被解释变量在相关关系上并未发生逆转，财政“省直管县”改革样本组财政支出均等化效应多元回归模型回归结果并未受到冲击，具有可靠性和稳定性。

6.5　财政“省直管县”福利效应影响因素分析

本部分以财政“省直管县”施行县级政府作为研究对象，

采用多元回归模型实证分析财政“省直管县”改革对教育福利、医疗福利为代表的居民福利的影响，并设置3类样本组进行稳健性检验，通过实证分析进一步探究改革对教育、医疗等公共服务水平产生的影响。

6.5.1 实证分析

6.5.1.1 教育福利效应回归结果与解释

（1）基本模型与描述性统计。根据前面理论推导和变量选取情况，财政“省直管县”教育福利效应的实证分析基本经济模型设定如下：

$$pstu_{it} = \beta_{1i} + \beta_{2i}d + \beta_{3i}fed\_r_{it} + \beta_{4i}fed\_e_{it} + \beta_{5i}\ln dp_{it} + \beta_{6i}\ln pgdp_{it} + u_{it} \quad (6-8)$$

其中，i代表县级政府，t代表时间，u_{it}代表误差项，因未进行检验之前不确定具体模型，因此u_{it}误差项中可能包含特异项。变量的描述性统计量如表6-22所示。

表6-22　教育福利效应变量的描述性统计量

变量名称	样本量	均值	标准差	最小值	最大值
中小学师生比（pstu）	5058	0.050485	0.082049	0.856409	0.004842
政策虚拟变量（d）	5058	0.6666667	0.4714511	0	1
财政收入分权率（fed_r）	5058	0.2744581	0.1363041	0.138154	0.8404754
财政支出分权率（fed_e）	5058	0.4318359	0.2774684	0.154368	3.641608
人口密度（pd）	5058	404.5602	292.5335	0.26	2808.99
人均地区生产总值（pgdp）	5058	27048.69	27891.63	2272.348	400038

注：结果由Stata14.1软件计算得出。

（2）共线性检验。利用前面6.3.1思路，通过方差膨胀因子方法，进行教育福利效应多元回归模型的解释变量共线性检验，结果如表6-23所示。教育福利效应多元回归模型解释变量的方差膨胀因子（VIF）均小于4，且方差膨胀因子平均值（mean VIF）为2.18，因此解释变量间不存在多重共线性。

表6-23　　　教育福利效应变量共线性检验结果

变量名称	VIF	1/VIF
财政收入分权率（fed_r）	3.23	0.309313
财政支出分权率（fed_e）	2.76	0.362625
人均地区生产总值（lnpgdp）	2.54	0.394386
政策虚拟变量（d）	1.26	0.794182
人口密度（lnpd）	1.13	0.886098
mean VIF	2.18	

注：结果由Stata14.1软件计算得出。

（3）实证分析结果。根据表6-24中模型2的结果显示，财政“省直管县”对教育福利影响的回归模型选择应该是固定效应模型（模型1的豪斯曼检验结果显示P值为0.0000，在1%的水平上拒绝随机效应假设）。

表6-24　　　教育福利效应回归结果

解释变量	模型1 FE lnpstu	模型2 FE lnpstu	模型3 FE lnpstu
人均地区生产总值 lnpgdp	-0.0627281 (-4.84)***	-0.0620035 (-4.82)***	-0.0628179 (-4.87)***
人口密度 lndp	0.2647804 (5.45)***	0.2803543 (5.80)***	0.2852923 (5.88)***
财政收入分权度 fed_r	-0.1946016 (-2.86)***	-0.3801095 (-5.33)***	-0.2202924 (-3.24)***
财政支出分权度 fed_e	0.1412866 (4.41)***	0.1208908 (3.79)***	0.0850212 (2.56)***
政策虚拟变量 d	0.0037638 (2.45)**	0.073623 (6.19)***	0.0442282 (4.16)***

续表

解释变量	模型 1 FE lnpstu	模型 2 FE lnpstu	模型 3 FE lnpstu
交互项 1 fed_r×d		0.2662473 (8.15)***	
交互项 2 fed_e×d			0.0968141 (6.08)***
常数项 _cons	1.97724 (6.85)***	1.936703 (6.75)***	1.890478 (6.56)***
Hausman Test	0.0000	0.0000	0.0000
R-sq	0.0282	0.0423	0.0361
Number of obs	5058	5058	5058
Number of groups	562	562	562
F-statistic	26.03	33.07	28.02

注：结果由 Stata14.1 软件计算得出。括号内的数值为 t 统计值，*** 和 ** 分别表示在 1% 和 5% 的水平下通过显著性检验。

解释变量中政策虚拟变量（d）与县级政府中小学师生比（pstu）存在明显正相关关系（回归系数为 0.0037638，根据 t 值判断在 1% 的水平上通过显著性检验）；财政收入分权度（fed_r）与县级政府中小学师生比（pstu）存在显著的负相关关系（回归系数为 -0.1946016，根据 t 值判断在 1% 的水平上通过显著性检验）；财政支出分权度（fed_e）与县级政府中小学师生比（pstu）存在显著正相关关系（回归系数为 0.1412866，根据 t 值判断在 1% 的水平上通过显著性检验）。

控制变量中人口密度（lndp）与县级政府中小学师生比（pstu）存在显著的正相关关系（回归系数为 0.2647804，根据 t 值判断在 1% 的水平上通过显著性检验）；人均地区生产总值（lnpgdp）与县级政府中小学师生比（pstu）存在显著的负相关关系（回归系数为 -0.0627281，根据 t 值判断在 1% 的水平上通过显著性检验）。

为进一步明确解释变量间的协调关系，本书还选取了政策虚拟变量（d）与财政收入分权度（fed_r）、政策虚拟变量（d）与财政支出分权度（fed_r）进行交互项分析。增加交互项后的财政“省直管县”改革对教育福利效应影响的回归模型选择应该是固定效应模型（模型2、模型3的豪斯曼检验结果显示P值为0.0000，在1%的水平上拒绝随机效应假设）。模型2显示，政策虚拟变量与财政收入分权度的交互项（fed_r×d）与县级政府中小学师生比（pstu）存在显著的正相关关系，且根据回归系数（0.2662473）判断，在二者的交互作用下，能够显著提高县级政府中小学师生比（pstu），而且模型3中其他变量与被解释变量的相关关系结果并未出现明显变化。模型3显示，政策虚拟变量与财政支出分权度的交互项（fed_e×d）与县级政府中小学师生比（pstu）存在显著的正相关关系，且根据回归系数（0.0968141）判断，在二者的交互作用下，能够更显著提高县级政府中小学师生比（pstu），而且模型3中其他变量与被解释变量的相关关系结果并未出现明显变化。

6.5.1.2　医疗福利效应回归结果与解释

（1）基本模型与描述性统计。根据前面理论推导和变量选取情况，财政“省直管县”医疗福利效应的实证分析基本经济模型设定如下：

$$phbed_{it} = \beta_{1i} + \beta_{2i}d + \beta_{3i}fed\_r_{it} + \beta_{4i}fed\_e_{it} + \beta_{5i}\ln dp_{it} + \beta_{6i}\ln pgdp_{it} + u_{it} \tag{6-9}$$

其中，i代表县级政府，t代表时间，u_{it}代表误差项，因未进行检验之前不确定具体模型，因此u_{it}误差项中可能包含特异项。变量的描述性统计量如表6-25所示。

表 6-25　　变量的描述性统计量

变量名称	样本量	均值	标准差	最小值	最大值
万人医院及卫生机构病床数（phbed）	5058	28.27619	11.86643	1.201957	104.3587
政策虚拟变量（d）	5058	0.6666667	0.4714511	0	1
财政收入分权率（fed_r）	5058	0.2744581	0.1363041	0.138154	0.8404754
财政支出分权率（fed_e）	5058	0.4318359	0.2774684	0.154368	3.641608
人口密度（pd）	5058	404.5602	292.5335	0.26	2808.99
人均地区生产总值（pgdp）	5058	27048.69	27891.63	2272.348	400038

注：结果由 Stata14.1 软件计算得出。

（2）共线性检验。利用前面 6.3.1 思路，通过方差膨胀因子方法，进行医疗福利效应多元回归模型的解释变量共线性检验，结果如表 6-26 所示。医疗福利效应多元回归模型解释变量的方差膨胀因子（VIF）均小于 4，且方差膨胀因子平均值（mean VIF）为 2.18，因此解释变量间不存在多重共线性。

表 6-26　　医疗福利效应变量共线性检验结果

变量名称	VIF	1/VIF
财政收入分权度（fed_r）	3.23	0.309313
财政支出分权度（fed_e）	2.76	0.362625
人均地区生产总值（lnpgdp）	2.54	0.394386
政策虚拟变量（d）	1.26	0.794182
人口密度（lnpd）	1.13	0.886098
mean VIF	2.18	

注：结果由 Stata14.1 软件计算得出。

（3）实证分析结果。根据表 6-27 中模型 2 的结果显示，财政“省直管县”对教育福利影响的回归模型选择应该是固定效应模型（模型 1 的豪斯曼检验结果显示 P 值为 0.0000，在 1% 的水平上拒绝随机效应假设）。

表6-27　　医疗福利效应回归结果

解释变量	模型1 FE phbed	模型2 FE phbed	模型3 FE phbed
人均地区生产总值 lnpgdp	0.7600934 (46.25)***	0.7593247 (46.44)***	0.7602382 (46.57)***
人口密度 lndp	0.2384609 (3.87)***	0.2219372 (3.61)***	0.2054007 (3.34)***
财政收入分权度 fed_r	-0.4017317 (-4.65)***	-0.2049088 (-2.26)**	-0.3603242 (-4.19)***
财政支出分权度 fed_e	-0.0532147 (-1.31)	-0.0315748 (-0.78)	0.0374716 (0.89)
政策虚拟变量 d	-0.0186292 (-1.77)*	-0.0554911 (-3.67)***	-0.0465898 (-3.46)***
交互项1 fed_r×d		-0.2824871 (-6.80)***	
交互项2 fed_e×d			-0.1560412 (-7.74)***
常数项 _cons	-5.499859 (-15.01)***	-5.45685 (-14.96)***	-5.36002 (-14.70)***
Hausman Test	0.0000	0.0000	0.0000
R-sq	0.6457	0.6493	0.6504
Number of obs	5058	5058	5058
Number of groups	562	562	562
F-statistic	1636.90	1385.51	1391.97

注：结果由Stata14.1软件计算得出。括号内的数值为t统计值，***、**和*分别表示在1%、5%、10%的水平下通过显著性检验。

解释变量中，政策虚拟变量（d）与县级政府万人医院及卫生机构病床数（phbed）存在负相关关系（回归系数为-0.0186292，根据t值判断在10%的水平上通过显著性检验）；财政收入分权度（Fed_r）与县级政府万人医院及卫生机构病床数（phbed）存在显著的负相关关系（回归系数为-0.4017317，根据 t 值判断在 1% 的水平上通过显著性检验)；解释变量中财政支出分权度（fed_e）与万人医院及卫生机构病床数（phbed）不存在统计意义上的显著相关性（未能在 10% 的水平上通过检验），但根据回归系数（ -0.0532147）判断，二者的相关关系也是负向的。

控制变量中，人口密度（lndp）与县级政府万人医院及卫生机构病床数（phbed）存在显著的正相关关系（回归系数为 0.7600934，根据 t 值判断在 1% 的水平上通过显著性检验)；人均地区生产总值（lnpgdp）与县级政府万人医院及卫生机构病床数（phbed）存在显著的正相关关系（回归系数为 0.7600934，根据 t 值判断在 1% 的水平上通过显著性检验)。

为进一步明确解释变量间的协调关系，本书还选取了政策虚拟变量（d）与财政收入分权度（fed_r）、政策虚拟变量（d）与财政支出分权度（fed_r）进行交互项分析。增加交互项后的财政“省直管县”改革对医疗福利效应影响的回归模型选择应该是固定效应模型（模型 2、模型 3 的豪斯曼检验结果显示 P 值为 0.0000，在 1% 的水平上拒绝随机效应假设)。模型 2 显示，政策虚拟变量与财政收入分权度的交互项（fed_r × d）与县级政府万人医院及卫生机构病床数（phbed）存在显著的负相关关系，且根据回归系数（ -0.2824871）判断，在二者的交互作用下，能够显著降低县级政府万人医院及卫生机构病床数（phbed)，而且模型 3 中其他变量与被解释变量的相关关系结果并未出现明显变化。模型 3 显示，政策虚拟变量与财政支出分权度的交互项（fed_e × d）与县级政府万人医院及卫生机构病床数（phbed）存在显著的负相关关系，且根据回归系数（ -0.1560412）判断，在二者的交互作用下，能够更显著降低县级政府万人医院及卫生机构病床数（phbed)，而且模型 3 中其他变量与被解释变量的相关关系结果并未出现明显变化。

6.5.2　稳健性检验

按照6.3.2稳健性检验思路，本部分将继续通过上述3个不同的稳健性检验组验证县级财政收入、财政支出均等效应多元回归模型回归结果的可靠性。

6.5.2.1　教育福利效应稳健性检验

（1）在稳健检验组1中，本书对4797个样本进行稳健性检验（样本组中剔除了261个民族自治地区县级政府样本）。根据表6－28中稳健检验组1多元回归模型固定效应结果（模型1、模型2、模型3的豪斯曼检验结果显示P值为0.0000，在1%的水平上拒绝随机效应假设），可以发现各解释变量和控制变量显著性上未发生变化，各解释变量、控制变量与被解释变量在相关关系上并未发生逆转。部分回归系数略有调整，其中：人口密度（lndp）、财政收入分权度（fed_r）、财政支出分权度（fed_e）、政策虚拟变量与财政支出分权度的交互项（fed_e×d）等变量回归系数调整，发现政策效应较样本组回归结果更高一些；人均地区生产总值（lnpgdp）、政策虚拟变量与财政收入分权度的交互项（fed_r×d）等变量回归系数在部分模型下回归系数调整，发现政策效应较样本组回归结果更低一些。政策虚拟变量（d）在模型1、模型2中回归系数较样本组回归结果更低一些，而在模型3中回归系数较样本组回归结果更高一些。

（2）在稳健检验组2中，本书对7938个样本进行稳健性检验（样本组中增加了2880个财政“市管县”县级政府样本）。根据表6－28中稳健检验组2多元回归模型固定效应结果（模型4、模型5、模型6的豪斯曼检验结果显示P值为0.0000，在

表 6-28 教育福利效应回归结果稳健性检验

解释变量	稳健检验样本组 1			稳健检验样本组 2			稳健检验样本组 3		
	模型 1 FE lnpstu	模型 2 FE lnpstu	模型 3 FE lnpstu	模型 4 FE lnpstu	模型 5 FE lnpstu	模型 6 FE lnpstu	模型 7 FE lnpstu	模型 8 FE lnpstu	模型 9 FE lnpstu
人均地区生产总值 lnpgdp	-0.0659052 (-4.85)***	-0.0658133 (-4.87)***	-0.0666092 (-4.92)***	-0.0804453 (-9.22)***	-0.0805117 (-9.25)***	-0.0816934 (-9.36)***	-0.0865842 (-9.41)***	-0.0870047 (-9.47)***	-0.0885241 (-9.61)***
人口密度 lndp	0.2740067 (5.47)***	0.2893072 (5.81)***	0.2982067 (5.96)***	0.2153612 (5.37)***	0.2227859 (5.57)***	0.2250349 (5.60)***	0.2252597 (5.33)***	0.2344462 (5.55)***	0.2392343 (5.64)***
财政收入分权度 fed_r	-0.1715653 (-2.37)**	-0.3561045 (-4.69)***	-0.2175718 (-3.00)***	-0.1386532 (-3.86)***	-0.2405332 (-6.03)***	-0.1401891 (-3.90)***	-0.1387322 (-3.66)***	-0.2430494 (-5.76)***	-0.1458806 (-3.85)***
财政支出分权度 fed_e	0.1550536 (4.25)***	0.1400314 (3.86)***	0.1125848 (3.04)***	0.1331128 (7.79)***	0.1330942 (7.81)***	0.1157768 (6.49)***	0.1499766 (7.66)***	0.1519612 (7.78)***	0.1343986 (6.72)***
政策虚拟变量 d	0.0035868 (2.41)**	0.0724286 (5.80)***	0.0478619 (4.23)***	0.013724 (3.30)***	0.0551489 (5.94)***	0.0310847 (3.95)***	0.0116089 (2.85)***	0.0534911 (5.45)***	0.0345268 (3.90)***
交互项 1 fed_r×d		0.2613757 (7.62)***			0.1420859 (5.81)***			0.1440213 (5.54)***	

续表

解释变量	稳健检验样本组 1			稳健检验样本组 2			稳健检验样本组 3		
	模型 1 FE lnpstu	模型 2 FE lnpstu	模型 3 FE lnpstu	模型 4 FE lnpstu	模型 5 FE lnpstu	模型 6 FE lnpstu	模型 7 FE lnpstu	模型 8 FE lnpstu	模型 9 FE lnpstu
交互项 2 fed_e×d			0.1071056 (6.05)***			0.0373293 (3.39)***			0.0502559 (3.67)***
常数项 _cons	1.938976 (6.44)***	1.903174 (6.36)***	1.83543 (6.11)***	1.97724 (6.85)***	2.417127 (10.80)***	1.890478 (6.56)***	2.421749 (10.13)***	2.403854 (10.08)***	2.372473 (9.92)***
Hausman Test	0.0000	0.0000	0.0000	0.0000	0.0000	0.0000	0.0000	0.0000	0.0000
R-sq	0.0280	0.0410	0.0362	0.0558	0.0603	0.0573	0.0577	0.0620	0.0596
Number of obs	4797	4797	4797	7938	7938	7938	7461	7461	7461
Number of groups	533	533	533	882	882	882	829	829	829
F-statistic	24.51	30.37	26.69	83.36	75.42	71.48	81.11	73.01	69.96

注：结果由 Stata14.1 软件计算得出。括号内的数值为 t 统计值，*** 和 ** 分别表示在 1% 和 5% 的水平下通过显著性检验。

1%的水平上拒绝随机效应假设)，可以发现各解释变量和控制变量显著性上优于样本组回归结果显著性，各解释变量、控制变量与被解释变量在相关关系上并未发生逆转。部分回归系数略有调整，其中：财政收入分权度（fed_r）等变量回归系数调整，发现政策效应较样本组回归结果更高一些；人均地区生产总值（lnpgdp)、人口密度（lndp)、政策虚拟变量与财政收入分权度的交互项（fed_r×d)、政策虚拟变量与财政支出分权度的交互项（fed_e×d）等变量回归系数在部分模型下回归系数调整，发现政策效应较样本组回归结果更低一些。财政支出分权度（fed_e）在模型4中回归系数较样本组回归结果更低一些，而在模型5、模型6中回归系数较样本组回归结果更高一些。政策虚拟变量（d）在模型4中回归系数较样本组回归结果更低一些，而在模型5、模型6中回归系数较样本组回归结果更高一些。

(3）在稳健检验组3中，本书对7461个样本进行稳健性检验（稳健检验样本组3中剔除了477个民族自治地区县级政府样本)。根据表6-28中稳健检验组3多元回归模型固定效应结果（模型7、模型8、模型9的豪斯曼检验结果显示P值为0.0000，在1%的水平上拒绝随机效应假设)，可以发现各解释变量和控制变量显著性上相较样本组回归结果显著性并未降低，各解释变量、控制变量与被解释变量在相关关系上并未发生逆转。部分回归系数略有调整，其中：财政收入分权度（fed_r)、财政支出分权度（fed_e）等变量回归系数调整，发现政策效应较样本组回归结果更高一些；人均地区生产总值（lnpgdp)、人口密度（lndp)、政策虚拟变量（d)、政策虚拟变量与财政收入分权度的交互项（fed_r×d)、政策虚拟变量与财政支出分权度的交互项（fed_e×d）等变量回归系数在部分模型下回归系数调整，发现政策效应较样本组回归结果更低一些。

综观3个教育福利效应稳健性检验组，多元回归模型固定效应结果中各解释变量、控制变量与被解释变量在相关关系上并未发生逆转，财政“省直管县”改革样本组教育福利效应多元回归模型回归结果并未受到冲击，具有可靠性和稳定性。

6.5.2.2 医疗福利效应稳健性检验

（1）在稳健检验组1中，本书对4797个样本进行稳健性检验（样本组中剔除了261个民族自治地区县级政府样本）。根据表6-29中稳健检验组1多元回归模型固定效应结果（模型1、模型2、模型3的豪斯曼检验结果显示P值为0.0000，在1%的水平上拒绝随机效应假设），可以发现各解释变量和控制变量显著性上未发生变化，各解释变量、控制变量与被解释变量在相关关系上并未发生逆转。部分回归系数略有调整，其中：政策虚拟变量（d）、政策虚拟变量与财政收入分权度的交互项（fed_r × d）、政策虚拟变量与财政支出分权度的交互项（fed_e × d）等变量回归系数调整，发现政策效应较样本组回归结果更高一些；人口密度（lndp）、人均地区生产总值（lnpgdp）等变量回归系数在部分模型下回归系数调整，发现政策效应较样本组回归结果更低一些。财政收入分权度（fed_r）在模型1、模型2中回归系数较样本组回归结果更低一些，而在模型3中回归系数较样本组回归结果更高一些。财政支出分权度（Fed_e）与万人医院及卫生机构病床数（phbed）不存在统计意义上的显著相关性（未能在10%的水平上通过检验），根据回归系数无法判断两者相关关系。

（2）在稳健检验组2中，本书对7938个样本进行稳健性检验（样本组中增加了2880个财政“市管县”县级政府样本）。

表 6-29　医疗福利效应回归结果稳健性检验

解释变量	稳健检验样本组 1			稳健检验样本组 2			稳健检验样本组 3		
	模型 1 FE phbed	模型 2 FE phbed	模型 3 FE phbed	模型 4 FE phbed	模型 5 FE phbed	模型 6 FE phbed	模型 7 FE phbed	模型 8 FE phbed	模型 9 FE phbed
人均地区生产总值 lnpgdp	0.7529101 (45.24)***	0.7528192 (45.43)***	0.7538357 (45.52)***	0.6083942 (49.74)***	0.608499 (49.90)***	0.6122296 (50.20)***	0.6111633 (48.78)***	0.6118116 (48.97)***	0.616903 (49.39)***
人口密度 lndp	0.2248553 (3.67)***	0.2097302 (3.43)***	0.1930335 (3.15)***	0.1915401 (3.41)***	0.1798367 (3.21)***	0.1618142 (2.88)***	0.2146267 (3.73)***	0.2004629 (3.49)***	0.1732785 (3.01)***
财政收入分权度 fed_r	-0.4029284 (-4.54)***	-0.2205051 (-2.37)**	-0.3424323 (-3.86)***	-0.0291724 (-2.58)***	-0.1314194 (-2.35)**	-0.0244527 (-2.69)***	-0.017328 (-3.04)***	-0.1781655 (-2.57)**	-0.0384788 (-3.10)***
财政支出分权度 fed_e	-0.0323266 (-0.72)	-0.0174767 (-0.39)	0.0235176 (0.52)	-0.030569 (-1.28)	0.0305398 (-1.28)	0.0227018 (0.91)	-0.0416008 (-1.56)	-0.0446607 (-1.68)*	0.0044916 (0.17)
政策虚拟变量 d	-0.0140248 (-2.14)**	-0.0540277 (-3.53)***	-0.0441946 (-3.19)***	-0.0395938 (-4.74)***	-0.1048912 (-8.06)***	-0.0929408 (-8.46)***	-0.0350803 (-4.10)***	-0.0996548 (-7.46)***	-0.1028898 (-8.57)***

续表

解释变量	稳健检验样本组 1			稳健检验样本组 2			稳健检验样本组 3		
	模型 1 FE phbed	模型 2 FE phbed	模型 3 FE phbed	模型 4 FE phbed	模型 5 FE phbed	模型 6 FE phbed	模型 7 FE phbed	模型 8 FE phbed	模型 9 FE phbed
交互项 1 fed_r×d		-0. 2583788 (-6. 14) ***			-0. 2239675 (-6. 54) ***			-0. 2220538 (-6. 28) ***	
交互项 2 fed_e×d			-0. 1408382 (-14. 30) ***			-0. 1147075 (-7. 45) ***			-0. 1486975 (-8. 00) ***
常数项 _cons	-5. 390278 (-14. 62) ***	-5. 354886 (-14. 59) ***	-5. 254121 (-14. 30) ***	-3. 77677 (-12. 02) ***	-3. 759435 (-12. 00) ***	-3. 677213 (-11. 73) ***	-3. 956599 (-12. 16) ***	-3. 929008 (-12. 11) ***	-3. 810799 (-11. 75) ***
Hausman Test	0. 0000	0. 0000	0. 0000	0. 0000	0. 0000	0. 0000	0. 0000	0. 0000	0. 0000
R-sq	0. 6532	0. 6562	0. 6566	0. 5881	0. 5906	0. 5913	0. 5934	0. 5958	0. 5973
Number of obs	4797	4797	4797	7938	7938	7938	7461	7461	7461
Number of groups	533	533	533	882	882	882	829	829	829
F-statistic	1604. 29	1354. 70	1356. 90	2013. 47	1694. 95	1700. 12	1934. 16	1627. 72	1637. 82

注：结果由 Stata14. 1 软件计算得出。括号内的数值为 t 统计值，*** 和 ** 分别表示在 1% 和 5% 的水平下通过显著性检验。

根据表6-29中稳健检验组2多元回归模型固定效应结果（模型4、模型5、模型6的豪斯曼检验结果显示P值为0.0000，在1%的水平上拒绝随机效应假设），可以发现各解释变量和控制变量显著性上优于样本组回归结果显著性，各解释变量、控制变量与被解释变量在相关关系上并未发生逆转。部分回归系数略有调整，其中：财政收入分权度（fed_r）、政策虚拟变量与财政收入分权度的交互项（fed_r×d）、政策虚拟变量与财政支出分权度的交互项（fed_e×d）等变量回归系数调整，发现政策效应较样本组回归结果更高一些；人均地区生产总值（lnpgdp）、政策虚拟变量（d）等变量回归系数在部分模型下回归系数调整，发现政策效应较样本组回归结果更低一些。人口密度（lndp）在模型4、模型5中回归系数较样本组回归结果更低一些，而在模型6中回归系数较样本组回归结果更高一些。财政支出分权度（fed_e）与万人医院及卫生机构病床数（phbed）不存在统计意义上的显著相关性（未能在10%的水平上通过检验），根据回归系数无法判断两者相关关系。

（3）在稳健检验组3中，本书对7461个样本进行稳健性检验（稳健检验样本组3中剔除了477个民族自治地区县级政府样本）。根据表6-29中稳健检验组3多元回归模型固定效应结果（模型7、模型8、模型9的豪斯曼检验结果显示P值为0.0000，在1%的水平上拒绝随机效应假设），可以发现各解释变量和控制变量显著性上相较样本组回归结果显著性并未降低，各解释变量、控制变量与被解释变量在相关关系上并未发生逆转。部分回归系数略有调整，其中：财政收入分权度（fed_r）、政策虚拟变量与财政收入分权度的交互项（fed_r×d）、政策虚拟变量与财政支出分权度的交互项（fed_e×d）等变量回归系数调整，发现政策效应较样本组回归结果更高一些；人均地区生产总值（lnpgdp）、人口密度（lndp）、政策虚拟变量（d）等变量回归系数在部分模型下回归系数调整，发现政策效应较样本组回归结果更低一些。财政支出分权度（fed_e）与万人医院及卫生机构病床数（phbed）在模型8中存在负相关关系（回归系数为-0.0446607，根据t值判断在10%的水平上通过显著性检验），而在模型7、模型9中仍不存在统计意义上的显著相关性（未能在10%的水平上通过检验）且根据回归系数无法判断两者相关关系。

综观3个医疗福利效应稳健性检验组，多元回归模型固定效应结果中各解释变量、控制变量与被解释变量在相关关系上并未发生逆转，财政“省直管县”改革样本组医疗福利效应多元回归模型回归结果并未受到冲击，具有可靠性和稳定性。

第7章　财政“省直管县”绩效原因分析和政策建议

结合前面的财政“省直管县”绩效数理分析和一般分析，财政“省直管县”激励效应、均等效应和福利效应的实证分析结果，本部分根据现阶段财政“省直管县”的实际效应及其存在的问题提出有针对性的政策建议。

7.1　财政“省直管县”绩效原因分析

前面财政“省直管县”绩效研究规范和实证结果发现：财政“省直管县”改革的主要动力为经济因素并呈现渐进式改革特征，改革存在财政收入激励效应而不存在经济发展激励，改革存在一定的财政支出均等效应但不存在财政收入均等效应，改革提升了教育福利但降低了医疗福利。虽然区域系统的复杂性决定了财政“省直管县”改革效果的多样性，但书中分析结果显示了影响财政“省直管县”绩效的主要原因有以下几方面。

7.1.1　财政“省直管县”的法律层次较低且未与行政体制改革形成有效衔接

作为地方政府间收支范围和支出责任、资金往来以及监督体系的地方财政管理体制，其构建的财政秩序和纪律无疑是规范地方政府职能、提高财政资金使用效率进而促进地方经济社会协调发展的重要保证。但我国地方财政管理体制变迁一直缺乏有效法律规范，使得地方政府的机会主义行为得不到有效约束，在很多省份，地方财政管理体制调整频繁，缺乏稳定性、确定性和持续性。财政“省直管县”改革试点和推广运行过程中，大多地区通过省（自治区）政府的决定和通知以及批转省级财政部门改革方案等规范性文件形式实施，这种做法虽然符合《预算法实施条例》（第七条）相关规定，但法律层次较低且对地方各级政府约束不足，仍需通过地方立法等形式进行“硬化”。

财政“省直管县”的法律层次较低加剧了市级和县级的机会主义行为。对市级而言：改革实施前，市级通过调整行政隶属关系将规模大的税源调整至市本级；改革实施中，部分市级在改革试点中调整未改革县级的收支和转移支付基数以使后续改革推广有利于市级；改革实施后，部分市级降低了扶持县域经济发展的积极性，降低或取消了原本应由市级配套的各项支出。对县级而言，分权制度不规范和法制不健全的情况下，加剧了县级通过预算内非税收入、预算外收入和政府基金收入等非规范财政收入融资。

同时，财政“省直管县”改革被视为政府层级“渐进式”改革的重要组成部分，改革实现了省级财政直接联系县级，显著提升了财政管理效率（贾康和于长革，2010）①。但是改革的“渐进性”特征，而且“省级—市级—县级”的地方三层行政管理体制和“省级—县级”的地方二层财政管理体制不可避免出现摩擦，加之由于行政级别的差异，市级和县级在具体事务上的平等难以真正实现。同时，财政层级受行政管理体制改革滞后因素影响，形成了财政管理责权与公共事务管理权限的部分脱节，如山西省调研发现，试点县申请省级项目补助等仍执行先向市级申报等环节和程序的限制。财政“省直管县”改革的“单兵突进”带来的财政管理效率提升很有可能被市级仍旧拥有的组织、人事管理权以及土地、金融等行政管理权所相抵，这种“两个婆婆”的多重管理以及监管难度增大等问题都在一定程度上削弱了“省直管县”财政管理体制改革的效果。

7.1.2 收入分配设计未能有效实现县级财政解困，使得县级过度追求财政收入增长影响了经济增长

财政“省直管县”改革重点在于省级财政与县级财政直接进行基数划转、资金结算、转移支付和补助核定等财政业务层面，仅从转移支付和补助核定等方面局部调整了省级、市级和县级的财政收入划分。这种并非完全彻底的财政改革仅实现了业务层面的省级财政“直达”县级，避免了市级对县级财政资金的截留和挤占，县级财政的收入结构和资金总量并未得到显著改善，县级政府财力与事权不匹配的根本问题没有触动，难以根本上解决县级财政困难的现状，也不利于县级经济发展。

试点县选择上的“财政困难县”导向，使得财政“省直管

---

① 贾康，于长革．“省直管县”财政改革的意义、内容及建议［J］．中国税务，2010（4）：27－29.

县”改革更多体现为财政收入效应。部分省份确定实行改革试点时主要考虑缓解县乡财政困难，同时，市级推荐试点的县级持有“甩包袱”态度将财政最困难的县级政府交由省里直管。如山东省 2009 年首批财政“省直管县”改革试点的 20 县中 19 个被列入“山东省财政困难县名单”，陕西省 2007 年首批财政“省直管县”改革试点为 15 个生态保护任务重、财政经济特别困难的县。同时，财政困难县往往采取提高税收征管力度等方式提高财政收入，而征管力度的提升对县域经济增长产生明显的抑制作用。

试点县选择上的“贫困县”导向，使得财政“省直管县”改革经济发展效应难以发挥。如江西省 2005 年首批财政“省直管县”改革试点即为 21 个国家扶贫工作重点县，山西省 2007 年首批财政“省直管县”改革试点即为 35 个国家重点扶贫开发县，广东省财政“省直管县”改革试点的 36 个县中 15 个为贫困县。由于“贫困县”普遍存在经济基础薄弱、农业产值占比高、财政困难程度严重、交通不便等情况，在经济发展中缺乏经济起飞所必需的资金和资源，限制了财政“省直管县”经济发展效应发挥。

7.1.3　支出责任设计未能有效明晰县级政府事权和支出责任，促进了“硬约束”的教育公共服务而抑制了“软约束”的医疗公共服务

县级政府既承担发展县域经济任务又负有向辖区居民提供义务教育、基础设施、社会治安、环境保护、行政管理等多种公共服务职能。在县级有限的财政支出中，生产性公共服务与民生性公共服务之间、民生性公共服务的不同类型之间存在竞争性和替代性，即在资金约束下加大对某项公共服务的投入就

意味着要减少对其他公共服务投入。这就使县级政府不得不面临着事权和支出责任的选择性执行，在民生性公共服务中又往往选择“硬约束”的公共服务替代“软约束”的公共服务。

教育公共服务是支撑国家长远发展的基础性、战略性公共服务，也是我国公共财政保障的重点①。《国家中长期教育改革和发展规划纲要（2010～2020年）》明确提出，“到2012年实现国家财政性教育经费支出占国内生产总值比例达到4%的目标”，国家“十三五”规划中“劳动年龄人口受教育年限”被设置为“约束性”指标，《国务院关于进一步加大财政教育投入的意见》则提出经济社会发展规划、财政资金投入、公共资源提供等方面均应优先安排教育发展、教育投入和教育开发需要。通过具体财政教育投入规定确保“4%”的实现，可以认为教育公共服务在提供过程中具有“硬约束”。在这一“硬约束”、重视教育的传统和社会的高度关注下，县级政府纷纷把教育摆在民生类公共服务的优先发展位置，持续加大教育财政投入，不断改善各教育公共服务。

而相对教育发展的“优先”地位，医疗公共服务则被定性为“重要”地位，其投入机制为“多渠道筹措医疗卫生经费”“支持社会力量提供多层次多样化医疗服务”②。据国家卫生健康委员会规划发展与信息化司统计，截至2018年末，我国公立医院为12032个，民营医院为20977个，民营医院床位占全国医院和医疗机构床位数的26.3%，民营医院诊疗人次为5.3亿人次（占医院总数的14.8%），民营医院入院人数为3666万人（占医

① 《国务院关于进一步加大财政教育投入的意见》。

② 国务院关于财政医疗卫生资金分配和使用情况的报告（财政部部长刘昆，2018年12月24日第十三届全国人民代表大会常务委员会第七次会议）. http://www.mof.gov.cn/zhengwuxinxi/caizhengxinwen/201812/t20181224_3102786.htm.

院总数的18.3%)①。地方政府医疗公共服务提供没有中央层面的具体约束性目标和财政投入保障硬性目标，具体目标和财政投入由地方政府自行规定，可以认为医疗公共服务在提供过程中具有“软约束”。县级政府在面临财政支出压力时，往往会降低医疗公共服务投入，而采取通过推行医疗市场化等方式弥补医疗公共服务供给的不足。

7.1.4 转移支付设计扩大了县级政府间收支差距，未能实现基本公共服务均等化

地方转移支付存在的原因是地方政府间存在事权大于财权情况，其目标在于实现地方区域间基本公共服务的均等化，落实宏观调控政策目标，保障和改善民生，促进经济社会持续健康发展。然而，由于省级财政转移支付资金的有限，财政“省直管县”改革后省级财政直接转移支付主体的增加，进一步加剧了地方政府间的转移支付竞争。由于我国转移支付机制以追求财政能力均等化为目标而不是追求税基均等化（李永友，2015)②，转移支付的“粘蝇纸效应”③ 降低了县级政府的财政增收努力，扩大了县级政府的支出偏向，使县级政府间收支差距逐步扩大。

对县级财政收入差距影响而言，在当前县级财政普遍存在

---

① 《2018年我国卫生健康事业发展统计公报》. http://www.nhc.gov.cn/guihuaxxs/s10748/201905/9b8d52727cf346049de8acce25ffcbd0.shtml.

② 李永友. 转移支付与地方政府间财政竞争［J］. 中国社会科学，2015(10)：114-133，206.

③ 粘蝇纸效应（flypaper effect）指上级政府的转移支付将黏在接收转移支付的地方政府，增加接收转移支付的地方政府和部门的支出规模，且转移支付带来的地方政府支出规模增加大于税收收入增加带来的支出规模增加（Gramlich，1969；Case et al.，1993；Evans and Owens，2004；Knight，2002；Inman，2008)。

收支缺口的情况下，争取上级转移支付已成为增加财政收入的重要途径。财政“省直管县”改革试点县级政府建立了与省级财政的直接联系，转移支付资金往来也不需要经过市级财政，在获取转移支付方面具有显著优势。转移支付作为一种“无偿的财政资源”，其获取成本相对发展经济带来财政收入的成本低且耗时短，诱发了改革试点县级政府用转移支付替代征收成本较高的地方税收的策略行为和机会主义做法，尤其是不需要资金配套的一般性转移支付较专项转移支付对县级政府税收征管努力的降低程度更高，长此以往，形成了县级政府的税收惰性，扩大了县级政府间人均财政收入的差异。

对县级财政支出差距影响而言，一般性转移支付资金直接扩大了县级政府的自主支出能力，而专项转移支付的地方配套特征也进一步加大了县级政府的支出差距。由于一般性转移支付资金相对地方税费收入的“零成本”特征，能扩大地方财政支出规模，其分配主要遵循标准财力缺口的原则，容易诱发县级政府通过扩大支出形成财力缺口进而倒逼上级政府进一步增加转移支付。同时，由于转移支付的时间和金额的不确定性，往往不被县级政府纳入年度财政预算，在缺乏预算约束的情况下，部分转移支付资金被主要用于弥补日常财政开支的缺口或用于财政供养人口增加、形象工程等政府性消费支出而非公共服务支出。

另外，财政“省直管县”改革带来的财政层次减少的同时扩大了省级财政管理幅度。省级财政由财政“市管县”下的十几个（或几十个）市级调控和监管对象变成了财政“省直管县”下的近百个（或超过百个）县级调控和监管对象，如四川省下辖 181 个县，河北省下辖 172 个县，河南省下辖 159 个县。省级财政管理幅度过大，使其无法对县级政府实现精细化的分类指导，不利于省级政府的宏观调控和经济规划，加剧了财政层级间的信息不对称，助长了县级政府的策略行为和机会主义做法，带来了省级监督成本的提升，也对地方经济社会和财政长远发展产生负面影响。

7.2　财政“省直管县”绩效提升政策建议

7.2.1　在法治框架下完善财政“省直管县”

7.2.1.1　进一步厘清政府和市场的边界，制定清晰明确的地方政府“事权清单”

科学划分政府与市场的职责边界，界定政府的公共事权清单，是正确划分各级政府事权和支出责任的基础。从我国财政实践来看，受传统计划经济思想的影响，全能型政府观念难以转变，政府规模的膨胀，是我国行政管理也包括财政管理领域诸多弊病之症结。限制政府规模，根本之道在于科学界定政府职能。而在市场经济国家中，政府职能的界定应当严格遵循服务型政府的理念。服务型政府首先应该是“为全社会提供公共品和服务的政府”，凡是市场和社会能够提供的产品和服务，均交给市场和社会去处理，政府管住、管好其该管的事务。但现实中，受全能型政府观念的影响，支出领域“越位”和“缺位”现象并存。对比美国政府支出责任，可以发现，竞技体育、传媒、科学技术、节能、商业服务业等事务都不是州和地方政府的责任，而州和地方政府支出集中在社会保障、公共安全、义务教育、公共卫生等基本公共服务领域。因此，确立事权的前提，是先界定哪些事情是必须政府要做的，哪些事情是可以政府不必做的，即应制定清晰明确的地方政府“事权清单”。

地方政府事权清单的重点，本书建议从以下三个方面入手：一是取消部分地方政府事权，最大限度地减少政府对微观事务的管理职能，逐步退出竞争性领域，取消微观管理事务和市场机制能够自行调节的事项；二是转移部分地方政府事权，把社会能够自主解决、行业组织能够自律管理和自我服务的事项，逐步转移给符合条件的社会组织、机构等承担；三是强化部分地方政府事权，突出地方政府在公共服务、市场监管、社会管理、环境保护等方面的职责，真正让地方财政回归公共本质。

7.2.1.2　以法律形式明确地方政府间事权与财权划分

财政“省直管县”演进总体呈现“先试点后推广、保存量改增量”的渐进式改革特征，改革目标显示多样化、复杂化，并存全面直管型、省市共管型、补助直管型等多种特征，不同地区在时间上呈现出了较大的差异。一方面，财政“省直管县”，大部分省份并未明确地方各级政府财政收入来源，导致部分政府寻求土地财政等制度外利益的短期行为；另一方面，地方各级政府间事权和支出责任存在着职能的“错位”“越位”“缺位”等现象。党的十八大以来，习近平总书记在一系列讲话中阐述了严格依法行政的重要性，为使财政“省直管县”在各地实践中避免“一放就乱、一收就死”的恶性循环，应推动地方财政管理体制转向“法治”的良性循环。

本书建议，由各省（自治区、直辖市）人民代表大会制定地方财政管理体制法规，以法律形式界定地方各级政府事权和支出责任范围、财权范围和转移支付安排，以法治权力制约行政权力，避免地方财政管理体制的随意性和不稳定性，保障地方财政管理体制配置在“公平”和“效率”下更好运行。应借鉴地方政府间财权与事权匹配法律条例成熟国家经验，结合我国市场经济体系不断完善的现状，加快完成地方政府间财权与事权相匹配体制的建设。

（1）明确划分地方各级政府的事权及其支出责任范围，以法律形式进行规范和固定，使地方政府间事权和支出范围调整在一个比较完备的法律体系框架下运行，构成规制地方各级政府财政管理的“法网”，这也是市场经济国家分级财政体制实践中的必然要求。

（2）通过相关法律从税收、转移支付和预算等方面科学界定地方政府间财权，形成地方政府拥有与其事权范围相对应的财权，从制度上、财力上规范地方各级政府职能和行为，从而构建起我国地方各级政府事权与财权相匹配的基本法律框架。

（3）建立健全规范的地方政府纠纷解决机制，通过设立专门的地方政府关系调处机构，通过政治协调机制来处理地方各级政府权限纠纷，或以司法机关通过规范的争议解决机制来处理地方各级政府权限纠纷。

7.2.2　科学划分事权和支出责任，提升财政“省直管县”福利效应

7.2.2.1　厘清财政“省直管县”框架下的地方各级政府事权和支出责任范围

根据地方各级政府职能和“中央与地方事权和支出责任划分”[①] 框架，合理确定地方政府间的事权和支出责任，对优化支

① 《国务院关于推进中央与地方财政事权和支出责任划分改革的指导意见》。

出结构、提高财政资金效益至关重要。只有在明晰地方政府间事权划分的基础上，才能界定地方政府间的支出责任。应按照党的十八届三中全会《中共中央关于全面深化改革若干重大问题的决定》提出的“建立事权和支出责任相应的制度”，充分考虑地方公共事项的受益范围、信息的复杂性和不对称性以及地方各级政府的自主性、积极性，合理划分地方政府间事权和支出责任。

健全我国地方政府间财权与事权匹配体制需遵循以下几个基本原则：法治化原则、发挥地方各级积极性原则、地方政府间适度分权原则、公共品受益范围原则和地方政府间责权对称原则。本书认为：具有外溢性或全局性的支出责任，建议由中央、省全权负责，如高等教育、环境保护等；在全国范围内需公平提供服务的公共支出责任，建议由中央、省全权负责，如义务教育、社会保障与就业、公共卫生、住房保障、交通运输等；需中央、省支持的弱质产业、薄弱环节，建议由中央、省与市（县）共同负担，如农林水、科技、公共安全、其他教育、文化与传媒等；其他一般性管理事务等由市（县）承担，如一般公共服务、城乡社区事务、资源勘探电力信息等事务、商业服务业等事务、金融监管等事务、国土资源气象等事务、粮油物资储备事务、国债还本付息支出以及其他支出等。

7.2.2.2 优化财政支出结构，降低投资性、行政性支出

（1）控制地方投资性支出，创新基础设施投资方式。我国地方各级国有企业数量众多且很大一部分属于竞争性行业，这就使得地方各级政府仍通过增加企业资本金、银行贷款贴息、所得税返还等方式对国有企业安排财政支出，使地方可用财力更加捉襟见肘。应进一步深化地方各级国有企业改革，使其逐

步退出竞争性领域，同时，也应逐步减少甚至停止对上述领域的财政拨款。根据我国现处的发展阶段，市场机制还不成熟，政府较大规模地介入基础设施和基础产业的投资有其合理性一面，但必须区分“政府生产”和“政府提供”，要打破原来由财政完全投资和政府直接经营政企合一的模式，地方各级政府应借鉴西方国家广泛采用的 BOT、TOT、ABS、PPP 等多种模式，引入民间资本和市场机制来增加对基础设施和基础产业投入，这样就可以使地方有限的财政资金增加对无法市场化的社会保障、义务教育、公共文化、基础科研等方面的支出。

（2）遏止行政支出过快增长，降低政府运作成本。地方各级政府作为管理国家机器的重要组成部分，是维持经济社会发展的重要组织保证，因此，一定行政成本支出是获取地方政府社会收益的前提。但如果地方各级政府规模不加控制，政府机构和人员无休止地膨胀，不但为此支付了无效的行政成本，浪费了公共财政资源，加重了财政负担，而且会对经济社会带来负面影响。近几年来，我国的地方各级政府行政成本尤其是“三公经费”增长降幅明显，但很大一部分财政资源被地方各级行政机关所消耗。因此，应进一步深化地方各级政府体制改革，精简机构和人员，提高地方各级政府行政效率，合理界定地方各级政府行政费用的支出范围，以遏止地方各级政府行政费用过快增长的势头，确保对社会和公益性事业的重点支出。

7.2.2.3 增加民生领域投入，提高辖区居民福利

（1）加大地方各级财政教育投入，优化财政教育支出结构。大量实证研究表明，教育投资，即人力资本的形成是经济增长的重要因素。近年来，我国教育财政支出不断增长，地方各级教育财政支出占一般预算支出比重与发达国家相比还有一定差

距。同时，地方各级教育财政支出结构不尽合理，存在地区间不平衡、城乡间不平衡。因此，应继续加大地方各级教育财政投入，特别是中小学义务教育阶段的财政投入和西部偏远地区的教育财政投入。

（2）增加地方各级医疗卫生投入，有效缓解“看病难、看病贵”问题。近年来，地方各级政府已经加大了对医疗卫生领域的投入，其占一般预算支出比重已经从2002年的2.9%回升到2011年的5.8%，但仍低于发达国家平均水平（10%以上）和发展中国家平均水平（6%以上），“看病难，看病贵”仍然是当前民众反映最为强烈的问题，因此，应进一步加大地方各级医疗卫生投入，提高居民医疗福利。

（3）增加地方各级社会保障投入，保障特殊人群基本福利。近年来，虽然我国各级政府大幅增加了社会保障方面的财政支出，目前社会保障支出大约占财政总支出的11%，但社保方面的问题仍比较突出。一是坚持“守住底线”的原则，重点发展“广覆盖、低水平”的社保模式，应进一步加大省级政府投入，扩大养老保险保障面，逐步提高养老保险受益水平。二是加强以最低生活保障为主体的地方各级社会救助体系，结合经济发展和物价水平，适当提高城乡低保水平，并逐步完善地方各级医疗救助、灾害救助、孤儿救助等多层次的地方各级救助体系。

（4）加大地方各级农村基础设施投入，促进城乡公共服务均等化。我国历史上“二元”经济体制使基础设施和公共服务也呈现显著的城乡分割特点。近年来，农村基础设施和公共服务供给数量有所改善的同时质量与城市差异仍然巨大，因此，应加大地方各级政府对农村基础设施和公共服务投入，建立城乡统筹的基础设施和公共服务财政投入机制，以提供城乡均等化的基础设施和公共服务，促进城乡经济社会协调发展。此外，地方各级政府还应着力解决农业转移人口市民化问题，从而进一步缩小城乡差距，促进经济结构转型和和谐社会建设。

7.2.3　合理划分地方财权，发挥财政“省直管县”激励效应

7.2.3.1　健全县级基本财力保障机制

自 2010 年党中央全面部署建立和完善县级基本财力保障机制以来，中央财政持续加大对县级基本财力保障机制的支持力度，截至 2012 年底，县级政府全面实现了基层政府“保工资、保运转、保民生”的既定政策目标①。为提高基层基本公共服务均等化水平，增强县级财政基本公共服务保障能力，使县级财政迈入良性运行的轨道，还应进一步健全县级基本财力保障机制，建立“分级负责、动态保障、注重绩效、公开透明”的长效机制，加大中央财政县级基本财力保障机制奖补资金支持力度，合理划分中央、省级财政在保障县级基本财力方面所承担的具体责任，不断提高县级政府财力保障水平，建立健全长效保障机制，使县级政府财力与其基本支出责任动态匹配，增强县级政府对区域经济社会发展的统筹协调、自主决策和公共服务能力。

7.2.3.2　加快地方税收体系建设，为地方政府提供持续、稳定的财力支持

随着“营改增”改革的完成，作为原地方主体税种的营业税被增值税所取代。培育地方税主体税种成为地方税体系建设的首要任务。地方税主体税种应具备“税基较广、收入稳定、

---

①　资料来源：《财政部：各地已基本消除县级基本财力保障缺口》，中国新闻网 2013 年 3 月 8 日，http://finance.chinanews.com/cj/2013/03-08/4628085.shtml.

规模较大、具有非流动性且税负不能转嫁”等特征，使本地税负落实到本地居民身上，把地方公共品的成本和收益较好地联系起来。按照上述标准，本书建议将房产税、城市维护建设税和资源税等培育为地方税主体税种。首先，有效整合现有房地产相关税种，逐步将耕地占用税、城镇土地使用税等相关税种并入房产税，并以房产的评估价值为计税依据按年计征，充分发挥房产税在组织财政收入、调节收入分配以及抑制房地产投机等方面的功能。其次，改革城市维护建设税的计税依据，扩大其课税范围，适当提高其在地方财政收入中的比重，适应城镇化过程和经济社会发展，将其培育成地方税体系中的主体税种之一。最后，适时实施和扩展推进资源税改革，在促进资源合理开发节约使用和环境保护的同时，增加地方政府主要是中西部具有资源比较优势而经济欠发达地区地方政府的税收收入。

7.2.4　完善地方转移支付，实现财政“省直管县”均等效应

纵观发达国家的转移支付制度，更多采用指标量化各地基本公共服务财政自身供给能力、资金需求、财政努力程度等因素，进而将上级政府应该承担的转移支付责任给予规范、公开。《预算法（2014 年修正案）》《国务院关于改革和完善中央对地方转移支付制度的意见》遵循了事权与支出责任相适应的原则，但财政转移支付制度涉及法律关系的主体定位、权责配置、申请和拨付程序等诸多重要法律问题，各地地方转移支付制度在功能定位和制度设计等方面还普遍存在着一些亟待解决的问题。

7.2.4.1　明确地方转移支付主体

与财政“省直管县”和“乡财县管”改革相配套，应选择

省级财政和县级财政为地方转移支付实施的主体，转移支付由省级直接测算到县级，建立省级对县级的转移支付制度。地方转移支付资金主要来源于省级财政，同时，中央财政应加大对民族地区、边疆地区和革命老区的转移支付支持力度。

7.2.4.2　完善地方转移支付形式

可比照中央对省级的转移支付设计，对目前各地较为繁杂的地方转移支付形式进行梳理，构建以一般性转移支付（实现辖区内基本公共服务能力的均等化）、专项转移支付（补偿共同承担事务的补助资金）和横向转移支付（解决跨辖区和跨流域特征的环境污染和生态保护问题）为基本架构的地方转移支付体系。

7.2.4.3　规范地方转移支付测算方法

为保障地方转移支付资金分配的合理性，应以因素法为标准收支的主要测算方法，并选取人口数量、人口密度、行政区划个数、学校及学生人数、人均GDP等常规性因素变量，综合加以分析和测算。从长远角度看，还应进一步将城市化水平、基本医疗卫生水平、社会救济需求、低收入家庭比例、环境保护等内容纳入因素法的测算范围，从而更为准确、合理地体现均等化转移支付的需求情况。

7.2.5　财政“省直管县”配套措施

7.2.5.1　建立健全地方各级财政支出绩效管理制度

财政支出绩效监督作为提高财政支出绩效的有效手段，是当前财政支出管理改革和公共财政框架构建过程中一个不可或缺的重要环节。健全地方财政支出绩效管理制度目的是促进地方各级政府财政资金配置与使用效率的提高。因此，应加强对地方各级政府财政资金使用效益的监督，指导县级财政依法强化收入征管，实施支出管理绩效评价，建立评价结果和保障政策相结合的激励约束机制，确保地方各级政府财政资金使用的经济和社会效益，使地方各级政府财政资金真正用于维持公共需要并取得预期效果。

7.2.5.2 实施全面规范的地方各级预算公开制度

财政支出能否满足社会公共需要，财政支出结构是否合理，财政资金使用是否得当，关键要看财政支出是否符合居民公共品和公共服务需求偏好。只有将财政支出置于社会监督之下，建立行之有效的民主监督机制，真正赋予社会成员对财政支出的知情权和监督权，才能促进财政支出结构不断优化、地方财政资金使用效率不断提高。扩大社会成员对地方财政支出的知情权和监督权，必须进一步提高地方各级政府财政支出透明度，建立健全地方各级政府资金信息披露制度。一是必须继续深化地方各级政府部门预算和国库集中支付制度改革，进一步细化预算支出科目，全面、系统地反映地方各级政府支出状况。二是必须使地方各级政府披露的预算和决算信息具体化，让社会成员充分了解地方各级政府预、决算的全部具体数据指标。

第8章　结论与展望

8.1　主要结论

8.1.1　财政“省直管县”改革的主要动力为经济因素并呈现渐进式改革特征

地方财政管理体制变迁呈现显著“供给主导”的强制性制度变迁特征，经济因素是推动地方财政管理体制变迁的主要动力。财政“省直管县”演进总体呈现“先试点后推广、保存量改增量”的渐进式改革特征，改革目标显示多样化、复杂化，并存全面直管型、省市共管型、补助直管型等多种特征，不同地区在时间上呈现出了较大的差异。同时，财政“省直管县”已在各地形成较为规范的制度框架，但大多通过省（自治区）政府的决定和通知以及批转省级财政部门改革方案形式等规范性文件实施改革，这种做法虽然符合《预算法实施条例》（第七条）相关规定，但法律层次较低且对县级财政利益保障不足，仍需通过地方立法等形式进行“硬化”。

8.1.2　财政“省直管县”改革存在财政收入激励效应而未发现经济发展激励

数理分析发现，财政“省直管县”改革在理论上存在经济发展、财政收入激励效应；一般分析发现，财政“省直管县”、财政“市管县”施行地区经济发展、财政收入增长趋势较为一致；实证分析发现，存在性分析（DID 模型）、影响性分析（多元回归）结果和稳健性检验均显示改革未能有效促进县级政府经济发展，但是促进了县级政府财政收入增长。

8.1.3　财政“省直管县”改革未发现存在财政收入均等效应，存在一定的财政支出均等效应

财政“省直管县”改革数理分析发现，改革在理论上存在财政收入均等效应而财政支出均等效应无法判断；一般分析发现，改革改善了县级政府间财政支出横向差距但未改善纵向财政收支和县级政府间横向财政收入差距；实证分析中存在性分析（基尼系数）结果显示，改革在缩小县级政府人均财政收入差距的作用弱于财政“市管县”而在县级政府间财政支出横向均等化方面效应显著，影响性分析（多元回归）结果和稳健性检验均显示，改革扩大了县级人均财政收支差距。

8.1.4　财政“省直管县”改革提升了教育福利但降低了医疗福利

财政“省直管县”改革数理分析发现，改革在理论上存在福利效应；一般分析发现，财政“省直管县”、财政“市管县”施行地区中教育、医疗福利指标变化趋势较为一致；存在性分析（DID 模型）、影响性分析（多元回归）和稳健性检验结果均

显示，改革对教育福利产生显著性正向影响，同时显著抑制了医疗福利提升。

8.2　不足之处

本书基于财政分权理论、公共政策理论，立足我国财政“省直管县”改革的现实情况，从激励效应、均等效应、福利效应等视角出发，利用数理分析、双重差分模型（DID）、多元回归分析模型、基尼系数等得出了基本结论。上述分析结论和实证结果证实了财政“省直管县”改革存在显著的财政收入激励效应、财政支出均等效应、教育福利效应，并测算了其政策效应的大小。在本书研究的过程中还存在着一些不足之处，主要表现在以下两点。

（1）本书实证分析过程中的变量选取上还存在一些不足。其中，关于解释变量选取中，地方财政管理体制改革虚拟变量和收入分配方面指标（财政收入分权度、财政支出分权度）未考虑财政“省直管县”改革后县级政府与市级政府等横向竞争主体的增加对被解释变量的影响。

（2）本书进行实证研究的数据选择时，考虑到数据可比性及样本可得性，剔除了直辖市和海南省、内蒙古自治区、新疆维吾尔自治区和西藏自治区数据。同时，在地域分布上，东部地区样本县级政府较多，西部地区样本县级政府相对少，在这些县级政府数据上进行的双重差分模型（DID）、多元回归分析模型、基尼系数分析可能会使回归数据在地域上出现一些偏差和不显著情况。

8.3 研究展望

本书基于财政“省直管县”和财政“市管县”县级政府样本数据的分析结论和实证结果，希望能够为完善财政“省直管县”提供经验证据，同时，在今后的研究过程中，还需要对研究进一步完善。随着地方财政管理体制改革的深入推进，本书的研究也需要继续向前推进，基于上述研究不足和本书研究的方向提出以下展望。

（1）为更加清晰地了解财政“省直管县”改革对地方经济社会发展的影响，下一步将针对全国省市县的情况进行更深层次研究，进一步完善县级政府的数据搜集整理工作，为今后进行中央、省级、市级、县级综合层面的财政管理体制改革政策效应分析提供基础数据支撑。

（2）针对变量选取可能存在的偏差，在今后的研究分析过程中会进一步加入其他变量进行实证分析，以比较不同变量的代表性，尽可能保证实证分析结果与现实情况相接近。

参考文献

［1］［美］埃贡·G. 古贝，伊冯娜·S. 林肯．第四代评估［M］．秦霖，蒋燕玲等译，北京：中国人民大学出版社，2008：20.

［2］Carsten Herrmann-Pillath. 政府竞争：大国体制转型的理论分析范式［J］．广东财经大学学报，2009，24（3）：4－21.

［3］才国伟，黄亮雄．政府层级改革的影响因素及其经济绩效研究［J］．管理世界，2010（8）：73－83.

［4］陈思霞，卢盛峰．分权增加了民生性财政支出吗？——来自中国“省直管县”的自然实验［J］．经济学（季刊），2014，13（4）：1261－1282.

［5］陈振明．公共政策分析教程［M］．北京：中国城市出版社，2004：152－153.

［6］丁菊红，邓可斌．转型中的财政分权、地区增长差异与公共品供给［J］．南方经济，2009（3）：32－40，50.

［7］范建科，赖晓榕．云南省省直管县改革聚类分析［J］．商场现代化，2011（21）：59－61.

［8］［美］弗兰克·费希尔．公共政策评估［M］．吴爱民，李平等译，北京：中国人民大学出版社，2003：177.

［9］高军，王晓丹．“省直管县”财政体制如何促进经济

增长——基于江苏省2004—2009年数据的实证分析［J］. 财经研究，2012，38（3）：4－14.

［10］高培勇. 把脉当前的中国财政走势［J］. 财贸经济，2007（4）：3－9，128.

［11］胡德仁，曹铂，刘亮. 河北省分税制财政体制运行的绩效评估［J］. 经济研究参考，2015（8）：79－86.

［12］胡祖光. 基尼系数理论最佳值及其简易计算公式研究［J］. 经济研究，2004（9）：60－69.

［13］贾俊雪，宁静. 纵向财政治理结构与地方政府职能优化——基于省直管县财政体制改革的拟自然实验分析［J］. 管理世界，2015（1）：7－17，187.

［14］贾俊雪，张永杰，郭婧. 省直管县财政体制改革、县域经济增长与财政解困［J］. 中国软科学，2013（6）：22－29，52.

［15］［美］卡尔·帕顿，大卫·沙维夸. 公共政策分析和规划的初步方法［M］. 北京：华夏出版社，2002：437.

［16］赖玥. 财政激励对县域经济增长的影响——基于中国县级面板数据的实证分析［J］. 广东商学院学报，2013，28（5）：75－81，90.

［17］李丹. “省直管县”改革对市、县经济利益格局分配的研究［J］. 财经论丛，2013（5）：27－33.

［18］李猛. “省直管县”能否促进中国经济平稳较快增长?——理论模型和绩效评价［J］. 金融研究，2012（1）：91－102.

［19］李萍，许宏才. 中国政府间财政关系图解，北京：中国财政经济出版社，2006：101－104.

［20］李荣华，王文剑. 地方政府分权改革对民生性公共服

务的影响——基于河南“省直管县”分权改革的分析［J］. 社会主义研究，2018（2）：65－76.

［21］李夏影.“省直管县”财政体制对县域经济增长影响研究——以湖北省为例［J］. 北方经贸，2010（10）：51－54.

［22］李晓佳. 对中国地（市）管县体制的理论探讨——一个两地区、两级政府模型［A］. 北京天则经济研究所、中国制度经济学会筹委会.2005 中国制度经济学年会精选论文（第一部分）［C］. 北京天则经济研究所、中国制度经济学会筹委会：北京天则经济研究所，2005：19.

［23］李一花，李齐云. 县级财政分权指标构建与“省直管县”财政改革影响测度［J］. 经济社会体制比较，2014（6）：148－159.

［24］李一花，魏群，李雪妍.“省直管县”财政改革对县级政府财政支出效率的影响研究［J］. 经济与管理评论，2016，32（1）：79－88.

［25］林水波，张世贤. 公共政策［M］. 台北：五南图书出版有限公司，1999.

［26］刘冲，乔坤元，周黎安. 行政分权与财政分权的不同效应：来自中国县域的经验证据［J］. 世界经济，2014，37（10）：123－144.

［27］刘佳，马亮，吴建南. 省直管县改革与县级政府财政解困——基于6省面板数据的实证研究［J］. 公共管理学报，2011，8（3）：33－43，124－125.

［28］刘佳，吴建南，吴佳顺. 省直管县改革对县域公共物品供给的影响——基于河北省136县（市）面板数据的实证分析［J］. 经济社会体制比较，2012（1）：35－45.

［29］刘小兵，吕凯波. 省直管县财政管理体制改革的影响

因素分析［J］. 南京审计学院学报，2014，11（1）：19－27.

［30］刘小勇. 省及省以下财政分权与省际经济增长［J］. 经济科学，2008（1）：41－54.

［31］刘志红，王艺明. “省直管县”改革能否提升县级财力水平？［J］. 管理科学学报，2018，21（10）：1－13.

［32］楼继伟. 中国政府间财政关系再思考［M］. 北京：中国财政经济出版社，2013：144－146.

［33］马国贤，任晓辉. 公共政策分析与评估［M］. 上海：复旦大学出版社，2012：152.

［34］毛泽东. 论十大关系［J］. 文史哲，1976（4）：1－19.

［35］宁静，赵国钦，贺俊程. 省直管县财政体制改革能否改善民生性公共服务［J］. 经济理论与经济管理，2015（5）：77－87.

［36］乔宝云，范剑勇，冯兴元. 中国的财政分权与小学义务教育［J］. 中国社会科学，2005（6）：37－46，206.

［37］上海社会科学院政府绩效评估中心. 公共政策绩效评估：理论与实践［M］. 上海：上海社会科学院出版社，2017：35－36.

［38］施本植，许树华. 云南“省直管县”财政体制改革绩效分析［J］. 学术探索，2014（11）：40－45.

［39］史桂芬，王立荣. 基于DID模型对中国省管县财政体制的评价——来自吉林省的数据［J］. 东北师大学报（哲学社会科学版），2012（2）：32－37.

［39］谭之博，周黎安，赵岳. 省管县改革、财政分权与民生——基于“倍差法”的估计［J］. 经济学（季刊），2015，14（3）：1093－1114.

［40］王德祥，李建军. 人口规模、“省直管县”对地方公

共品供给的影响——来自湖北省市、县两级数据的经验证据[J]. 统计研究，2008，25（12）：15-21.

[41] 王立勇，高玉胭. 财政分权与产业结构升级——来自“省直管县”准自然实验的经验证据[J]. 财贸经济，2018，39（11）：145-159.

[42] 王小龙，方金金. 政府层级改革会影响地方政府对县域公共教育服务的供给吗？[J]. 金融研究，2014（8）：80-100.

[43] [美] 威廉·N. 邓恩. 公共政策分析导论（第二版）[M]. 谢明，杜子芳等译，北京：中国人民大学出版社，2010：4-7.

[44] 吴金群. 省管县的条件及对我国26个省区的聚类研究[J]. 浙江大学学报（人文社会科学版），2010，40（4）：119-127.

[45] 肖建华，陈楠. 基于双重差分法的“省直管县”政策的效应分析——以江西省为例[J]. 财经理论与实践，2017，38（3）：97-103.

[46] 肖文，周明海. 财政分权与区域经济增长——基于省级以下的实证分析[J]. 浙江大学学报（人文社会科学版），2008（4）：73-83.

[47] 许树华. 中国财政分权改革的经济学分析[D]. 云南大学，2015：126-143.

[48] 杨瑞龙、章泉、周业安. 财政分权、公众偏好和环境污染：来自中国省级面板数据的证据[R]. 中国人民大学经济研究所，2007.

[49] 殷德生. 最优财政分权与经济增长[J]. 世界经济，2004（11）：62-71.

[50] [美] 詹姆斯·E. 安德森. 公共决策[M]. 北京：

华夏出版社，1990：27.

[51] 张国庆. 现代公共政策导论 [M]. 北京：北京大学出版社，1997：194-195.

[52] 赵建吉，吕可文，田光辉，苗长虹. 省直管能提升县域经济绩效吗？——基于河南省直管县改革的探索 [J]. 经济经纬，2017，34 (3)：1-6.

[53] 郑新业，王晗，赵益卓. “省直管县”能促进经济增长吗？——双重差分方法 [J]. 管理世界，2011 (8)：34-44，65.

[54] 宗晓华，叶萌. “省直管县”财政改革能否提高农村义务教育财政保障水平？——基于省级面板数据的实证分析 [J]. 教育科学，2016，32 (6)：1-10.

[55] Abdur R., Akram K. A., Sher A., et al. Fiscal Decentralization and Delivery of Public Services: Evidence from Education Sector in Pakistan [J]. Studies in Business and Economics, 2017, 12 (1).

[56] Arzaghi M., Henderson J. V. Why Countries are Fiscally Decentralizing [J]. Journal of Public Economics, 2005, 89 (7): 1157-1189.

[57] Bahl R. W., Nath S. Public Expenditure Decentralizationin Developing Economies. Environment and Planning [J]. Government and Policy, 1986, 4: 405-418.

[58] Barro R. T., Sala-I-Martin X. Regional Growth and Migration: A Japan-United States Comparison [J]. J Jpn Int Econ, 1992, 6 (4): 312-346.

[59] Bodman P. and A. Hodge. What Drives Fiscal Decentralization? Further Assessing the Role of Income [J]. Fiscal Stud-

ies. 2010, 31 (3): 373 -404.

[60] Bolton P. , Roland G. The Breakup of Nations: A Political Economy Analysis [J]. Quarterly Journal of Economics, 1997, 112 (4): 1057 -1090.

[61] Brennan G. , J. M. Buchanan. The Power to Tax: Analytical Foundations of a Fiscal Constitution [M]. Cambridge: Cambridge University Press, 1980.

[62] Breton A. Competitive Governments: An Economic Theory of Politics and Public Finance [M]. Cambridge: Cambridge UniversityPress, 1996: 45 -476.

[63] Brueckner Jan K. A Test for Allocative Efficiency in the Local Public Sector [J]. Journal of Public Economics, 1982, 19 (3): 311 -331.

[64] Buchanan J. M. An Economic Theory of Clubs [C]. Economics, February, 1965 (32): 241 -252.

[65] Campbell T. , Peterson G. , Brakarz J. Decentralization to Local Government in LAC: National Strategies and Local Response in Planning, Spending, and Management [R]. Report No, 5, Latin America and The Caribbean Technical Department, Regional Studies Program. Washington D. C. : World Bank, 1991.

[66] Canavirebacarreza G. , Martinezvazquez J. , Yedgenov B. Reexamining the Determinants of Fiscal Decentralization: What is the Role of Geography? [J]. International Center for Public Policy Working Paper, 2012.

[67] Cavalieri M. , Ferrante L. Does Fiscal Decentralization Improve Health Outcomes? Evidence from Infant Mortality in Italy [J]. Social Science & Medicine, 2016, 164: 74 -88.

[68] Cowell F., 1995, Measuring Inequality (Second Edition) [M]. Prentice Hall and Harvester Wheatsheaf, London, Sen, A, 1997, On Economic Inequality, Clarendon Press, Oxford.

[69] Davoodi H., Zou H., Fiscal Decentralization and Economic Growth: A Cross Country Study [J]. Journal of Urban Economics, 1998, (43): 244 -257.

[70] Dewatripont M., Maskin E. Contractual Contingencies and Renegotiation [J]. Rand Journal of Economics, 1995, 26 (4): 704 -719.

[71] Evert Vedung. Public Policy and Program Evaluation [M]. New Bruswick. N. J.: Transaction Publishers, 1997: 36, 90.

[72] Flochel L., Madies T. Interjurisdictional Tax Competition in a Federal System of Overlapping Revenue Maximizing Governments [J]. International Tax & Public Finance, 2002, 9 (2): 121 -141.

[73] Frank R. G., Gaynor M. Fiscal Decentralization of Public Mental Health Care and the Robert Wood Johnson Foundation Program on Chronic Mental Illness [J]. Milbank Quarterly, 1994, 72 (1): 81 -104.

[74] Fredericks K. A., Carman J. G., Birkland T. A. Program Evaluation in a Challenging Authorizing Environment: Intergovernmental and Interorganizational Factors [J]. New Directions for Evaluation, 2002, (95): 5 -22.

[75] Freeman M., Vasconcelos E. F. S. Critical Social Theory: Core Tenets, Inherent Issues [J]. New Directions for Evaluation, 2010, (127): 7 -19.

[76] Guess G. M. Adjusting Fiscal Decentralization Programs to Improve Service Results in Bulgaria and Romania [J]. Public Ad-

ministration Review, 2007, 67 (4): 731 -744.

[77] Inman R. P., Rubinfeld D. L. The Judicial Pursuit of Local Fiscal Equity [J]. Harvard Law Review, 1979, 92 (8): 1662 -1750.

[78] Kee W. S. Fiscal Federalism and Economic Development [J]. Public Finance Quarterly, 1977, 5 (1): 79 -97.

[79] Keen M., Marchand M. Fiscal Competition and the Pattern of Public Spending [J]. Journal of Public, 1997, 66 (1): 33 -53.

[80] King N. J., Cooksy L. J. Evaluating Multilevel Programs [J]. New Directions for Evaluation, 2008: 27 -39.

[81] Lazear E. P., Rosen S. Rank-Order Tournaments as Optimum Labor Contracts [J]. Nber Working Papers, 1981, 89 (5): 841 -864.

[82] Lin J. Y., Liu Z. Fiscal Decentralization and Economic Growth in China [J]. Economic Development & Cultural Change, 2000, 49 (1): 1 -21.

[83] Mario Jametti, Marcelin Joanis. Determinants of Fiscal Decentralization: Political Economy Aspects [DB/OL]. http://www.researchgate.net/publication/46469104.

[84] Maskin E., Qian Y., Xu C. Incentives, Scale Economies And Organizational Form [J]. Social Science Electronic Publishing, 1997, 41 (3 -4): 122 -128.

[85] Ma. Inter-government Fiscal Relations and Economic Growth in China [M]. England: Macmillan Press, 1997: 133 -156.

[86] McGuire M. Group Segregation and Optimal Jurisdictions [J]. Journal of Political Economy, 1974 (82): 112 -132.

[87] Musgrave R. A. A Brief History of Fiscal Doctrine [C]. A. J. Auerbach and M. Feldstein (eds.), Handbook of Public Economics, vol. 1, Amsterdam: Elsevier, 1985: 1-59.

[88] Musgrave R. A. Public Finance in Theory and Practice: A Study in Public Economy [M]. New York: McGraw-Hill, 1959.

[89] Oates W. E. An Essay on Fiscal Federalism [J]. Journal of Economic Literature, 1999, 37 (3): 1120-1149.

[90] Oates W. E. Fiscal Federalism [M]. New York: Harcourt Brace Jovanovich, 1972.

[91] Oates W. E. The Effects of Property Taxes and Local Public Spending on Property Values: An Empirical Study of Tax Capitalization and the Tiebout Hypothesis [J]. Journal of Political Economy, 1969 (77): 957-971.

[92] Panizza U. On the Determinants of Fiscal Centralization: Theory and Evidence [J]. Journal of Public Economics, 1999, 74 (1): 97-139.

[93] Patton Carl, Sawicki, David S. Basic Methods of Policy Analysis and Planning [J]. International Journal of Globalisation & Small Business, 1993, 6 (3/4): 844-856.

[94] Poutvaara P. Education, Mobility of Labour and Tax Competition [J]. International Tax & Public Finance, 2000, 7 (6): 699-719.

[95] Qian Y., Weingast B. R. China's Transition to Markets: Market-Preserving Federalism, Chinese Style [J]. The Journal of Policy Reform, 1996, 1 (2): 149-185.

[96] Qian Y., Weingast B. R. Federalism as a Commitment to Perserving Market Incentives [J]. Journal of Economic Perspec-

tives, 1997, 11 (4): 83 -92.

[97] S. , L. L. Explaining Fiscal Decentralization [J]. Public Finance Review, 2005, 33 (2): 155 -183.

[98] Sow, Moussé Ndoye, Razafimahefa I. F. Fiscal Decentralization and the Efficiency of Public Service Delivery [J]. Social Science Electronic Publishing, 2014, 15 (59).

[99] Stigler G. Tenable Range of Functions of Local Government [M]. Washington, D. C. : Joint Economic Committee. Subcommittee on Fiscal Policy, 1957: 213 -219.

[100] Stufflebeam D. L. , Shinkfield A. J. Evaluation Theory, Models, and Applications [M]. Jossey-Bass, An Imprint of Wiley, 2007.

[101] Sundrum M. Income Distribution in Less Developed Countries [M]. London: Routledge, 1990.

[102] Tanzi V. , Schuknecht L. Public Spending in the 20th Century: The Experience of the Newly Industrialized Economies [J]. Cambridge Books, 2000, 70 (279): 570 -572.

[103] Tanzi V. On Fiscal Federalism: Issues to Worry About [R]. Working paper, 2000.

[104] Thieben U. The Impact of Fiscal Policy and Deregulation on Shadow Economies in Transition Countries: The Case of Ukraine [J]. Public Choice, 2003, 114 (3/4): 295 -318.

[105] Tiebout C. M. A Pure Theory of Local Expenditures [J]. Journal of Political Economy, 1956, 64 (5): 416 -424.

[106] Torsten Persson, Guido Tabellini. Political Economics: Explaining Economic Policy [M]. Cambridge: MIT Press, 2000.

[107] Tresch R. W. Public Finance [J]. Business Publica-

tion, Inc, 1981: 574 –576.

[108] Wasylenko, Michael. Fiscal Decentralization and Economic Development [J]. Public Budgeting & Finance, 2010, 7 (4): 57 –71.

[109] Wheaton. Decentralized Welfare: Will there be under Provision? [J]. Journal of Ur an Economics, 2000, 48: 536 –555.

[110] Woller G. M., Phillips K. Fiscal Decentralisation and IDC Economic Growth: An Empirical Investigation [J]. Journal of Development Studies, 1998, 34 (4): 139 –148.

[111] Xie D., Zou H., Davoodi H. Fiscal Decentralization and Economic Growth in the United States [J]. Cema Working Papers, 1999, 45 (2): 228 –239.

[112] Yilmaz S. The Impact of Fiscal Decentralization on Macroeconomic Performance [J]. Proceedings Annual Conference on Taxation and Minutes of the Annual Meeting of the National Tax Association, 1999, 92: 251 –260.

[113] Zelenitz E. A. The Implications of Competition among Jurisdictions: Does Tiebout Need Politics? [J]. Journal of Political Economy, 1981, 89 (6): 1197 –1217.

[114] Zhang T., Zou H. Fiscal Decentralization, Public Spending and Economic Growth in China [J]. Journal of Public Economics, 1996, (67): 221 –240.